KB259775

'미국의 세기'는 끝났는가?

— 세계체계 분석으로 본 미국 헤게모니의 역사

'미국의 세기'는 끝났는가?

— 세계체계 분식으로 본 미국 헤게모니의 역사

백승욱 편저

gB
그린비

＞＞차례＜＜

| **일러두기** |

1 인명이나 지명, 그리고 작품명은 될 수 있는 한 '외래어 표기법'(1986년 1월 문교부 고시)과 이에
  근거한 『편수자료』(1987년 국어연구소 편)를 참조했으나, 주로 원어에 가깝게 표기하는 것을 원칙
  으로 삼았다.

2 각주에는 '지은이 주'와 '옮긴이 주'가 있다. 지은이 주는 번호(1, 2, 3……)로 표시했으며, 옮긴이
  주는 별표(*)로 표시했다.

3 해외 정기간행물의 이름은 관례화되어 있는 경우를 제외하고는 우리나라 말로 옮겼고, '찾아보기'
  의 해당 항목에 원어 표기를 밝혔다.
  예) *The Economist* → 『이코노미스트』, *The Socialist Register* → 『사회주의 연감』

4 단행본·전집·정기간행물·팸플릿 등에는 겹낫쇠(『 』)를, 논문·논설·기고문·단편·미술·건축·
  영화 등에는 홑낫쇠(「 」)를 사용했다.

5 본문에서 인용된 각종 문헌의 자세한 서지사항은 '참고문헌'에 일괄적으로 정리했다. 본문에는 해
  당 인용 부분의 뒤에 '(지은이, 발행년도 : 쪽수)'만 적어뒀다. 단, 원서의 다른 판본을 사용한 경우
  에는 '(지은이, 발행년도〔해당 판본 발행년도〕: 해당 판본 쪽수)'로 표기했으며, 인용된 문헌이 연
  속으로 이어질 경우에는 '(쪽수)'만 명기했다.

6 외국 문헌의 발행년도는 개정판이 있는 경우를 제외하고는 초판 발행년도를 기준으로 정리했으
  며, 국역본이 있는 경우에는 대괄호(〔 〕) 안에 서지사항을 적어뒀다.

프롤로그

20세기는 '미국의 세기'였다. 두 차례의 세계대전을 거치면서도 자국 영토에 실질적인 손상을 전혀 입지 않고 대대적인 승리를 거둔 유일한 국가인 미국은 제2차 세계대전 직후 자국의 이미지에 따라 세계를 만들어 갈 수 있었다. 이후 끊임없이 이어진 크고 작은 도전이 있었지만, 20세기가 끝날 때까지 미국이 세계에서 차지하는 절대적 우위는 근본적으로 손상되지 않았다. 제2차 세계대전이 끝난 뒤 미국은 세계생산과 무역의 절반 이상을 차지하는 절대적인 경제적 우위, 세계 주요 국가에 주둔군 기지를 두고서 국가간체계를 끌어갈 수 있는 압도적인 군사적 우위를 누렸을 뿐만 아니라 수많은 후발 국가들이 따라잡고 싶어했던 '성장의 모델'이었다는 점에서도 한 세기의 주도적 위치를 차지했다. 20세기 말에 통용된 '발전' 개념이 보여주듯이, 미국이 걸어간 길은 모방해야 할 유일한 표본이었다. 사회주의권조차 미국을 따라잡아야 할 경쟁상대로 봤고, 여러모로 미국의 특징을 모방해갔다는 점에서도 미국의 영향력은 전지구적이었다. 20세기의 미국을 세계헤게모니라고 부를 수 있는 것이 바로 이 때문이다.

미국이 차지해 왔던 헤게모니적 지위는 1970년대부터 시작된 세계의 경제위기와 베트남전쟁으로 촉발된 미국식 자유주의에 대한 도전 탓에 의

문시되기 시작했고, 그 파장은 조금씩 확대됐다. 그러나 1980년대 이후 금융세계화가 진행되고, 1990년대 이른바 '신경제'가 출현하면서 미국은 잃었던 헤게모니적 지위를 되찾아가고 있는 것처럼 보였다. 새로운 세기에 들어오면서 등장한 부시 정권은 9·11을 계기로 금융세계화를 기본축 삼아 이전과는 구분되는 전지구적 개입전략을 본격화하고 있고, 그에 따라 약화되어가던 미국의 정치적·군사적 전략 역시 복원되고 있다. 오히려 이제는 미국의 세계적 지배력이 전례 없이 확장되고 있는 게 아닌가 하는 생각이 널리 퍼져나가고 있을 정도이다. 1980년대에 수없이 제기되던 미국 쇠퇴론은 어느덧 논의선상에서 사라지고, 그 대신에 '미국 제국론'이 부상하고 있는 것도 새로운 세기가 미국의 세기로 이어지는 것이 아닌가라는 의문을 반영해 주는 것이기도 하다.

그러나 다시 곰곰이 살펴보면 미국의 대(對)이라크전쟁에서 나타나듯이 미국의 전지구적 개입전략에 대한 세계적 반발은 전례 없이 커지고 있으며, 그에 비례해 미국의 세계전략은 발전주의 시대와는 달리 훨씬 더 많은 군사개입에 의존하지 않을 수 없는 상황으로 치닫고 있다. 금융세계화에 의존한 미국의 경제력 유지는 그 대가로 세계의 불안정성과 불균등 발전을 심화시키고 있으며, 이는 날로 커지는 경상수지 적자와 다시 확대되고 있는 재정적자에서도 드러나듯이 미국 경제의 토대 자체를 불안정하게 만들고 있다. 이렇듯 찬란한 외양과 달리 미국 헤게모니의 토대에 균열의 조짐이 늘어가고 있는 것을 부정할 수 없는 오늘날, 우리는 미국 헤게모니의 한 세기를 다시 둘러보고 향후 어떤 변화가 일어날지 대비할 필요성을 점점 더 절실하게 느끼고 있다.

미국이 중심이 된 현재의 세계적 변화를 미국 헤게모니라는 관점에 초점을 맞춰 살펴본다는 것은 이 변화를 미국이라는 한 국가가 아니라 전지구적 차원에서 살펴본다는 것이며, 이 변화의 시간을 좀더 장기적인 틀 속에서 살펴본다는 것이기도 하다. 우리가 20세기를 미국의 세기로 만든 핵심적 특징을 밝혀내고, 이를 좀더 긴 역사적 시각에서 분석한 이유가 이 때문이다. 헤게모니의 교체라는 관점에 서게 되면 우리는 헤게모니를 자본주의 장기지속이라는 구조 속에서 살펴보게 되는데, 이때 우리는 헤게모니에서 순환적 특징을 발견하게 된다. 그리고 그 속에서 특히 현재의 금융적 팽창이 갖는 함의를 찾아볼 수 있게 된다. 그렇지만 우리가 관심을 갖는 것은 미국 '헤게모니'일 뿐만 아니라 '미국' 헤게모니이기도 하다. 따라서 20세기에 나타난 미국 헤게모니를 그 이전의 영국 헤게모니와 비교해 그 유사점뿐만 아니라 고유성과 한계에 더 큰 관심을 기울이지 않을 수 없다. 우리가 이 책의 글들을 '세계체계 분석'의 시각에서 모은 이유도 바로 이런 헤게모니 교체 속에서 나타나는 20세기 미국 중심의 자본주의 전화과정을 역사적으로 분석할 필요가 있었기 때문이다.

　이 책에 실린 글들은 크게 세 부분으로 나뉜다. 제1부는 세계체계 분석의 시각에서 '역사적 자본주의'와 '헤게모니 교체'를 전반적으로 개괄하고, 미국의 세기로서 20세기가 보여준 특징을 '미국화'라는 주제 속에서 소개하고 있다. 제2부는 미국 헤게모니가 출현할 수 있었던 사회적 토대와 미국 헤게모니의 역사적 한계를 분석하고 있다. 특히 부시 정권 아래에서 신보수파를 중심으로 등장한 새로운 세계전략 출현을 미국 헤게모니의 역사와 관련해 분석하고, 이를 '제국'(네그리와 하트)이라는 쟁점에서 검토해 보고 있다. 제3부는 미국 헤게모니 쇠퇴의 경제적 배경을 살펴보는 동시에 이런 배경 속에서 나타나는 노동운동의 딜레마를 검토하고 있다. 미국 헤게모니의 위기는 새로운 가능성의 출발점이긴 하지만, 낙관할 수 없는 사회운동의 위기와 동시에 나타나고 있는 현상이기도 하다. 미국 헤게모니가 쇠퇴한 데에는 미국 헤게모니 아래에서 억압되어 왔던 민중의 저항이 분출하게 된 것이 주된 요인이 됐다. 그러나 한 세기 전의 영국 헤게모니 쇠퇴기와 비교할 때, 지금 시기는 연대의 집결점이 취약하다는 점에서 미래를 낙관하기가 쉽지 않다. 미국 헤게모니의 위기와 그에 대한 미국의 대응은 신자유주의적 금융세계화라는 형태로 세계 도처의 민중 생존권을 위협하고 있는 동시에, 새로운 세계질서 수립을 목표로 한 군사세계화라는 형태로 일상화된 전쟁의 가능성을 증폭시키며 민주주의를 전면적으로 위협하고 있기도 하다. 그러므로 신자유주의에 반대하고, 전쟁에 반대하고, 민주주의를 급진화하는 것이 미국 헤게모니 이후 새로운 세계의 형성을 위해 시급한 과제이다. 그러나 한국 사회를 포함해 세계 도처에서 관찰되듯이, 끊이지 않고 나타나는 이 세 영역의 운동들이 하나의 집중점으로 집결되고 있다고 평가하기란 쉽지 않다. 이 책의 출판이 이와 관련된 논의를 발전시키는 계기가 되길 기대해 본다.

이 책에 수록된 글들은 『경제와 사회』, 『민주사회와 정책연구』, 『교육비평』 등에 실린 것을 대폭 손본 것이다. 번역된 세 편의 글 중 테일러의 글(2장)을 뺀 나머지 두 편은 『월간 사회진보연대』에 번역되어 소개된 것을 이 책에 다시 수록하면서 편저자가 손을 봤다. 번역자 모두에게 감사를 드린다. 이 책은 사회진보연대 활동가들과 함께 힘쓴 공동 노력의 산물이기도 하다. 우리 사회에서 새로운 사회운동의 길을 고민하고 있는 사회진보연대의 여러 분들께 감사의 말을 전한다. 마지막으로 읽는 이들을 위해 깔끔하게 책을 만들어준 그린비에게도 감사드린다.

2005년 4월 8일

백승욱

1. 역사적 자본주의와 자본주의의 역사
―세계체계 분석을 중심으로

백승욱

새로운 세기에 접어들면서 우리가 살고 있는 세계자본주의는 급격한 변동을 겪고 있다. 국내적으로 한국 자본주의의 황금기가 끝나고 앞이 보이지 않는 구조조정의 시대를 겪고 있으며, 바깥으로 눈을 돌리면 20세기를 주도해 왔고 1990년대의 새로운 황금기를 겪은 미국 자본주의에도 여러 가지로 위기의 조짐이 나타나고 있다(Brenner, 2000, 2002; 전창환, 2001; Duménil and Lévy, 2001a).

냉전이 끝난 이후의 변화를 두고 한편에서는 자유주의 적대세력이 소멸하고 자유주의의 영원한 승리가 도래한 '역사의 종언'을 선언하는 이가 있는가 하면(Fukuyama, 1992), 다른 한편에서는 역설적으로 역사적 자본주의가 '처음이자 유일하게 진정한 위기를 겪고 있다'는 의미에서 현재 상황이 '우리가 아는 세계의 종언'이라고 선언하는 이도 있다(Wallerstein, 1999a[2001]: 50). 세계화라고 부르는 현재의 여러 특징에 대해서도 주류 학계는 비로소 세계가 하나로 통합됨에 따라 처음 등장한 추세라고 보지만, 이에 반발해 세계화란 허구적 이데올로기에 불과하며 이미 19세기 말 더 큰 범위에서 진행된 사건들이 헤게모니 국가의 위기 속에서 다시 반복되어 나타나는 역사적 '기시'(既視) 현상이라고 주장하는 견해가 존재한다(Wallerstein, 1999a[2001]: 272; Arrighi, 1999: 242).[1] 그러나 현재 일어나고 있는 변화의 특징을 제대로 평가하려면 현재의 변화를 좀더 긴 역사적 좌표 속에 놓고 파악할 필요가 있다. 그리고 어떤 것이 새롭게 등장하는 특징이고, 어떤 것이 역사의 반복인지를 구분할 필요가 있다. 이를 위해 이 글에서는 자본주의의 역사를 장기 16세기 이래의 긴 역사 속에서 일정한 순환을 거쳐온 자기변신의 역사로 파악하려 한다. 그럴 때 자본주의는 하나의 이념형적 모델이 아니라 구체적으로 분석해야 할 역사적 현상이 되는데, 현재의 전지구적 자본주의가 겪고 있는 위기의 성격도 이런 역사적 맥락 속에서 규명될 수 있다.

자본주의를 장기의 역사 속에서 파악하려면 필연적으로 한 국가가 아닌 자본주의 전체, 즉 자본주의 세계경제의 관점에서 살펴보는 것이 필요하다. 그러므로 이 글은 이런 관점에서 자본주의의 역사를 분석해온 대표적 접근법인 세계체계 분석의 시각을 통해 자본주의 역사의 핵심적 특징을 파악한 뒤, 이것이 동시대 세계자본주의의 변화에 던져주는 함의가 무엇인지 살펴보고자 한다. 먼저 세계체계 분석에서 역사적 자본주의라는 입장이 형성되는 과정을 브로델과 세계체계 분석의 입장을 통해 살펴보자. 그리고 그 다음에는 이런 관점에 입각해 20세기 미국 헤게모니 아래에서 세계체계가 밟아온 변천과정을 검토해 보자.

역사적 자본주의 1: 페르낭 브로델

브로델은 세계체계 분석의 이론가는 아니다. 그러나 그가 제시한 다중적

---

1) 관점은 상이하지만 허스트와 톰슨(Hirst and Thompson, 1999)도 이런 주장을 펴고 있다.

시간대와 자본주의를 보는 삼층도식이라는 모델이 역사적 자본주의라는 관점에서 근대세계체계를 분석하는 데 중요한 기여를 했기 때문에 우리 논의의 출발점으로 삼을 수 있다.

1) 다중적 시간대와 '모델'

브로델은 자본주의를 카멜레온 같다고 본다. 자본주의는 끊임없이 변신하며 자본주의를 무엇이라고 규정하는 순간 그것과 다른 특성이 나타나며 스스로에 대한 규정에서 계속 벗어나지만, 자본주의는 여전히 자본주의라는 것이다(Braudel, et al., 1986[1987]: 178). 그렇다면 자본주의는 규정될 수 없는 것인가? 이와 관련해 브로델은 역사 속에서 나타난 자본주의를 '모델'이라는 용어를 통해 설명하려 한다. 통상적으로 모델은 시간과 공간을 벗어나는 추상적 구성물인데 반해, 브로델이 말하는 역사학의 모델은 시간지속과 공간적 범위 내에서 규정되는 역사적인 것임에 주의할 필요가 있다. 이 점을 이해하기 위해서는 먼저 브로델의 다중적 시간대라는 용어를 검토해야 한다.

　브로델은 역사학자를 포함한 사회과학자들의 논의에는 네 가지 상이한 시간대가 등장한다고 말한다. 가장 짧은 것부터 나열하면 ① 사건의 시간인 단기, ② 중기이자 순환적 시간대인 콩종크튀르,[2] ③ 구조의 시간인 장기지속, 그리고 ④ 사실상 시간의 한계를 넘어서는 초장기지속이 있다. 브로델은 사회과학자들이 이중에서 첫번째와 네번째에만 매몰되어 있었다고 보며, 그것이 사회과학의 위기를 발생시킨 중요한 원인 중 하나라고

---

2) 콩종크튀르(conjoncture)는 '정세'나 '국면'으로 번역되기도 하는데, 이렇게 옮길 경우 원어의 함의가 잘 전달되지 않는다고 판단해 여기서는 원어를 그대로 사용했다.

주장한다(Braudel, 1972). 사건의 시간인 단기는 정치사가들이 주목하는 시간대이다. 이 시간대에만 매몰될 때 발생하는 문제점은 하나의 사건을 항상 다른 사건에 의해 설명하는 끝없는 인과의 고리에 빠져든다는 점이 다. A라는 사건이 발생했을 때, 이 사건의 원인은 과거를 추적해 찾아낸 다른 B라는 사건이 되며, 이 B라는 사건의 원인은 다시 그 전에 발생한 C 라는 사건이 된다. 다음으로 A라는 사건은 다시 그 이후 X → Y → Z라는 순서로 원인들의 새로운 연쇄를 형성한다. 하나의 사건이 다중의 원인으 로 설명되더라도 결과는 마찬가지이다. 사건은 늘 다른 사건을 통해 설명 될 뿐이다. 여기서는 '더 중요한 사건'과 '덜 중요한 사건'이 구분될 뿐이 며 더 중요한 사건은 보통 눈에 더 띄는 사건, 정치적으로 더 중요한 것으 로 간주되는 사건, 더 많은 기록을 남긴 사건 등이 된다. 각각의 사건은 그 단기적 성격 때문에 사실상 시간의 지속 속에 있지 않으며, 다른 사건을 촉발시킨 뒤 그 시간의 지속은 중단된다.

초장기지속의 시간대는 이와 다른 한 극에 있다. 이 시간대는 클로드 레비스트로스의 시간대로서, 달리 말하자면 영구한 시간(eternal time)이 자 사실상 시간의 제약을 벗어나는 심층구조의 시간대이다. 시간대의 변 화를 넘어서는 불변의 교통 구조를 찾아내려는 레비스트로스의 노력에서 볼 수 있듯이, 사회수학이라고 부를 수 있는 이런 분석의 시간대는 사실상 분석 자체에서 역사를 배제하는 결과를 낳을 뿐이다.

브로델은 이 두 극을 배제하고 중기의 콩종크튀르와 장기의 장기지속 을 사회과학의 유용한 시간대로 본다. 콩종크튀르는 주기적 변화를 보이 는 시간으로 인구변동, 물가변동 등 비교적 오랜 시간대를 가지고 상승과 하강의 순환을 그리는 시간대이다. 그런데 콩종크튀르를 사건의 시간대와 결합해 사건들의 연쇄로서 콩종크튀르의 형성을 설명하는 길과 콩종크튀르를 그보다 더 긴 장기지속과 결합해 설명하는 길, 두 가지가 있을 수 있다. 이 두 가지 길 중 브로델은 두번째 길을 선택했다.[3]

사실, 장기지속은 모호한 말이다. 그것은 오랜 시간을 통해 지속되는 무엇인가가 있다는 것 이상을 말해주지 않는다. 브로델에게서 장기지속되는 것이 무엇인지를 놓고 논란이 벌어지는 것도 이 때문이다. 브로델에게서 장기지속은 기후나 지리처럼 자연적인 것들의 집합이기도 하고(『펠리페 2세 시대의 지중해와 지중해 세계』), 자본주의 자체가 장기지속으로 설정되기도 한다(『물질문명과 자본주의』). 이 문제를 해명하려면 앞서 언급한 '모델'을 좀더 살펴볼 필요가 있다.

흔히 브로델 역사이론의 중요한 두 가지 핵심은 전체사와 문제사로 규정된다. 전체사란 인간의 역사는 정치·경제·사회 등으로 하위분할을 할 수 없기 때문에 서로 긴밀하게 연관되어 있는 전체로서 서술해야 한다는 입장이며, 문제사란 역사 서술을 사건들의 내러티브라기보다는 역사가의 질문이나 문제설정에 따라 구성되는 것으로 보는 관점으로서 브로델이 루시앙 페브르에게서 계승한 견해이다(Aguirre Rojas, 1992 : 189~195). 브로델의 '모델'은 역사 서술을 이처럼 문제사로 규정하는 데 중요한 틀이 된다. 모델은 근본적으로 시간의 지속과도 관련된다. 어떤 모델이 기록하려는 실재가 지속되는 기간이 장기지속이며, 그 모델은 그 장기지속되

---

3) 무엇을 콩종크튀르로 볼 것인가에 대해서는 역사적 자본주의라는 관점을 지닌 논자들 사이에서도 이견이 있다. 브로델은 50년 주기의 콘드라티에프 순환을 콩종크튀르로 보며, 완만한 곡선을 그리며 변화하는 그보다 더 긴 시간대인 로지스틱스를 장기추세로 파악한다(Braudel, 1979c[1997] : 90~102). 월러스틴은 이런 관점을 수용하되 로지스틱스의 변화를 헤게모니의 순환으로 파악하고, 이것을 장기추세와 구분한다(Wallerstein, 1984b). 이에 비해 아리기는 콘드라티에프나 로지스틱스에는 그 동학을 설명하는 과학적 근거가 없다는 이유로 거부하고, 그 대신 헤게모니의 변화를 중심에 놓고서 이에 따라 나타나는 축적의 체계적 순환을 강조한다(Arrighi, 1994 : 7).

는 시간만큼만 가치를 지닌다. 모델에 따라서 장기지속의 기간이 달라지며, 장기지속에 따라 구성되는 모델도 달라진다. 따라서 특정 모델은 그것이 담고 있는 장기지속의 시간을 초월하는 실재를 설명할 수 없다. 브로델이 말하듯이 모델은 마치 배와 같으며, 시간의 물결을 견디지 못하고 장기지속의 시간을 넘어서면 곧 난파된다(Braudel, 1972 : 32). 브로델에게 '자본주의'는 (곧바로 설명할) 삼층도식의 모델을 통해 설명되는 13세기 이후 계속되고 있는 장기지속이다.

이렇듯 모델이 장기지속을 결정하고 장기지속이 모델을 구성하지만, 이런 장기지속은 콩종크튀르라는 중기적 시간대와 결합되지 않고서는 생명력을 얻을 수 없다. 또한 장기지속이라는 시간대는 반드시 그것이 작동하는 공간적 범위를 갖게 된다. 브로델이 설명하려는 자본주의와 관련해 말하자면 자본주의는 콩종크튀르를 통해 스스로 변신해 가는 장기지속이며, 그것의 공간적 범위는 '세계경제'이다. 이렇게 시간과 공간이라는 두 요소가 역사적 자본주의의 두 가지 주춧돌이 된다.

2) 삼층도식과 자본주의

이와 같은 자본주의 모델을 통해 브로델이 설명하려는 시간과 공간은 13세기 이후 유럽의 '세계경제'이다. 자본주의를 설명하기 위한 브로델의 모델은 그의 '삼층도식'을 통해 좀더 정교해진다. 삼층도식이란 경제 현실을 세 층위로 나눈 것이다. 맨 아래층에는 불투명한 일상생활의 영역이 있다. 이 영역은 자본주의에 직접 포섭되지는 않지만 자본주의의 영향 아래 그 폭과 깊이가 달라지는 '물질문명'이다. 그 위에 있는 두번째 층은 그 아래층에 비해 투명한 현실이자 교환의 영역인 '시장경제'이다. 이것이 투명한 이유는 여기서는 독점이 발생하지 못하기에 누구도 다른 사람보다 더 많은 이윤을 남길 수 없기 때문이다. 이 시장경제가 아직 자본주의는 아니다. 자본주의는 이 두번째 층의 위쪽에 자리잡고 있는 상부구조이다. 자본주의는 시장경제와 달리 독점의 영역이고, 시장경제가 국지적 성격을 갖는데 비해 그 성격상 초국적이다. 자본주의는 남들이 모르는 지식과 기술을 독점해 번성하며, 이 독점은 정치적 지원 없이 성립될 수 없다. 자본주의는 시장경제에 자리잡고 그 위에서 번성하지만, 이 시장경제의 교환과정을 왜곡하고 그 질서를 교란한다. 흔히 자본주의의 성과로 돌리는 기술의 진보조차 대부분 시장경제의 영역에서 이뤄진 것을 자본주의가 이윤획득을 위해 차용한 것에 불과하다(Braudel, 1979a〔1995〕:12~15; 1979b〔1996〕:12~13, 323, 527; 1979c〔1997〕:82, 864~865).

이 삼층의 경제라는 토픽은 자본주의란 경쟁에 기반한 시장경제가 아니라 오히려 그 반(反)명제로서의 독점이며, 바로 이 독점을 향한 대자본들간의 경쟁이 자본주의의 특이한 역사를 만들어내는 기본 동력이라는 것을 말해준다. 이 함의를 몇 가지로 나눠 살펴보도록 하자.

첫째, 자본주의는 세계경제이다. 그것은 대자본에 의한 원거리 무역의 독점으로 발생했으며, 새로운 독점을 찾아 장소와 영역을 교체해 가고 지리적으로 팽창하는 경향을 갖는다. 이렇듯 세계적 차원에서 독점을 향한 경쟁이 진행되기에 자본주의는 원래부터 한 나라의 국경 내에 한정된 현상일 수 없다.

둘째, 경쟁하는 자본가들 모두 독점을 확보할 수는 없기 때문에 필연적으로 독점을 향한 경쟁은 승자와 패자를 낳고, 결국 자본가들 내에서도 계서제(階序制)를 형성하게 된다. 이런 격차는 자본의 규모에 따라서도 나타나게 되며, 지리적 집중이라는 형태로도 나타난다. 세계경제로서의 자본주의는 항상 초국적 대자본이 집중되는 하나 또는 두 개의 집중점을 낳는데, 이곳이 바로 세계도시가 된다. 이탈리아 북부 도시에서 안트워프, 암스테르담, 런던을 거쳐 뉴욕으로 이전되는 세계도시의 역사가 바로 이런 독점과 독점 중심지의 변천을 보여준다. 다시 말해서 세계경제는 집중화의 경향을 지닌다는 것이다.

셋째, 이런 독점의 형성과 집중은 정치적 지원 없이는 불가능하다. 독점을 향한 경쟁은 정치와 경제가 융합되는 경향을 낳는다. 세계적으로 분산되어 있는 대자본들 사이에서 벌어지는 독점을 향한 경쟁에서는 특정 지역이나 국가의 자본에게 유리한 정치적·경제적·군사적 지원의 유무에 따라 처한 조건에서 큰 차이가 생기게 되고, 국가의 유리하고 효율적인 지원을 얻은 자본이 이 게임에서 승리할 가능성은 높아진다. 대외적으로 뿐만 아니라 국내적으로도 잠재적 경쟁자들을 배제하고 독점을 지속시키기 위해서는 정치적 지원이 반드시 필요하다. 이 조건을 갖추지 못한다면, 세계경제로서의 자본주의는 유지되지 못하고 시장경제의 영역으로 내려갈 수밖에 없다. 자본주의를 논의할 때 정치와 경제를 분리할 수 없는 것이 바로 이 때문이다.[4]

넷째, 안정적으로 유지되는 자본주의의 고유 영역이란 없다. 왜냐하면 자본주의의 본질은 끊임없이 더 많은 이윤을 추구하는 것이기에, 독점을 향한 끊임없는 경쟁이 벌이지기 때문이다. 자본주의의 본질적 속성은 그 탁월한 변신성에 있다. 자본주의의 본질은 전문화가 아니라 다양화와 변신성이기 때문에 상업자본주의에서 산업자본주의를 거쳐 금융자본주의

---

4) 그렇다고 해서 기능의 면에서 국가와 자본이 분리되지 않는다는 것은 아니다. 레인은 해외무역의 성장과정에서 분리된 군사적 기능이 전문화됨에 따라 자본에 어떤 이득이 발생하는지를 '보호지대'(protection rent)라는 관점에서 분석한 바 있다(Lane, 1979). 그러나 그의 논지는 국제경쟁에서 정치적·군사적 효율성의 우위를 가진 국가가 어떻게 독점을 향한 세계경쟁에서 승리했는지를 다시 한번 잘 확인시켜 준다.

로, 또는 경쟁자본주의에서 독점자본주의로 단계를 거치며 발전해 가는 것이 아니다. 오히려 고이윤의 중심은 자본주의의 역사 속에서 더 높은 이윤의 영역이 바뀔 때마다 생산과 유통과 금융의 영역 사이를 수시로 옮겨다니게 된다. 따라서 생산만을 특권화해 자본주의의 고유한 영역이라고 할 수 없다. 자본주의가 생산 영역에 집중하게 된 것은 다른 부분에 비해 생산 영역에서 더 높은 이윤창출이 가능해진 특정한 시기에 한정되며, 그 상황이 바뀌면 초국적 독점으로 규정된 자본주의는 재빨리 자신의 활동무대를 옮긴다.[5] 바로 이 때문에 자본주의의 '역사'가 발생한다.

역사적 자본주의 2 : 세계체계 분석

월러스틴과 홉킨즈는 1976년 빙엄튼 소재 뉴욕주립대학에 세계체계 분석 연구의 중심지를 설립하면서 그 명칭을 '경제, 역사적 체계, 문명 연구를 위한 페르낭브로델센터'라고 정했다. 이 점에서도 드러나듯이,[6] 세계체계 분석은 브로델의 자본주의관을 상당 부분 수용하면서 출발하고 있다.[7] 그뿐만 아니라 월러스틴의 『근대세계체계』와 브로델의 『물질문명과 자본주의』(특히 제3권)는 상호작용 속에서 집필됐다.[8] 세계체계 분석은 다중적 시간대와 삼층도식이라는 브로델의 자본주의관을 수용하는 동시에 개별

---

5) 특히 이런 현상은 이전의 자본축적 중심지가 새로운 중심지로 교체되는 시기에 나타나는 '금융상의 만개' 아래에서 두드러진다. 브로델은 이런 금융상의 만개를 번성기가 아니라 완숙기, 즉 가을의 표시로 본다(Braudel, 1979c〔1997〕: 342).

6) 브로델이 주도한 아날학파의 잡지 『아날』의 정식 명칭이 바로 『아날 : 경제, 사회, 문명』이었다. 월러스틴 등은 '사회'라는 모호한 용어를 '역사적 체계'로 바꿔, 이 명칭을 페르낭브로델센터의 이름으로 차용한 것이다.

7) 월러스틴은 삼층도식에 기초한 브로델의 테제, 즉 '독점으로서의 자본주의'라는 테제를 명시적으로 수용하고 있다(Wallerstein, 1991b〔1994〕: 264~283).

세계체계 분석의 시각 ①: 네덜란드 헤게모니

세계체계 분석에 따르면 지금까지 세 개의 헤게모니 국가가 존재해 왔다. 17세기의 네덜란드, 19세기의 영국, 20세기의 미국이 그것이다. 최초의 헤게모니 국가인 네덜란드는 강력한 선단을 통한 제해권 장악, 공인합자회사를 통한 원거리 무역의 독점을 통해 헤게모니 국가가 됐다. 에스파냐의 펠리페 2세에 맞서 네덜란드의 독립을 이끈 빌렘(Willem van Oranje, 1533~1584)의 오라녜 가문은 네덜란드가 이처럼 세계헤게모니를 휘두르는 데 중요한 역할을 했다. 위 그림은 플랑드르의 판화가 브렘덴(Daniel van den Bremden, 1587~1649)이 그린 「오라녜 공 빌렘의 '승리의 전차'」(1620c)로서, 빌렘의 업적을 찬양하고 있다.

민족국가가 아니라 단일 세계체계를 분석단위로 삼는다. 그리고 세계경제와 국가간체계의 모순적 결합이라는 전제 위에서 자본주의가 역사적 필연이라는 관점, 자본주의는 곧 시장경제라는 관점, 자본주의를 정치와 분리된 경제 영역으로 사고하는 관점, 자본주의가 개별 국가마다 따로따로 발생한다는 관점 등을 비판하면서 출발한다.[8]

세계체계 분석에 따르면, 세계경제로서의 자본주의가 출현한 것은 역사적 필연이 아니었다. (정치와 경제의 융합을 통한) 독점을 향한 경쟁으로서의 자본주의 역사는 하나의 유형으로 귀결되지 않는 독특한 궤적을 만들어냈고 그 역사는 축적 중심지의 변화, 그 속에서의 위기발생과 극복, 그리고 그 지리적 외연의 팽창을 낳게 됐다는 것이다.

1) 자본주의의 필연성이라는 신화의 극복

세계체계 분석은 자본주의의 등장을 유럽 문명의 선진성과 진보라는 근거를 통해 설명하는 '유럽의 기적론'을 비판하면서, 유럽에서 자본주의가 등장한 것을 역사적 우연이라는 맥락 속에서 설명한다. 이런 점에서 세계체계 분석은 근대 사회과학에 뿌리깊게 박혀 있는 유럽 중심적 근대화론에 대한 근본적 비판이기도 하다. 사실 많은 논자들이 자본주의의 등장을 영국의 산업혁명을 통해 설명한다. 그리고 산업혁명을 그에 앞서는 농업

---

8) 브로델이 이 책의 첫 판을 완성한 것은 1969년으로, 그가 월러스틴을 만나기 이전이었다. 그렇지만 월러스틴과의 교류 이후 이 책을 개정하면서, 3권 앞부분(Braudel, 1979c[1997]: Ch. 1)에 월러스틴의 견해를 대폭 반영하게 된다. 월러스틴과 백낙청의 대담(월러스틴, 1999: 149~151)도 참조하라.

9) 브로델을 계승하는 세계체계 분석의 논자들은 자본주의의 종차(種差)를 끊임없는 자본축적으로 규정한다(Wallerstein, 1992b). 아리기는 끊임없는 자본축적을 자본주의의 축적양식으로 규정하는 반면, 생산양식이라는 개념은 특정한 국면에 등장하는 생산의 방식이라는 함의를 지니는 하위적 범주로 구분해 사용하기도 한다(Arrighi, 1994).

혁명(농민층 분해)을 기원으로 삼아 설명하고, 농업혁명을 다시 그에 앞서
는 봉건제의 위기로 설명하는 일련의 논리를 따른다.

그런데 변화를 촉발시킨 원인을 기술적 조건에서 찾건, 계급투쟁에서
찾건, 정신사적 조건에서 찾건 간에 위의 설명은 '왜 다른 나라가 아니라
영국이었는가?' 같은 문제제기에 취약할 수밖에 없다. 왜 비슷한 조건들
이 프랑스에서도 발견되는데 프랑스는 아니었는가(Wallerstein, 1974a,
1989)? 영국보다 먼저 그런 조건들을 갖추고 있던 이탈리아는 또 왜 아니
었는가(Aymard, 1982)? 문제를 유럽 내 개별 국가가 아니라 유럽 전체로
확대하더라도 상황은 마찬가지이다. 어떤 요소들을 뽑아서 유럽에 그런
요소가 있었기 때문에 자본주의가 출현할 수 있었다는 논지는 항상 그보
다 앞선 시기 또는 다른 지역에 그런 요소들이 출현했다는 반증에 부딪히
기 때문에, 왜 바로 그 시점에 바로 그곳에서 자본주의가 출현했느냐는 질
문에 적절히 답을 해주기 어렵다. 16세기 이전에 세계 도처에서 관찰된 자
본주의적 활동들은 왜 전지구적 영향력을 가질 수 없었느냐는 질문에 대
해서도 마찬가지이다. 베버가 신교윤리와 자본주의 정신 사이에 어떤 친
화성이 있다는 정도로 어정쩡하게 답할 수밖에 없었던 것도 기존의 설명
에 난점이 있었기 때문이었다(Weber, 1934).

이에 대한 세계체계 분석의 답을 살펴보자. 월러스틴은 원형적 자본
주의라고 부를 수 있는 것은 16세기 이전에 세계 도처에서 발견된다고 보
고, 그런 것들이 심지어 국지적인 형태로 세계경제라는 모습을 띠고 있기
까지 했다고 본다. 그러나 이전의 이런 세계경제는 늘 세계제국 아래에서
일시적으로 존재했거나 하나의 제국이 붕괴된 뒤 새로운 역사적 체계가
등장하기 이전에 일부 지역에 단기간 존재했을 뿐, 장기지속의 구조로 정
착된 예가 없었다고 본다. 그런 세계경제가 하나의 체계로 확대되는 것을

제어하는 내적 장치가 늘 체계의 수준에서 작동해 왔기 때문이라는 것이다. 게다가 자본주의적 경향은 기존 세계제국의 통합력 유지에 늘 잠재적 위협이기도 했다. 신분적 차별이나 주기적으로 나타나는 몰수, 종교 덕목상의 천대 등에서 이런 억압이 확인된다.

그러나 유일하게 장기 16세기 들어 유럽에서 이런 제어장치에 문제가 생겼고, 그 틈새를 비집고 들어와 자본주의가 제 발로 서게 됐다. 즉, 자본주의는 16세기 유럽에서 역사상 최초로 형성된 것이 아니라 그 이전에 이미 문밖에서 틈을 엿보고 있다가 이 공백기를 비집고 들어와 하나의 역사적 체계로 자리잡게 된 것이라는 말이다. 그리고 그렇게 된 이유는 자본주의를 형성하는 힘이 강했기 때문이 아니라 그것을 제어하는 힘이 현격하게 약해졌기 때문이라는 것이다(Wallerstein, 1992b).

월러스틴의 논지는 이렇다. 유럽에서 자본주의가 정착된 것은 필연적이라기보다는 네 가지의 콩종크튀르적 요소가 누적적으로 작용하면서 특이한 정세가 형성된 탓인데, 이 특이한 정세 속에서 자본주의적 세력을 제어할 수 없게 된 공백이 발생했고 이 틈새에서 자본주의가 세계체계로서 공고화됐다는 것이다. 이 네 가지 요소란 영주의 붕괴, 국가의 붕괴, 교회의 붕괴, 몽골의 붕괴를 말한다. 첫째로 13세기 중반부터 15세기 중반에 걸쳐 영주의 수입이 감소되는 위기가 발생했다. 영주 수입의 감소는 영주들간의 경쟁과 농민에 대한 착취를 심화시켜 귀족뿐만 아니라 인구의 숫자까지 감소시키는 결과를 낳게 됨으로써, 농민들의 협상력을 증가시켜줬다. 둘째로 국가의 붕괴가 이와 동시에 진행됐다. 13세기 초까지 진행되던 국가 강화의 경향이 역전된 뒤 대부분의 정부가 파산하고 지역 맹주들의 권력이 증가했는데, 이 틈새에서 자율적이고 독립적인 도시나 소국(小國)이 생겨나기 시작했다. 셋째로 자본주의적 추구를 종교적 교리를 통해 억제해 왔던 교회가 경제 하강국면에 자신의 경제력 저하를 만회하고자 경제 · 재정문제에 더욱 더 적극적으로 개입함에 따라 영향력을 잃어갔다. 교회에 반발하는 각종 이단파가 등장한데다 정치체들까지 분산되기 시작한 탓에 교회의 집중적 영향력이 저하됐고, 그에 따라 자본주의적 추구를 억제하는 교회의 힘까지 약해졌던 것이다. 이것이 보통 우리가 '봉건제의 전반적 위기'라고 부르는 것이다.

그런데 이와 같은 세 가지 요소의 위기는 자본주의적 세력이 힘을 늘려갈 수 있는 우호적 조건일 뿐 그 이상은 아니다. 왜냐하면 그 이전까지는 지대에 근거한 재분배체계 내에서 생활하는 지배계급을 위협하는 이런 위기가 발생했을 때마다 늘 새롭게 팽창하는 제국적 세력이 구체제를 정복함으로써 새로운 세계제국을 형성해갔기 때문이다. 이런 맥락에서 당시 문제가 됐던 것은 유럽으로 팽창해오던 몽골제국의 갑작스런 붕괴였다.[10] 몽골제국의 팽창이 중단된 지역에서 정치적 통제의 공백이 생겨나, 자본주의적 세력이 팽창될 수 있는 역사적 조건이 형성된 것이다.

유럽 내에서 이미 원거리 무역을 통해 부를 축적해 왔던 대자본들은 이런 외부세력의 공백기를 이용해 그 세력권을 유럽 전역으로 확장했고, 이것은 절망적 위기에 직면해 자신들의 적인 성장하는 부농을 분쇄하려는

---

10) 아부-루고드는 몽골의 붕괴를 서양의 등장에 앞선 '동양의 몰락'이라고 지칭한다. 월러스틴이 16세기 근대세계체계 이전의 유럽을 세계제국의 해체 이후 분산적이고 폐쇄적으로 존재했던 경제이자 하나의 세계체계를 형성하지 못한 기독교 문명이라고 보는 반면(Wallerstein, 1974a[1999]: 37), 아부-루고드는 13세기에도 세계체계가 있었다고 본다. 그러나 2천년의 역사를 단일한 세계체계의 내적 변동으로 보는 프랑크(Frank, 1998)와 달리, 아부-루고드는 13세기의 세계체계에는 네 가지 중심이 있었는데 그 사이에 하나의 중심적 헤게모니가 없었다고 본다. 13세기의 세계체계가 16세기 이후 등장한 유럽 중심의 근대세계체계나 그 이후 나타날 새로운 세계체계와 근본적으로 단절되는 부분이 바로 이런 조직구조라는 것이다(Abu-Lughod, 1989; 1990). 월러스틴이 프랑크를 비판한 이유도 프랑크가 이와 같은 자본주의 세계체계라는 단절점을 보지 못했기 때문이다(Wallerstein, 1999b).

영주들의 의도와도 맞아떨어지는 것이었다. 많은 영주들은 새롭게 확대되는 축적의 기회를 이용해 사실상 자본가로 변신할 수 있었고, 분산적인 국가들을 자기들의 자본축적에 도움이 되는 쪽으로 새롭게 조직해 이용할 수 있었다.[11] 이런 공백 속에 등장한 자본주의 세계경제는 그 존속을 위한 제도적 기반을 만들어냈다. 어떤 국가도 이런 시도를 누를 수 있을 만큼 강력하지 못했고, 한 세기쯤 지난 뒤에는 외부의 어떤 세력도 이렇게 등장한 유럽 세계경제를 굴복시킬 수 없게 됐다.

2) 산업혁명이라는 신화

이렇게 등장한 자본주의의 작동과 관련해 다음으로 등장하는 신화는 (유일한) 산업혁명이라는 논지이다. 통상적인 주장은 19세기 영국이 면직물·철강·석탄산업에서 잇따라 일어난 산업혁명을 통해 비약적으로 산업화를 일궈내 세계의 공장이 됐으며, 농업에서의 혁명을 통해 형성된 근대적 프롤레타리아트가 자유로운 노동력을 공급했고, 이후 이런 모델이 시간과 공간적 맥락을 뛰어넘어 각 나라로 파급되면서 한 나라씩 자본주의가 성립되어갔다는 것이다.

급속하게 발전한 기계제 대공업이 자본주의를 형성시켰으며, 이런 '산업자본주의'가 자본주의의 전형적인 (일국적) 출발점이었다고 주장하는 이런 설명은 우선 19세기의 영국 현실과도 다소 괴리가 있어 보이는데,

---

11) 이런 점에서 월러스틴은 '반동적 귀족계급 대 진보적 부르주아지'의 투쟁이나 이를 정식화한 부르주아혁명이라는 도식이 신화일 따름이라고 주장한다(Wallerstein, 1991b[1994]: 77~79). 흔히 부르주아혁명의 전형이라고 말하는 프랑스혁명은 구계급이 새로운 계급으로 안정적으로 변신하지 못한, 취약하기 그지없는 프랑스 정치 정세의 예외적 현상일 따름이었다는 것이다(Wallerstein, 1989). 이 비판은 자본주의를 역사적 진보로 보는 시각 자체를 비판하는 것과도 연관된다(Wallerstein, 1983a[1993]: 101~116).

홉스봄의 논의를 통해 이 점을 살펴보도록 하자. 홉스봄은 19세기에 성장의 가속화가 있었는데, 이것은 질적으로 새로운 것이자 역사상 최초의 것이었다고 말하며 산업혁명을 긍정적으로 평가한다(Hobsbawm, 1969 〔1984〕: 31~33). 그러나 곧이어 1780~1840년의 시기는 단지 산업자본주의의 초창기였을 뿐이라고 다소 물러서는데, 맨체스터를 제외한 대부분의 지역에서는 기계화된 공장생산이 19세기 말에 처음 나타났을 뿐이라는 것이다(66~67). 산업혁명을 주도했다는 방직 매뉴팩처는 나폴레옹전쟁 뒤까지도 전혀 기계화되지 않았고, 기술 수준도 매우 단순했으며, 공장노동자는 소수였을 뿐이다(54). 즉, 반(半)자동화나 자동화라고 할 수 있는 것은 정작 20세기 중반에야 나타났다(62). 그러므로 면직산업은 철강산업 같은 중자본재 산업을 자극할 능력이 없었고, 면직산업의 발달 이후 약 50여 년 동안 철강 부문에서 산업혁명은 일어나지 않았다(65). 이것은 농업혁명에서도 마찬가지이다. 홉스봄은 산업혁명이 토지에 매우 근본적인 변화를 가져왔다고 평가하지만(91), 1750~1830년의 생산성 증가는 기술혁신 덕택이 아니었다고 말한다. 즉, 1830년대 말 이전에 산업혁명은 농업에 별 영향을 주지 못했다(99). 게다가 엔클로저의 영향을 종합적으로 볼 때 농민이 토지에서 몰려난 것으로 보기도 어렵다고 주장한다(94).

이런 문제점 때문에 존스 같은 학자는 18세기의 직조기술과 중세의 기술상에 큰 차이가 없고, 증기기관이 제조업 외부에서 주로 이용됐고, 제조업의 동력은 전통적인 방식을 사용했고, 철의 이용이 비약적으로 증가하지 않았고, 전반적으로 제조업의 상황이 영국과 다른 유럽 국가 사이에 큰 차이가 없었음을 근거로 산업혁명이 비약적 단절이라는 주장에 의문을 제기한다. 그보다는 오히려 빠른 경제성장과 17세기에 농촌으로 이전됐던 공업이 18세기에 다시 도시로 이전됨에 따라 나타난 현상들이 과도하

세계체계 분석의 시각 ② : 영국 헤게모니

세계체계 분석은 19세기 영국이 면직물 · 철강 · 석탄산업에서 잇따라 일어난 산업혁명을 통해 자본주의를 형성
했으며, 그에 따라 세계의 헤게모니 국가로 부상하게 됐다는 이른바 '산업혁명의 신화'를 거부한다. 즉, 산업혁
명이 영국을 헤게모니 국가로 만들었다기보다는 헤게모니 국가인 영국이 산업혁명을 통해 어떻게 세계적 지배를
공고하게 만들 수 있었는지 묻는 게 더 타당하다는 것이다. 이렇게 보자면 영국이 헤게모니 국가가 된 것은 해외
상업과 제국주의적 팽창전략에 따른 '생산비용의 내부화' 덕택이었다. 위 그림은 해외영토를 노리는 영국 제국
주의를 '문어'로 표현한 당대의 풍자화이다(『일러스트레이티드 런던』, 1891).

게 강조된 것이 아닌가 하는 주장을 편다(Jones, 1988 : Ch. 1).[12] 월러스틴도 18세기 초 서유럽의 주요 공업인 모직물 부문에서 왜 산업혁명이 일어나지 않았는지 설명하기 어렵다는 점, 목재가 풍부한 프랑스와 비교할 때 영국에서 석탄산업이 발전한 것은 목재의 부족 때문이었기에 영국이 프랑스보다 비용상의 우위를 점할 수는 없다는 점, 그리고 프랑스 전체는 아니더라도 프랑스 북부에서 면직산업의 발전은 영국에 뒤지지 않았다는 점, 실제 산업혁명이라고 부를 만한 기술상의 혁신은 1550~1750년과 1850년 이후에 일어났다는 점을 들어 영국에서 '유일한 산업혁명'이 발생했다는 주장을 부정한다(Wallerstein, 1989[1999]: 43~56).

이런 주장은 19세기에 영국에서 일어난 일련의 기술적·조직적 변화를 부정하는 것이 아니다. 오히려 이 잇따른 혁신 때문에 영국이 세계의 헤게모니 국가로 부상하게 됐다고 설명하거나 이른바 산업혁명이 개별 나라들에서 자본주의가 발전해 가는 전형적 모델이라고 주장하는 것이 전혀 타당하지 않다는 점을 지적하고, 당시 세계경제에서 왜 집단적으로 그런 변화가 발생했으며 높은 이윤을 낳는 경제행위가 왜 특정 국가에 집중됐는지 분석할 필요성을 제기한 것이다(Wallerstein, 1989[1999]: 56; 1991b[1994]: 67~68). 즉, 산업혁명이 영국을 헤게모니 국가로 만들었다기보다는 헤게모니 국가인 영국이 하나의 산업혁명을 통해 어떻게 세계적 지배를 공고하게 만들 수 있었는지를 묻는 것이 더 타당하다는 말이다.

이와 관련해 아리기는 19세기의 영국을 우위에 올려놓은 것은 산업혁명이라기보다는 차라리 산업주의에서 해외상업과 영토팽창으로의 중점

---

12) 카메론도 기계화, 동력, 철강 모두에서 19세기라는 단절점을 수긍하기 어렵다는 견해를 표명하고 있다(Cameron, 1982).

전환이라고 이야기한다(Arrighi, 1994 : 209~210). 요컨대 영국을 세계의 공장으로 만드는 전지구적 상업망이 형성된 것이 영국 헤게모니의 기초로서 중요하다는 것이다. 이 전지구적 상업망이 이전 네덜란드 헤게모니 시기의 세계적 상업망과 구분되는 이유는 아리기가 '생산비용의 내부화'라고 부르는 메커니즘이 그 안에서 형성됐기 때문이다. 다시 말해서 비유럽지역으로 확장되는 제국주의적 팽창전략에 따라 세계 전역을 저가의 원료 공급지로 포섭하는 동시에, 본국에서는 생산활동을 자본의 통제에 종속시켜 낮은 생산비용으로 상품을 만든 뒤 이 상품을 외부의 원료 공급지에 판매하는 상업망이 형성된 것이다(177). 네덜란드 헤게모니 시기에는 해군력을 이용해('보호비용의 외부화') 원거리 무역을 독점함으로써 고이윤 부문인 국제상업을 독차지할 수 있었지만, 공급되는 상품의 생산비용 자체를 낮출 수는 없었다. 이에 비해 영국은 저가의 원료를 공급하고 가변자본비용을 통제할 수 있게 되어 상품생산 비용 자체를 낮출 수 있게 됐다. 이에 따라 비로소 자본은 '생산'의 영역을 직접 통제하게 된 것이다. 바로 이런 과정을 거쳐 출현한 것이었기 때문에, 산업혁명은 영국 국내 산업들간의 긴밀한 연관성 없이 나타나게 된 것이다.[13] 당연히 이 과정은 순수한 경제적 과정이 아니며, '산업적' 특징만을 갖는 것도 아니다.

이처럼 영국이 전지구적 식민지망을 형성한 이후 1840년대의 경제위기 극복과정에서 철강·석탄산업에 투자되기 시작한 과잉자본은 유럽 대

---

13) 영국이 헤게모니 국가가 되는 데 중요한 역할을 한 다른 요소들 중 결코 빼놓을 수 없는 것이 인도의 식민지화이다. 적어도 네 가지 차원에서 인도는 영국 헤게모니 유지에 중요한 역할을 했다. 첫째, 영국은 인도를 약탈해 프랑스와의 전쟁 때 빌어다 쓴 부채를 청산할 수 있었다. 둘째, 영국은 인도를 저가의 원료 공급지로 전환시켰다. 셋째, 영국은 인도인을 식민지 확장에 필요한 용병으로 동원했다. 넷째, 영국은 인도의 재정을 직접 장악함으로써 자국의 상시적 경상수지 적자를 인도의 대외 경상수지 흑자를 끌어다가 메울 수 있었다(Arrighi, 2003a ; Silver and Arrighi, 2003).

류과 식민지에서 비약적으로 발전한 철도산업을 출구로 삼아 영국 헤게모니의 공고화에 기여하게 된다(Arrighi, 1994 : Ch. 3).[14]

3) 헤게모니 교체의 역사

앞의 논의는 이미 근대세계체계로서의 자본주의의 역사는 한 국가 내에서 형성된 요소들과 발전의 길만으로 설명될 수 없고 세계체계적 맥락 속에서 논의되어야 한다는 점, 그리고 각 시기 자본주의의 형태별 차이는 헤게모니의 교체 속에서 설명되어야 한다는 점을 시사해 주고 있다.

앞서 설명했듯이 독점을 향한 대자본들간의 경쟁은 각 개별 국가들로 이뤄진 국가간체계 내에서 대자본들의 후원자인 국가들간의 경쟁을 촉발한다. 장기 16세기에 세계경제로서의 자본주의가 유럽에서 자리잡은 뒤에는 국가들간의 관계가 어느 국가도 절대 우위에 있을 수 없는 국가간체계 속에서 성립됐다. 대자본들이 독점적 우위권을 놓고 경쟁한 끝에 특정 국가가 일정 기간 상대적으로 지배적인 지위에 있는 헤게모니 국가로 등장하긴 했지만, 이 국가는 세계를 단일의 제국으로 확장하려는 시도까지는 못했고 다른 경합국들의 추적에 직면해 헤게모니의 쇠퇴과정에 들어가는 과정을 반복했다. 팽창하는 국가가 제국적 형태로 세계를 지배하려는 시도를 한 적이 없었던 것은 아니나 경합하는 국가를 자본이 늘 집중 지원함으로써 새로운 세력균형이 형성됐으며, 이 때문에 절대적 우위가 아닌 상대적 우위로서의 세계헤게모니만이 가능했다.

---

14) 이런 점에서 19세기 초의 영국은 20세기 초의 미국과 비교할 때 오히려 정반대의 수순을 밟았다고 할 수 있다. 미국의 경우에는 새로운 헤게모니 국가로 부상하기 이전에 새로운 형태의 축적체제로서 법인자본주의라는 조직혁명이 수행됐고, 그 이후에야 냉전을 통해 전지구적 세계경제 네트워크가 형성됐다.

역사적 자본주의가 세계체계를 형성한 이후 세 번의 헤게모니 국가가 등장했다(《도표 1》). 첫번째는 네덜란드 헤게모니로 그 정점은 1625~72 년이었고, 두번째는 영국 헤게모니로 그 정점은 1815~73년이었으며, 세 번째는 미국 헤게모니로 그 정점은 1945~67년이다(Wallerstein, 1983b: 256).[15] 월러스틴은 헤게모니를 헤게모니 국가의 기업이 농업 및 산업생산·상업·금융에서 모두 더 효율적인 경우라고 봤기에, 각 부문에서의 효율성을 기준으로 헤게모니를 정의한다(255). 이와 반면에 그람시의 용법을 따르는 아리기는 헤게모니를 모든 갈등적 쟁점을 보편적 수준으로 옮겨놓을 수 있는 도덕적·지적 능력이라고 규정하고, 세계적 차원에서 이런 헤게모니를 형성시켜 주는 물적 토대를 새로운 축적체제로 보고 있다(Arrighi, 1994 : 28). 새로운 헤게모니는 고이윤 부분을 독섬하는 새로운 축적체제를 기반으로 삼아 정치·군사적으로도 헤게모니 경합국들을 물리치고, 새로운 보편주의를 구현하는 국가간체계의 질서를 형성함으로써 비로소 헤게모니 국가가 될 수 있다.

이렇듯 헤게모니의 규정이 상이하기 때문에 월러스틴과 아리기는 하나의 헤게모니가 또 다른 헤게모니로 이행하는 동학도 서로 다르게 본다. 기본적으로 헤게모니의 교체를 상대적 효율성의 문제로 보는 월러스틴은 대외적으로 헤게모니 국가의 기술적 우위가 외부의 모방에 의해 줄어들고, 국내적으로 자국 내의 임금 상승 탓에 임금 압박이 발생하는 동시에 체계유지 비용이 증대하면서 전반적인 효율성이 줄어들며, 새로운 헤게모니 국가들간의 경쟁이 치열해져 세계전쟁으로 귀결되면서 새로운 헤게모

---

15) 홉킨즈는 이 세 헤게모니를 근대세계체계의 등장, 지배, 쇠퇴라는 세 계기로 파악한다(Hopkins, 1990). 한편 아리기는 세 번의 헤게모니 순환에 추가해 네덜란드에 앞서는 제노바의 체계적 축적 순환을 덧붙이기도 한다(Arrighi, 1994).

〈도표 1〉 역사적 헤게모니 국가의 특징

	네덜란드	영 국	미 국
물질적 팽창기	1640~1750	1790s~1873	1930s~68/73
금융적 팽창기(징후적 위기에서 최종적 위기의 시기)	1750~90s	1873~1930s	1968/73~현재
중심도시	암스테르담	런던	뉴욕
헤게모니 경합국	에스파냐	프랑스	독일
축적체제의 원리	보호비용의 내부화	생산비용의 내부화	거래비용의 내부화
기업의 형태	공인합자회사	가족기업	법인기업
세계경제의 조직원리	제해권 장악과 공인 합자회사를 통한 원 거리 무역권 독점	상업적·영토적 해외 팽창을 토대로 한 세계의 공장화/생산 활동을 자본의 통제 아래 둠	초국적 법인기업의 수직적 통합망
핵심적 산업	무역업/조선업/상품 작물	면직업/철강/석탄	자동차/철강/소비재산 업/군수산업/항공우주
국제금융체계		금본위제	고도금융 통제/금−달 러본위제에서 달러본 위제로 이행
국가간체계	세력균형 아래에서 전쟁 지속	유럽의 평화/제국주 의적 식민지 확장	양극체제 아래에서의 냉전/민족국가공동체
국가간체계의 상징적 제도	베스트팔렌 조약	유럽협조	브레턴우즈/UN
지배적 이데올로기로서 자유주의의 형태	실용적 공화주의	의회자유주의	뉴딜적 자유주의/ 민족국가 단위의 발전주의
중간계급의 포섭전략	엘리트 과두제	정착민 식민지 건설/ 선거권	보통선거권/복지국가/ 민족국가 독립
헤게모니 위기의 양태	영국과 프랑스의 중 상주의적 경쟁/ 프랑스혁명	미국과 독일의 경쟁에 따른 양차대전/ 파시즘과 사회주의	신자유주의로 인한 민족국가의 위기/ 자유주의의 위기

니 국가가 출현한다고 본다. 이와 달리 아리기는 월러스틴의 이런 주장이 헤게모니의 이행을 '외생적'으로 설명한다고 비판한다. 아리기의 설명에 따르면, 헤게모니 국가의 과잉축적 때문에 국가들간의 경합과 기업들간의 경쟁이 새롭게 촉발되고 국내외적으로 사회적 갈등이 늘어나 세계의 권력 구도가 새로운 형세로 재편되어 체계의 카오스[16]가 발생한다. 그리고 이와 동시에 새로운 잠재적 헤게모니 지역으로 체계의 능력이 집중된 결과, 새 로운 축적체제와 새로운 국제질서가 형성되어 체계가 새롭게 재구성된다 (Arrighi and Silver, 1999 : 24~30).[17]

더 나아가 아리기는 헤게모니 교체의 동학을 정교화하기 위해 헤게모 니의 상승국면과 하강국면을 나눈다. 아리기의 설명에 따르면 전자는 새 로운 축적체제의 성장과 이윤율의 상승, 무역과 산업에 투자되는 자본의 증가를 나타내는 '물질적 팽창'의 국면이다. 그리고 후자는 이윤율이 하 락하면서 기존 축적체제의 한계가 노정되고 경쟁국의 저비용 생산이 이윤 율의 하락을 더욱 촉진한 결과, 과잉축적의 위기가 형성되어 대량의 자본 이 화폐형태로 전화하는 '금융적 팽창'의 국면이다. 헤게모니는 금융적 팽창국면에 들어서면서 징후적 위기를 보이기 시작한다. 이와 더불어 새 로운 잠재적 헤게모니의 물질적 팽창을 위한 새로운 축적체제도 형성되기

---

16) '체계의 카오스'라는 용어를 놓고도 아리기와 월러스틴은 견해를 달리한다. 아리기는 이 용 어를 헤게모니 붕괴의 시기에 사용하기 때문에 체계의 카오스가 여러 번 있으며, 새로운 체 계의 재생으로 극복된다고 본다(Arrighi, 1994 ; Arrighi and Silver, 1999). 이와 반면에 월러스 틴은 이 용어를 근대세계체계의 장기적 추세에 따른 구조적 위기에서 나타나는 것으로 보기 때문에 단 한번만 발생하며, 체계 자체가 완전히 다른 것으로 바뀌지 않는 이상 극복될 수 없 다고 본다(Wallerstein and Hopkins, 1996a[1999] : 279). 테일러도 아리기와 같은 용법으로 이 용어를 사용한다(Taylor, 1996).
17) 축적체제와 국가간체계는 헤게모니 형성의 두 축이다. 이 때문에 아리기는 세계경제의 진화 를 나타내는 축적의 체계적 순환을 살펴보는 계보학과 헤게모니 변화의 계보학을 분리해 연 구하되 이를 동시에 결합시킬 것을 요구하고 있다(Arrighi, 1994 : 84).

<그림 1> 영국 헤게모니의 쇠퇴와 미국 헤게모니의 성립과정

헤게모니 (1815~73)	헤게모니 이행		새로운 헤게모니 (1945~)
	헤게모니 위기(1873~1920s)	헤게모니 붕괴(1930s~45)	
헤게모니 국가에 의한 체계의 재구성(산업혁명과 영토 제국주의)	유럽 국가들이 영국을 모방(식민지 확장과 공업화 가속)/ 국가들·기업들간 경쟁 격화	체계의 카오스(자유무역 제국주의의 해체)	새로운 헤게모니 국가에 의한 체계 재구성(법인자본주의/전지구적 뉴딜체계/팍스아메리카나)
	체계 전반에 금융적 팽창이 발생해 쇠퇴하는 헤게모니에 집중	사회적 지배 블록의 해체	
체계의 팽창(팍스브리타니카)	사회적 갈등(민족해방운동/노동운동)	국가들간·국내 권력투쟁의 격화	새로운 헤게모니 사회 블록의 형성
헤게모니 국가에 대한 모방(공업화)	새로운 권력구조(파시즘/사회주의/뉴딜) 새로운 기업구조(수평적/수직적 통합) 새로운 사회계급(민족해방운동/조직노동자)	성장하는 헤게모니의 수중에 군사력과 금융력이 집중됨/ 새로운 기업구조의 공고화/ 사회적 갈등의 증폭	새로운 헤게모니 국가에 대한 모방(법인자본주의)

출처 : Arrighi and Silver(1999 : Table 2~6) 재구성

시작하고, 화폐형태로 전화한 과잉자본이 새로운 축적의 중심지로 이동하기도 한다.[18] 그리고 이런 징후적 위기는 경합국들간의 과열 경쟁으로 기존의 세계질서가 붕괴되는 체계의 카오스에 들어서면서 '최종적 위기'에 돌입하게 된다(Arrighi, 1994).

---

18) 아리기는 '축적체제'라는 용어를 조절이론에서 빌려왔지만 조절이론과는 상이한 방식으로 사용한다. 아리기가 말하는 축적체제는 헤게모니 주도 아래 세계경제 전체가 재구성되는 방식을 지칭한다. 그리고 '포드주의 대 포스트포드주의'라는 구분법에서와는 달리, 물질적 팽창을 뒤잇는 금융적 팽창의 시기를 새로운 축적체제의 등장이 아니라 헤게모니 국가가 주도하는 축적체제의 위기로 파악한다.

20세기의 자본주의와 미국 헤게모니

1) 미국 헤게모니의 형성

〈그림 1〉은 영국 헤게모니에서 미국 헤게모니로 변해 가는 이행의 동학을 아리기 등의 논의에 따라 그려본 것이다. 여기에서 볼 수 있듯이, 미국 헤게모니는 식민지 팽창에 근거해 전지구적 상업망을 갖춘 영국적 제국주의 체제의 위기 속에서 등장했다. '거래비용의 내부화'라는 장점을 지닌 법인기업을 새로운 기업조직 형식으로 삼아 발전한 미국 헤게모니는 제1차 세계대전을 거치면서 확고한 기반을 다지게 된다. 미국 자본주의라는 새로운 축적체제를 형성시킨 경제적 기반은 규모와 범위의 경제에 기초한 법인자본주의(또는 경영자자본주의) 네트워크였다(Chandler, 1990; Arrighi, 1994; Duménil and Lévy, 2001a). 대형 법인기업들은 원료조달에서 생산과 마케팅까지 한 기업 내에 수직적으로 통합시키고 주요한 거래를 기업 내부화함으로써 비용을 절감할 수 있었다. 중간관리층과 경영학이라는 새로운 실용학문이 이 과정에서 중요한 역할을 하게 됐다.

법인자본주의 네트워크의 우위는 대륙적 크기를 지닌 민족국가라는 특성과 (수평적 합병을 금지하는) 반독점법 같은 정부의 제도적 지원에 힘입어 형성됐다. 전장(戰場)에서 분리된 지정학적 요소도 크게 작용했다. 우선 미국은 제1차 세계대전 시기에 전쟁의 직접적 피해에서 벗어나 있었다. 그리고 전시에 유럽의 주요 물품 공급자로서 전시붐을 경험했다. 마지막으로 패전국에 묶인 부실채권 때문에 금융상의 우위조차 상실하게 된 영국에 비해 미국은 전시에 투자한 자본을 대부분 문제없이 회수할 수 있었으며, 그 덕택에 미국에 투자한 영국 자본들까지 적은 비용으로 인수할 수 있게 됐다. 그러나 제1차 세계대전 뒤의 국제경제질서를 주도할 능력

HOLDING HIS END UP.

JOHN BULL—"It's really most extraordinary what training will do. Why, only the other day I thought that man unable to support himself."—Philadelphia Inquirer.

세계체계 분석의 시각 ③ : 미국 헤게모니

"정말 놀라운 훈련의 성과군. 왜냐고? 어제까지만 해도 나는 저 사람이 제대로 서 있지도 못할 줄 알았거든." 미국의 팽창정책을 꼬집은 '존 불' 아버스노트(John Arbuthnot, 1667~1735)의 이 풍자만화는 '엉클샘'이 야만인으로 묘사된 푸에르토리코, 하와이, 쿠바, 필리핀, 마리아나 제도를 정복해 몸의 균형을 맞추고 있는 모습을 보여주고 있다(『필라델피아 인콰이어러』, 1899). 이 풍자만화는 영국 헤게모니와 미국 헤게모니의 공통점을 잘 보여준다. 그러나 세계체계 분석에 따르면 미국은 영국과는 달리 하나의 대륙이라고 할 만한 국내 시장을 갖추고 있었다는 점에서 영국과 구별된다.

이 형성되어 있지 않았다는 점에서, 미국의 이런 우위는 아직 헤게모니적인 것은 아니었다. 미국은 스무트-할리 관세법안에서 볼 수 있듯이 오히려 보호주의로 나아가고 있는 상황이었다(Arrighi, 1999 : 230).

1930년대에 미국은 미국 헤게모니의 두번째 토대라고 할 수 있는 고도금융에 대한 통제에 성공하게 된다. 루스벨트가 주도한 뉴딜 연합이 그 사회적 토대를 제공했다. 대공황의 원인을 고도금융의 투기적 행위 때문이라고 본 루스벨트는 모건가로 대표되는 고도금융을 고립시키기 위해 모건가를 배제한 채 은행가와 당시(1934~45년)의 재무장관 헨리 모겐소를 중심으로 재무부 관료, 조직화된 노동자, 산업자본가의 연합을 형성해 뉴딜정책을 시행했다(Helleiner, 1994 : 27~30). 간단히 말해서, 뉴딜정책의 핵심은 고도금융을 정부 통제 아래 종속시켜 국가의 경제정책을 통해 국내 경제를 관리하고 중간계급을 포섭하는 것이었다.

이처럼 법인자본주의와 고도금융에 대한 뉴딜적 통제를 토대로 삼은 미국 자본주의가 가장 앞서 있던 자본주의 국가라는 지위에서 한 걸음 더 나아가 제2차 세계대전 승전 뒤 헤게모니 국가로 부상하기 위해서는 두 가지 중요한 문제를 해결해야 했다. 첫번째 문제는 19세기 영국 헤게모니와 달리 법인기업에 근거한 미국 자본주의는 성격상 전지구적이지 않았다는 점이다. 전지구적인 식민지 건설을 통해 값싼 원료를 공급받고, 자국에서 만든 제품들을 판매할 전지구적 상업망을 건설해야 하는 영국의 축적체제는 성격상 전지구적으로 팽창할 수밖에 없었다. 이에 비해 미국은 하나의 대륙에 버금갈 만한 국내 시장을 갖추고 있었고, 수직적 통합을 통해 원료의 조달에서 판매까지 통일한데다, 부족한 원료가 있어도 라틴아메리카라는 배후지에 법인기업의 자회사를 설치해 조달할 수 있는 상태여서 전후 세계경제를 복구하기 위한 전지구적 팽창을 기업 차원에서 신속히 주도하기 어려운 상태였다. 두번째로 해결해야 할 일은 1931년 영국의 금본위제 폐기 이후 무너진 국제금융질서를 복구하되, 투기적 자본의 자유로운 활동을 통제하는 체계를 만들어내 체계의 카오스를 극복하고 새로운 세계질서를 만들어낼 필요가 있다는 문제였다. 이 두 가지 모두 미국 정부가 주도하고 세계적 동의를 얻어내야 하는 일이었다.

자유무역체제를 건립하되 투기적 자본의 활동을 제한하는 새로운 금융질서를 확립하기 위한 노력은 브레턴우즈체제로 귀결됐다. 초국가적인 제도에 힘을 실으려는 영국 대표 케인즈와 각국의 권한을 인정한 뒤 국가들간 협의체로서의 상위 기구를 두자는 미국 대표 화이트의 견해 대립이 있긴 했지만 양국 사이에는 국제자본의 흐름을 통제하고, 새롭게 만들어진 국제기구에 실질적 권한을 부여하자는 합의가 이뤄졌다(Panić, 1995). 그러나 자본통제에 대해 은행가들의 반대도 심했고, 의회도 이들의 영향 아래 있었으며, 뉴딜세력 중 일부의 이탈 조짐도 보였고, 정부 내에서도 의견이 갈리면서 화이트는 반대세력과 타협할 수밖에 없었다. 결국 국제 금융질서는 국가들 상위의 기구에 의해서가 아니라 사실상 지배적인 경제에 의해 관리되는 방향으로 전환될 수밖에 없었다(Helleiner, 1994 : 39~44 ; Panić, 1995 : 47). 이처럼 초안에서 많이 벗어나긴 했지만 브레턴우즈체제는 고도금융에 대한 사적 규제를 공적 규제로 대치해 고도금융에 대한 정부의 우위를 확보하는 계기가 됐다(Arrighi, 1999 : 234).

그러나 브레턴우즈체제의 발족 직후에도 반대세력의 힘은 줄어들지 않았다. 게다가 브레턴우즈체제를 만들어낸 미국 내 세력관계도 변하게 됐다. 이처럼 불안한 브레턴우즈체제가 자리를 잡게 된 것은 냉전 덕택이었다. 특히 마샬플랜은 유럽을 미국 초국적 기업의 시장으로 전환시키는 계기가 됐다. 냉전이라는 조건이 형성되지 않았다면, 미국 의회가 받아들일 수 있던 유일한 해외 부흥안은 사적 해외투자뿐이었을 것이다. 1947년 자본도피의 급증으로 유럽이 직면한 경제위기에 대처하는 과정에서 유럽의 자본도피를 막고 달러갭의 문제를 해결해 안정적 성장의 토대를 마련하기 위해 만들어진 마샬플랜이 브레턴우즈체제를 통해 설립된 두 국제기구(IMF와 IBRD)에 반감을 지닌 미국 내 세력을 무마하는 대안으로 등장하게 된 것은 바로 이런 배경에서이다. 즉, 마샬플랜은 협력적 자본통제나 환율통제, 변동환율제 모두를 적절한 대안으로 생각하지 않는 미국 내 세력을 무마할 수 있는 방안이었다(Helleiner, 1994 : 50~63). 냉전은 루스벨트의 단일 세계주의를 트루먼의 '두 세계주의'로 전환함으로써 얄타회담에서 동의를 얻어낸 전후 서반구 부흥의 토대를 만들어낼 수 있었다. 이로써 미국은 전후의 세계를 자신의 이미지에 비춰 조성하는 헤게모니 국가로 자리잡을 수 있었으며, 미국의 지원 아래 전후 '발전주의' 시대가 열렸다. 특히 한국전쟁은 이런 구도를 결정적인 것으로 만들었다. 당시 미국무장관 애치슨의 말처럼 "한국이 우리를 구했다"(Borrego, 1995 : 17).

'두 세계주의'는 단일 세계주의에 기초한 전지구적 뉴딜체계를 대체하며 새로운 국가간체계를 만들어냈다. 이 새로운 국가간체계는 영국 헤게모니와는 상이한 축적체제에 근거해 있었다. 전지구적 상업망에 기초해 영국을 세계의 공장으로 만들어낸 식민지체제와 달리 법인자본주의의 초국적 네트워크에 근거한 미국의 새로운 축적체제는 식민지체제가 아니라 초국적 기업의 형태를 띤 법인자본주의 네트워크의 확장을 통해 거래비용을 내부화하는 방식으로 변화했다. 그렇기 때문에 식민지의 획득·유지에 필요한 정치적 비용을 줄이며 세계를 미국의 축적체제에 종속시킬 수 있는 국가간체계를 형성할 수 있었다. 식민지를 토대로 한 전지구적 상업망 대신 초국적 기업의 소비주의 네트워크를 형성한 것과 새로운 이데올로기적 조건 아래에서 반공 권위주의를 지원한 것도 새로운 국가간체계 형성의 기반이 됐다(Taylor, 1995 : 80~81). 한편 그 수가 전례 없이 늘어난 민족국가는 발전의 단위로서, 폭력의 독점체로서, 갈등해결의 매개고리로서 그 중요성이 정점에 달한 듯했다(Wallerstein, et al., 1996a[1999] : Ch. 6). 국가간체계에서 보면, UN이 창설됐지만 총회가 아니라 안전보장이사회에 힘이 집중됐다는 양면성에서 미국 헤게모니의 새로운 성격이 잘 드러났다. 새로 독립해 국가간체계의 일원으로 세계경제에 편입한 나라들에서 민족경제 발전의 길이라는 새로운 모델이 중요해져 '발전주의의 신화'가 20세기 전지구적 자본주의의 기초를 형성했지만, 이와 반면에 '종속'이라는 새로운 쟁점이 등장하게 된 것도 이런 이중성을 반영한다.

2) 미국 헤게모니의 위기와 금융적 팽창

브레턴우즈체제는 실제 집행과정에서 원안이 상당히 변형되긴 했지만 고도금융을 통제한다는 핵심 목표는 관철됐다. 그러나 금-달러본위제에 입각해 지배적 경제인 미국의 정책에 따라 전후 금융질서를 수립하게 된 브레턴우즈체제는 그 기반이 되는 달러의 안정성이 깨지면 국제금융질서도 붕괴될 우려가 있다는 취약함을 안고서 출발했다. 예컨대 한편으로는 영국을 배경으로 금융자유화를 시도한 고도금융세력이 1960년대에 팽창한 유로시장에서 부활을 위한 공간을 찾아냈고, 또 한편으로는 1947년 하이에크를 중심으로 결성된 몽페를랭 협회가 이들을 위한 신보수주의적 경제 이념을 확산시키고 있었다(Helleiner, 1994 : 66). 요컨대 브레턴우즈체제에는 처음부터 균열의 요소가 많이 있었다.

균열은 1967~73년 미국 경제의 이윤율이 하락해 미국 헤게모니가 물질적 팽창에서 금융적 팽창으로 넘어가는 조짐이 나타나면서 분명해졌

다. 〈그림 1〉을 통해 이런 미국 헤게모니의 위기양태를 살펴보면 네 가지
측면이 관찰됨을 알 수 있다. 첫째, 세계경제 내에서 미국이 차지하던 절
대적 우위가 손상되면서 경쟁이 격화되고 미국의 지위가 하락한다. 둘째,
과잉축적의 위기가 나타나면서 세계의 과잉자본이 미국으로 집중되어 금
융적 팽창이 가속화된다. 셋째, 국가간체계가 변해간다. 마지막 넷째로 사
회적 갈등이 고조된다.

첫째로 미국 경제가 겪었던 지위의 하락은 달러의 위기로 나타났는
데, 이것은 미국의 경제적 위상이 저하됐다는 사실을 반영하는 것이었다.
미국 경제에 과잉축적의 위기가 나타나면서 유동화폐가 증가해 환율과 이
자율의 변동폭이 커졌으며, 유가 상승에 따라 그 경향은 갈수록 더욱 심화
됐다.[19] 세나가 이윤율이 하락하고 금융시장이 팽창하면서 자본의 수익성
도 더욱 감소됐고, 자본은 거의 무상재 수준으로까지 전환됐다(Arrighi,
1999 : 237~238). 미국의 후원 아래에서 성장일로를 걷던 독일·일본 같은
후발 국가들의 저가 제조업 제품에 대한 수입이 증가하면서 미국의 경상
수지 적자가 커진데다, 베트남전쟁 개입으로 재정수지 적자도 눈덩이처럼
불어나자 달러에 대한 신뢰성이 하락하고 금태환 요구도 늘어났다. 이를
감당하기 어려워지자 미국은 1971년 금창구를 폐쇄했고, 1974년에는 자
본의 통제도 폐지했으며(Gowan, 1999 : 19~ 22), 이로써 브레턴우즈체제
는 종결됐다. 결국 미국은 금-달러본위제를 폐기하고 순수 달러본위제로
전환했으며, 1970년대 초의 경제위기를 화폐발권이라는 자국의 특권을

---

19) 석유생산국인 미국은 다른 중심부 국가에 비해 유가인상의 충격을 적게 받았고, 경제적 부담
    을 다른 중심부 경제국들로 이전시킴으로써 상대적으로 유리한 위치에 서게 됐지만, 이것이
    미국 헤게모니의 징후적 위기를 극복해 주지는 못했다. 오히려 유가인상의 결과로 형성된 오
    일달러는 미국 경제의 금융화를 가속시키는 촉매로 작용하게 됐다.

발휘해 극복하려 했다. 그러나 곧이어 사적 달러와 공적 달러의 공급이 증가해 국제수지 적자국들이 줄어들고 은행들의 대출경쟁으로 은행이 부실화되자, 1978년경이 되면 세계화폐로서 미국 달러가 지녔던 신뢰성은 위기를 맞게 된다(Helleiner, 1994 : 240).

둘째로 1970년대의 이 위기를 극복하기 위한 미국의 노력은 (과거의 역사에서도 나타나듯이) '경이적 시기'인 벨에포크 아래에서 금융적 팽창을 낳는다. 이전의 벨에포크에서처럼 미국 경제는 국가의 지원 아래 금융적 팽창을 주도하게 된다. 세계화에 대한 통상적인 이해와 달리, 이런 금융적 팽창 아래에서는 국가의 힘이 줄어드는 것이 아니라 그 강조점이 변화될 뿐이다. 국가는 이른바 '탈규제'라는 명목 아래 과거 축적체제의 핵심 제도들을 변화시키는 주도적 힘으로 작용하게 된 것이다. 미국 정부가 자국의 국경을 넘어 전세계의 경제구조를 금융적 축적에 유리하도록 전환시키는 데 주도적 역할을 맡게 된 것도 그래서이다.[20]

볼커플랜과 더불어 시작된 1980년대 미국 경제는 사적 고도금융에 대한 공적 통제라는 뉴딜정책과 브레턴우즈체제의 원칙을 포기한 채 정부가 사적 고도금융에 대한 경쟁자에서 가장 믿음직한 지지자로 전환되는 계기였고, 이후 탈규제를 골자로 하는 신보수주의·신자유주의를 촉발하는 계기가 됐다. 그에 따라 다음과 같은 변화가 일어났다. 첫째로 케인즈

---

20) 금융적 팽창국면에서는 국가의 중요성이 감소하기는커녕 오히려 국가가 주도적으로 이 국면을 주도하게 된다(Arrighi, 1999 : 242). 미국, 일본, 독일 세 국가를 놓고 볼 때도 초국적 기업의 성장을 위해 국가의 기술개발 지원과 정보·통제가 집중됐다는 점에서 1980년대 이후의 초국적 자본은 그다지 초국적이지 않았다(Doremus, et al., 1998; Hirst and Thompson, 1999). 초국적 자본의 해외팽창은 주로 시장 확보를 목적으로 진행됐다. 단지 다른 점이 있다면 국가의 역량이었다. 예컨대 소수의 중심부 국가와 그 나머지 국가들 사이에서는 민족국가가 경제정책을 통해 민족국가 단위의 발전을 추구할 수 있는 역량에서 극단적인 양극화가 나타났는데, 반(半)주변부 국가들의 국가적 무능력은 갈수록 심각해지고 있었다.

주의를 폐기하고 고도금융의 이해관계를 수용한 계기가 된 볼커혁명은 강한 달러를 회복하기 위해 이자율을 인상하고 강력한 긴축정책을 추진함으로써 세계의 과잉자본을 미국으로 집중시켰다. 둘째로 미국의 법인자본주의체제를 유지시켜온 핵심적 틀인 반독점법의 규제를 완화함으로써 기업들간의 인수·합병에 우호적인 조건이 조성됐고, 인수·합병을 통해 주식시장에서 기업가치를 증대시켜 단기적 투자의 붐을 형성하는 정책이 시행됐다. 셋째로 자본의 자유로운 전지구적 이동과 금융자본 투자에 대한 안정적 회수를 확보하기 위한 국제적 틀의 마련이 시도되어 이전의 브레턴우즈체제에서는 사실상 미국의 주도권에 가려 실질적 힘을 발휘하지 못하던 IMF·IBRD·GATT 등의 기구가 재활성화됐으며, 이것이 사실상 뉴딜적 자유주의 프로젝트의 폐기를 추진하는 동력이 됐다.

미국으로 집중된 자본은 미국 내의 과잉자본과 맞물려 거대한 금융적 팽창을 일으켰다. 회사형 투자신탁(뮤추얼펀드)이 등장하고, 상이한 금융영역들간의 벽이 허물어지고, 새로운 형태의 증권과 단기적 투기자본(헤지펀드)이 등장한 것 등이 바로 이런 금융화 국면의 특징을 이루고 있다(Gowan, 1999 : 54).[21]

그런데 세번째 국가간체계의 변화와 관련해 1980년대 벨에포크의 금융적 팽창국면은 미국이 세계체계 내에서 지닌 독특성으로 인해 이전의

---

21) 챈들러는 일본과 유럽이라는 새로운 경쟁자가 등장함에 따라 경영자자본주의라는 특징을 지닌 미국의 법인자본주의에 1960년대 중반 이후 새로운 특징들이 나타난다고 본다. 기존의 수직적 통합과 연계가 없기 때문에 경쟁우위를 보장하지 않는 부문에 진출하는 것, 새로운 사업 부문에 대한 지식의 부족 때문에 최고경영자와 해당 실무경영진 사이에 분리가 생겨나는 것, 운영단위가 다각화되는 것, 기업의 판매와 인수가 새로운 사업 분야로 등장한 것, 자본시장에서 포트폴리오 매니저가 중요한 역할을 맡게 된 것, '기업 통제를 위한 시장'으로서 자본시장의 중요성이 바뀐 것 등이 그런 특징들이다(Chandler, 1990 : 621~626). 결국 장기적 투자를 보장하는 안정적 자금원 역할을 해왔던 주식시장은 단기적 기업가치를 높여 기업의 인수·합병을 촉진하는 매개체로 전환됐다.

역사적 사례들과는 완전히 다른 특이한 모습을 보였다. 자본이 쇠퇴하는 헤게모니 국가로 재집중되어 세계경제의 불안정성을 증폭시킨다는 점이 바로 그것이다. 과거에는 금융적 팽창국면이 발생하면 새로운 투자처를 향해 자유롭게 이동하는 자본의 경향과 헤게모니 국가의 영토적 토대 사이에 극심한 모순이 발생해, 오히려 헤게모니 국가의 금융화된 자본이 새로운 헤게모니 경합국의 성장 토대를 형성해 주는 상황이 발생했다. 역사적으로 보자면 네덜란드와 영국 헤게모니의 쇠퇴기에서 그랬다. 이에 비해 1979년 볼커플랜에서 시작해 레이건이 주도한 제2의 냉전과 클린턴의 '신경제'에 이르기까지, 미국은 기축통화인 달러의 중심성과 정치적·군사적 우위를 앞세워 세계 여타 지역을 희생시키면서 전지구적 자본을 자국으로 집중시키는 모습을 보였다.

레이건은 미국으로 재집중되는 자본력에 힘입어 대대적으로 제2차 냉전(최후의 '군사적 케인즈주의')을 시도해 어느 국가도 미국의 군사력을 따라 잡지 못하게 할 만큼 군사력 수준을 벌여놓았다. 그 결과 냉전 아래의 국가간체계를 지탱해 왔던 또 다른 기둥인 소련이 무너지고 말았다. 한 세기 전의 벨에포크에는 영국의 과잉자본이 새로운 헤게모니를 두고 경쟁하는 유럽의 군비경쟁을 촉발하는 원동력이 된 데 비해, 1980년대의 벨에포크에는 과잉자본이 헤게모니 국가에 전지구적 군사역량을 집중시키는 원동력이 된 것이다. 이 사실은 향후 체계의 위기발생이 과거와 다른 형태를 띨 것임을 시사해 준다(Arrighi, 1999 : 243~245). 즉, 쇠퇴하는 헤게모니를 계승하려는 중심부 국가들간의 충돌(북-북 충돌)보다는 북-남, 또는 남-남의 갈등이 더욱 중요해지게 된다.

1990년대 들어 군사적 케인즈주의에 기반한 전지구적 자본집중의 방식은 폐기됐지만, 월가(街)를 중심으로 한 신자유주의 아래에서 세계의 자본은 여전히 미국으로, 특히 증권시장으로 집중되고 있다. 1990년대 말의 '강한 달러' 정책과 주식시장 부양정책으로 엄청난 규모의 경상수지 적자를 상쇄할 수 있을 만큼 대규모의 자본이 계속 유입되어 '신경제' 현상을 낳게 된 것도 바로 이 사실을 잘 보여준다.

이처럼 미국으로 자본이 과잉집중되는 현상의 반대편에서는 새로운 축적 중심지의 후보 지역들이 계속 위기를 겪고 있다. 특히 새로운 축적 중심지로 떠오르는 동아시아 지역이 희생을 겪었다. 가령 1980년대 초 미 재무부 채권에 거액을 투자한 일본 자본은 얼마 뒤 플라자협약으로 엔화가 폭등하면서 엄청난 손해를 봤고, 채권 회수에 어려움이 생겨 장기불황을 겪게 됐다. 이런 현상은 미국 헤게모니 아래에서 새롭게 경쟁자로 부상한 일본이나 독일 모두 미국 시장에 상당히 의존하고 있다는 특성 때문에 나타난 것이다. 동아시아 후발 공업국들의 경우에는, 미국의 금융화에 따라 팽창한 미국 내 소비시장과 1985년 플라자협약에 따른 엔고의 혜택을 받아 급속한 성장을 지속했다. 그러나 이와 동시에 금융화 자체가 가뜩이나 취약한 이 지역의 경제적 토대를 더욱 불안정하게 만들어 1990년대 말에는 금융위기에 부딪히게 되기도 했다.

1990년대 중반이 되면 일본과 유럽의 경기침체가 세계경제의 우려를 낳게 되고, 미국은 여기에 월가의 요구도 반영해 1995년에는 '역(逆)플라자협약'이라고 부르는 방향으로 전환해 달러를 평가절상했다. 그러나 이런 '강한 달러' 정책은 일본의 장기불황을 개선하기보다는 일본 등 해외의 자본을 다시 미국으로 집중시켰다. 그러나 이 과정에서 점차 미국 금융화의 거품이 분명히 드러나게 된다.

따라서 미국의 '신경제'에서는 첫째로 노동생산성이 향상되고 이윤율이 다시 상승되는 측면이 있지만(Duménil and Lévy, 2001a), 둘째로 기업들이 신규투자보다는 은행차입으로 자사 주식을 매입해 기업의 가치를 높이는 현상이 나타나고 있다. 그리고 셋째로 가계신용이 팽창해 은행저축보다 가계차입이 커지는 과소비 현상이 나타나고 있으며, 넷째로 1995년 이후의 이윤율 상승속도에 비해 기업의 주식평가 가치가 훨씬 빠르게 증가해 양자의 격차가 벌어지고 있다. 마지막 다섯째로 정보과학기술 같은 새로운 투자 부문의 성장은 이런 과열된 주식시장의 팽창과 긴밀히 연관되어 있기 때문에 위기의 해결이기보다는 위기의 지연으로 작동하고 있다(Brenner, 2000; 전창환, 2001; 이병천, 2001).[22]

한편 미국 헤게모니가 맞은 위기의 네번째 측면인 사회적 갈등도 증폭되고 있다. 금융화의 국면 아래에서는 뉴딜적 자유주의를 포기한 신자유주의의 주도 아래 사회적 양극화와 국가들간의 양극화가 점차 심각해지고 있다. 미국의 우위 아래 유동자본을 놓고 벌어지는 경합이 중심부 지대에서 격화되면서, 남반부 국가들은 더 이상 냉전 시기 전지구적 뉴딜체계의 상대적 보호를 박탈당한 채 사실상 배제되어 민족경제적 통합력을 상실하고 끊임없는 내전의 굴레로 떨어지게 됐다(Chossudovsky, 1997[1998]; Wallerstein and Hopkins, 1996a[1999]: 192~215). 그에 따라 반주변부나 주변부 국가들에서는 민족국가라는 형태가 더 이상 '발전주의' 이데올로기를 지탱할 수 없는 취약한 구조라는 사실이 드러났고, 중심부 국가들 내에서는 끊임없는 배제의 선을 양성하는 위기의 구조로 나타나고 있다. 이는 점차 자유주의의 전지구적인 위기로 증폭될 전망이 크다.

---

22) 이 과정은 자본의 금융적 분파가 생산적 분파의 우위에 선다는 과거에도 나타난 형태를 보일 뿐만 아니라, 생산 중심의 초국적 법인자본 자체가 금융자본의 형태로 전화하면서 '재벌' 과 유사한 형태를 띠는 '산업지배적인 금융그룹' 이 출현한다는 독특한 특징을 보이기도 한다 (Chesnais, 1997a[2003]: 168).

또 다른 체계의 카오스

역사적 자본주의의 관점에서 자본주의의 역사를 검토한 뒤 우리 앞에 놓여 있는 쟁점 중 하나는 미국 헤게모니 이후 세계질서가 어떻게 될 것인가 하는 것이다. 새로운 헤게모니의 형성을 통해 새로운 축적 순환이 재생될 것인가? 그렇다면 어떤 국가간체계와 축적체제 아래에서, 그리고 어떤 이데올로기를 통해 가능할 것인가? 그렇지 않다면 구조적 위기가 계속 심화될 것인가? 앞서 지적한 바 있듯이, 20세기 세계경제에서 미국 자본주의가 차지한 절대적 우위 때문에 현재의 이행과정은 매우 특이하게 나타나고 있다. 군사력과 금융력의 절대적 우위에 입각해 미국은 외형적으로 번영의 시기에 들어선 것처럼 보이고, 새로운 생산 영역의 개발도 선도하고 있다. 그 반면 유럽이나 동아시아 같은 경쟁 지역이 새로운 축적체제나 새로운 국가간체계의 형성을 주도할 수 있는 가능성은 아직 현실화되지 못하고 있다. 그러나 미국 경제의 금융적 팽창은 세계경제 전체의 불안정성을 높일 뿐만 아니라, 그 중심인 미국 경제의 불안정성도 높이고 있다. 세계가 미국 시장에 의존하고 있고 세계의 자본이 미국에 투자되어 있는 상황에서 미국 경제의 심각한 위기가 발생한다면, 그 파장은 20세기 초 영국이 전세계에 미친 영향과 같은 것이 될 수는 없다.[23]

　　미국 경제의 미래를 둘러싼 불투명성은 동아시아의 미래까지 불투명하게 만들고 있다. 하나의 지역으로서 동아시아가 전지구적으로 가장 가

---

23) 브레너는 미국 경제를 전망하면서 1995년 이후 주식시장의 거품이 점차 커져 이윤율의 상승 경향에 한계가 나타나고 있다고 본다(Brenner, 2000). 이와 대조적으로 뒤메닐과 레비는 1980년대 이후의 새로운 이윤율 상승을 경영자자본주의의 제3국면으로 보며 상당히 긍정적으로 평가하기도 했지만(Duménil and Lévy, 2001a), 최근에는 미국 자본주의의 금융주도성에 내재된 한계를 강조하는 입장을 보이고 있다(본서 6장 참조).

능성이 높은 새로운 생산 중심지이자 투자처로 남아 있는 것은 분명하지만, 이전처럼 단일 헤게모니 국가를 중심으로 한 새로운 헤게모니로 부상할 가능성은 높지 않다고 하겠다.[24] 국가간체계의 문제를 살펴보면 미래는 더욱 불투명하다. 미국이 군사적으로 절대적 우위에 있기 때문에 현재의 헤게모니 이행국면에서 미국의 경쟁자는 없다. 그렇기 때문에 이 과정에서는 이전의 체계의 카오스에서와는 달리 누가 미국의 동맹자가 될 것인가라는 문제가 중요해질 가능성이 높고, 당분간 중심부 국가들간의 대립이 가시화되지 않을 듯하다. 더 큰 문제는 20세기에 민족국가공동체의 일원이 된 국가들이 전지구적인 신자유주의 아래에서 쇠락의 조짐을 보이자 이들을 지탱해 왔던 발전주의 신화의 근본적인 결함이 드러나고 있다는 점이다. 큰 틀에서 보면, 이 사실은 현재의 국가간체계를 지탱해 왔던 자유주의의 위기라고 할 수 있다. 냉전이 종결되고 신자유주의의 영향력이 커지면서 한편으로는 미국의 전지구적 뉴딜체계를 지탱해줬던 정당화의 근거가 사라졌고, 또 한편으로는 빠른 속도의 자립적 공업화를 통해 반주변부로 상승했던 사회주의적 길이라는 대안도 사라졌다. 그 결과 국가들간의 역량이 양극화되고 주변부에서, 중심부 국가 내부에서 민족국가의 사회적 토대가 무너지고 있다.

폴라니는 영국 중심의 '백년 평화'가 무너진 뒤 일어난 19세기적 자유주의의 위기 아래에서 1920년대에 자유주의와 보수주의 양자가 잇따라

---

24) 일본 자본주의가 새로운 헤게모니 국가가 될 수도 있다고 강조해 왔던 아리기는 일본 한 나라보다는 중화경제권을 포함한 동아시아 지역을 강조하는 쪽으로 이동하나(Arrighi, 1997), 여전히 동아시아가 새로운 축적의 중심이 될 가능성을 포기하지 않고 있다(Arrighi, 1994〔2001〕). 월러스틴은 동아시아가 새로운 상승국면을 주도할 가능성이 있음을 인정하지만, 세계체계의 여러 불안정한 요소들 때문에 과거처럼 안정적인 세계질서가 나타날지에 대해서는 강한 의문을 제기하고 있다(Wallerstein, 1999a〔2001〕: 72~73).

무기력을 드러내고 파시즘이 나타나게 되는 사회적 맥락을 보여준 바 있다(Polanyi, 1944). 이 위기 속에서 파시즘, 뉴딜, 사회주의라는 세 가지 대안적 길이 등장했던 것이 20세기 초의 정치적 상황이었다. 이에 비해 20세기 말 이후의 자유주의의 위기는 20세기 초에 등장한 대안적 길 중 뉴딜과 사회주의라는 두 길을 몰락시키면서 출발했다. 1920년대와 마찬가지로 21세기 초에도 자유주의와 보수주의는 번갈아 가면서 위기관리의 무능력을 노정하고 있다. 그럼 우리 앞에는 무엇이 남아 있을까?

2. 헤게모니 순환으로서의 '미국의 세기'[*]

피터 J. 테일러

20세기가 미국의 세기라는 생각은 거의 한 세기나 지속된 생각이다. 1899년 교황은 이미 '미국주의'를 공공연히 비난한 바 있으며(Leo XIII, 1899), 2년 뒤엔 "세계의 미국화"라는 제목의 책이 나오기도 했다(Vann Wood-ward, 1991:81). 그러나 '미국의 세기'라는 개념은 1941년 미국의 제2차 세계대전 참전을 지지하면서 이 표현을 썼던 『라이프』의 발행인 헨리 루스와 뗄레야 뗄 수 없다. 루스가 미국과 나머지 세계의 관계를 윤곽 잡아놓은 이 글은 훗날 다른 사람들의 논평과 함께 책으로 묶여 나왔는데(Luce, 1941), 이 글은 진정 주목할 만한 역사적 문서이다. 이 문서는 사람들의 인식에 그동안 순수하게 고립되어 있는 것으로만 비쳐졌던 미국의 모습을 위대한 개종자의 모습으로 뒤바꿔놓았던 것이다.

50여 년 전 발표된 루스의 이 글을 읽다보면, 우리는 미국에게 나머지 세계의 미래를 결정할 수 있는 능력이 있다고 본 그의 엄청난 확신에 놀라

---

[*] Copyright © 2002 Peter J. Taylor, "The 'American Century' as Hegemonic Cycle", *Two Hegemonies : Britain 1846~1914 and the United States 1941~2001*, Patrick Karl O'Brien and Armand Clesse, eds., London : Ashgate, 2003, pp.284~302. 테일러는 영국 러프보로 대학의 지리학과 교수이다.

게 된다. 그의 확신은 전시(戰時)에 흔히 볼 수 있는 국수주의적 허세가 아니었다. 오히려 루스의 말은 그람시의 『옥중수고』를 읽고 나서 그의 헤게모니 개념을 세계무대에 투영하려 한 것처럼 보이는 말이었다. 즉각적인 승전보다 훨씬 더 큰 문제에 관심을 보였다는 점에서 이 글은 루스의 헤게모니적 기질을 잘 드러낸 글이었다. 그람시의 말을 빌리자면, 이 글의 등장은 [미국의] '지적·도덕적 지도력' (Gramsci, 1971[1993]: 77~78)을 확립하려는 국제적 사건이었던 셈이다. 예컨대 루스는 이렇게 주장했다. "우리는 진정으로 미국적 국제주의가 비행기나 라디오처럼 우리 시대의 아주 자연스러운 일부가 될 수 있도록 할 수 있다"(Luce, 1941 : 26). 루스는 자신의 미국적 국수주의를 스스로 패러디해 "인민의, 인민에 의한, 인민을 위한 국제주의"(33)를 요청하기까지 했다. 이런 식으로 루스는 세계경찰이라는 미국의 역할을 분명히 거부한 채, "미국적 삶의 성장을 위해 …… 세계의 상황"(23~24)에 영향을 끼치는 쪽을 택했다.

『미국의 세기』를 논평한 수많은 사람들 중 하나인 퀸시 하우는 루스의 언급과 예전 영국 정치인들의 발언 사이에 직접적인 공통점이 있다는 사실을 발견했다. "루스는 …… 자국의 이해관계를 전 인류, 그리고 도덕법칙의 이해관계와 완전히 동일시했다"(23~24). 확실히 루스는 이처럼 자신의 글에 헤게모니적인 비유들을 썼는데, 나는 이 글에서 1941년 당시에는 그저 포부일 뿐이었던 것이 그 뒤 20세기 전체에 걸쳐 어떤 결과를 빚어냈는지 살펴보려고 한다. 제2차 세계대전 승리로 미국 헤게모니 시기라고 널리 인정받는 시기가 도래했으며, 그에 따라 루스의 글은 참으로 놀라운 글로 여겨지게 됐다. 사후적으로 무엇인가를 천천히 되돌아볼 수 있다는 우리의 이점을 살려서, 이제부터 미국의 세기를 헤게모니 순환이라는 관점에서 해석해 보도록 하자.

　　나는 우선 내가 헤게모니 개념을 무슨 뜻으로 쓰고 있는지, 그리고 '세계헤게모니' 개념을 규정하고 있는 세계체계 분석의 전제를 분명히 밝히는 것으로 글을 시작할 것이다. 헤게모니란 원래 순환적이다. 따라서 두 번째로는 미국화의 특성이 어떻게 변해왔는지 시기별로 쭉 훑어보면서 미국 헤게모니의 순환을 살펴볼 것이다. 이렇게 대략적으로 논의구조를 세운 다음에는 헤게모니 정치가 두 시기에 걸쳐 어떻게 작동해 왔는지 자세히 살펴봄으로써 논의를 보충할 것이다. 헤게모니가 등장하기 위해서는 제일 먼저 그 권력을 포괄적으로 투영할 수 있도록 헤게모니 국가 내부에서 합의가 있어야 하고, 그 다음에는 그 국경 밖에 (헤게모니 국가가 제공해야만 할 것을 바라고 있는) 이해심 있는 대중들이 존재해야 한다. 이 글의 세번째 부분에서는 미국 내에서 헤게모니 연합이 자리를 잡은 기간, 즉 뉴딜정책에서 마샬플랜에 이르는 주요 시기를 다룰 것이다. 네번째 부분은 1950년대 절정에 달한 미국 헤게모니 권력의 투영과정을 다른 사람들이 어떻게 보고 있느냐를 정리한 일종의 '스냅 사진'이다. 마지막으로, 나는 미국 헤게모니 순환의 하강기에 미국화라는 약속이 어떻게 전도되어 세계화라는 위협으로 변해가게 됐는지를 살펴볼 것이다.

세계체계의 전제 : 세계헤게모니

세계체계 분석에서는 한 국가나 그와 연계된 사회보다는 그 국가가 일부로 포함되어 있는 훨씬 더 광범위한 체계를 사회변동의 기본 단위로 본다. 위계적인 공간적 노동분할의 일종인 근대세계체계가 바로 그것이다. 이 세계체계는 '장기 16세기' (대략 1450~1650년경)에 등장해 여타의 모든 체계를 제거하면서 1900년대쯤 전지구적인 것이 됐다(Wallerstein, 1979).

사회변동을 한 체계 전체의 현상으로, 그리고 이제는 전지구적 현상으로 봄으로써 이 전제는 경제적·정치적·문화적 변동을 묘사하고 분석하는 데 쓰였던 여러 개념의 범위를 바꿔놓을 수밖에 없었다. 원래 국가 내부의 계급권력에 관심을 기울였던 그람시에게서 헤게모니가 계급권력의 주체를 가리킨다면 국가는 객체를 가리킨다. 우리는 이 구분을 발전시켜 각각의 국가를 주체로, 세계체계를 객체로 간주한다. 그리고 아리기(Arrighi, 1990c; 1994)를 따라서, 이렇게 해석된 헤게모니를 그것의 객체〔세계체계〕를 참작해 세계헤게모니라고 부를 것이다. 세계체계 분석에 따르면 지금까지 세 개의 세계헤게모니가 존재해 왔다. 17세기의 네덜란드, 19세기의 영국, 20세기의 미국이 그것이다.

세계헤게모니는 특정 국가의 권력이 투영된 것이지만 그저 국제관계의 문제인 것만은 아니다. 헤게모니 국가는 막강한 권력일 뿐만 아니라 '부가적인 그 무엇'을 갖고 있기도 한데, 바로 그 때문에 헤게모니 국가가 이례적이고 특별한 존재가 되는 것이다(Arrighi, 1990c). 특히 헤게모니 국가는 정치적인 권력뿐만 아니라 경제적이고 문화적인 권력까지 갖는다는 점에서 다른 국가들에 비해 질적으로 두드러진다. 예를 들어 앞서 말한 세 나라들은 '세계전쟁'에서 승리함으로써 헤게모니적 지위를 확고히 차지했는데 각각의 헤게모니 국가는 합스부르크 왕국, 나폴레옹의 프랑스, 나치 독일이 전개한 공격적인 영토주의전략에 맞서 동맹군이 승리를 거두는 데 주된 역할을 담당했다. 그러나 가장 중요한 점은 개전 당시보다 종전 이후에 경제적으로 훨씬 더 강력해졌다는 의미에서 이 헤게모니 국가들이 이례적으로 '수지맞는 전쟁'을 치렀다는 데 있다. 헤게모니 국가들이 이런 성공을 거두게 되자 다른 나라들은 헤게모니 국가를 모방하게 됐고, 결국 세계경제는 헤게모니 국가의 모습을 본떠 재편됐다. 요컨대 네덜란드는 중상주의를, 영국은 산업주의를, 그리고 미국은 소비주의를 부추기는 식이었다. 그러므로 각 전쟁은 정치경제적 필수요건이 전통적인 정치군사적 팽창수단을 압도하는 것으로 귀결된 셈이다. 그러나 이런 모방경쟁이 정치경제에만 영향을 끼친 것은 아니다. 경제적 재편은 보통 사람들의 일상생활에도 스며들어 새로운 사회적 행동방식과 관념을 제공했고, 사람들의 정체성까지 뒤바꿔버렸다. 헤게모니 권력의 이 사회적·문화적 차원은 그동안 비교적 무시되어 왔다.

새로운 근대성의 등장은 이 새로운 사회적·문화적 세계가 헤게모니에 끼친 영향의 결과로 해석될 수도 있다(Taylor, 1996a; 1996b; 1996c). 일반적으로 사회이론은 산업혁명의 산물로 단일한 근대성이 등장했다고 여기곤 했다. 최근까지도 근대사회는 흔히 산업사회의 동의어로 여겨져 왔다. 그러나 자주 인용되는 맑스의 말, 즉 "견고한 모든 것이 허공으로 증발해버린다"라는 말이 근대성을 대변해 준다는 관점을 받아들인다면, 이런 끊임없이 변화가 꼭 산업화에 한정될 필요는 없을 것이다. 세계경제의 헤게모니 재편이야말로 부단히 변화가 일어난 세 개의 시기를 특징짓고 있는데, 각각의 시기마다 연이은 사회적 격변을 수습하려는 새로운 사회형태가 등장했다. 그 결과로 나타난 것이 세 개의 근대성 모델이다. 우선 산업적 근대성은 영국 헤게모니의 산물로서 우리에게도 잘 알려져 있다. 그러나 그 전에는 애덤 스미스가 비판한 상인적 근대성도 존재했고, 그 뒤로는 포스트모더니스트들이 비판한 소비적 근대성도 등장했다. 따라서 산업적 근대성이나 소비적 근대성은 한 근대성이 또 다른 근대성으로 넘어가는 과도기의 산물이다. 이렇게 보면, 영국 북부의 산업혁명(1760~1820년경)은 상인적 근대성에서 산업적 근대성으로 넘어가는 과도기가 되며, 미국 북동부의 소비혁명(1890~1930년경)은 산업적 근대성에서 소비적

소비적 근대성의 탄생

네덜란드 헤게모니는 중상주의적 근대성을, 영국 헤게모니는 산업적 근대성을, 그리고 미국 헤게모니는 소비적 근대성을 낳았다. 1890~1930년경 미국 북동부를 중심으로 일어난 소비혁명은 미국이 새로운 헤게모니 국가로 발전해 가는 와중에 한 몫을 담당했는데, 특히 1902년 뉴욕 맨해튼의 34번가에 들어선 메이시 백화점은 소비적 근대성의 상징과도 같은 건물이었다. 무려 19만8천5백m²에 달했던 메이시 백화점은 1947년 「42번가의 기적」 (*Miracle on 34th Street*)이라는 영화의 주요 무대로 등장하면서 미국의 경제적·문화적 힘에 대한 자부심을 영원히 미국인들의 가슴속에 심어줬다.

근대성으로 넘어가는 과도기이다. 이 두 과도기가 각각 영국과 미국이 새로운 헤게모니 국가로 발전해 가는 와중에 한몫을 담당했다는 점에 주목하자. 동시대인들 중 통찰력이 뛰어났던 사람들은 대부분 이 꾸준한 변화가 미래를 예고해 주리라는 점을 곧 깨달았다. 타국의 사람들은 이 새로운 [변화의] 장소를 방문해 그 비결을 이해한 뒤, 자국에서 그대로 따라해 보려고 했다. 당시 유행하던 말처럼 그들은 "미래를 방문"했던 것이다. 이 사실은 세계헤게모니의 두 가지 주요 특징을 잘 보여준다. 첫째로 헤게모니 국가는 거대한 문화권력을 갖는다. 즉, 헤게모니 국가는 타국의 미래를 구체적으로 보여주는 데 앞장섬으로써 새롭게 세계시간을 규정한다(Taylor, 1996a : Ch. 4). 둘째로 헤게모니는 단지 헤게모니 국가 자체의 문제가 아니라 그 본성상 체계상의 문제이다. 이 말은 곧 미국만을 연구한다고 해서 미국 헤게모니를 이해할 수는 없다는 뜻이다.

  헤게모니의 문화권력은 권력의 정치적·경제적 요소와 결코 동떨어져 있지 않다. 모방경쟁 자체는 모든 경합국가들이 거둔 경제적 성공에 대한 반응이며, 그보다는 덜하지만 정치적 성공에 대한 반응이기도 하다. 이와 같은 문화적, 경제적, 정치적 권력의 결합이 하룻밤 사이에 일어나거나 사라지는 것은 아니다. 그래서 헤게모니 순환이라는 개념이 필요한 것이다. 이 개념에 따르면 근대세계체계는 세 번의 장기 헤게모니 순환을 거쳐왔다고 해석된다. 그리고 각각의 순환에는 헤게모니 권력의 상승과 몰락 사이에 헤게모니 권력이 정점에 달하는 비교적 짧은 '고도 헤게모니' 시기가 있다. 바로 이런 의미에서 우리는 20세기가 또 하나의 헤게모니 순환을 성립시켰다고, 그래서 '미국의 세기'를 가져왔다고 해석할 수 있는 것이다. 우리는 이 순환을 다음과 같이 개략적으로 정리할 수 있다. 미국은 19세기 말경 세계경제를 주도하게 됐는데, 이 시기는 미국의 군사력이 강력해지던 시기이기도 하다. 미국의 제1차 세계대전 참전은 군사적으로도 중요했지만, 이 전쟁은 금융상의 우위를 런던에서 뉴욕으로 이전시켰을 뿐만 아니라 미국식 이상주의를 국제관계에 처음 강제한 시도로서도 주목할 만하다. 후자의 시도는 미국에서 정치적 고립주의가 등장한 탓에 실패했지만, 두 번의 세계대전 사이에는 사상 처음으로 음악(재즈)과 영화(할리우드)를 통해 미국의 대중문화가 전세계를 휩쓸었다. 제2차 세계대전은 미국 내의 주요 정치적 동력이던 고립주의를 몰아냈고, 미국은 자신의 모습대로 세계를 건설하기 시작했다. 흔히 미국의 '고도 헤게모니'는 최종적으로 독일이 (군사적으로) 패배하고, 영국이 (금융상으로) 패배한 1945년부터 시작됐다고 여겨진다. 남들이 본뜨고 싶어할 만한 성공의 역사——가령 1941년부터 1945년 동안 생산량이 2배로 뛰어올랐다——를 구가하며 '수지맞는 전쟁'을 치른 나라는 미국밖에 없었던 것이다. 〔미국의〕 고도 헤게모니가 끝난 시점은 대개 1971년으로 꼽히는데, 그도 그럴 것이 이해는 달러 환율의 변동 탓에 달러를 기축통화로 삼아 환율을 고정시켜뒀던 전후의 브레턴우즈체제가 무너진 해였기 때문이다. 1971년 이래로 지금까지 미국은 주도적으로 경제·정치·문화를 좌지우지하는 권력을 행사하고 있지만, 경합국에 대한 미국의 지도력은 점차 쇠퇴하고 있다. 나는 우선 '미국의 세기'가 겪은 이와 같은 흥망성쇠의 역사를 중심으로 미국화의 의미가 어떻게 변해왔는지 살펴볼 것이다.

미국화의 특성은 어떻게 변해왔는가?

제2차 세계대전 이후, 독일은 저마다 다른 방식으로 '탈나치화'를 추구한 4개 점령국, 즉 미국, 영국, 프랑스, 소련의 맹렬한 선전활동을 감내해야 했다(FitzGibbon, 1969). 미군 점령에 관해 윌렛(Willett, 1989 : 27)은 다소 흥미로운 언급을 한 적이 있다. "미군 점령(그리고 그에 따른 미국화의 잠재성)이 가장 크게 성공한 때는 미국이 굳이 애쓰려고 하지 않을 때였다." 즉, "독일 젊은이들의 미국화는 학교 밖에서 훨씬 더 성공적"(17)인 듯했다는 말이다. 왜냐하면 미국〔혹은 미국화〕을 가장 잘 선전했던 것은 교사나 행정관리인, 군인이나 공무원이 아니었기 때문이다. 오히려 "미국적 생활방식을 대대적으로 전도한 것은 미국산 상품이었다"(27). 이 당시 독일에서는 국가가 아니라 시민사회가 설계되고 있었다. 군사적 점령과 국가 재건이라는 엄격한 정치적 상황에서도 미국이라는 나라의 '비정치적' 매력은 지배적인 힘이었다.

이 이례적인 상황은 본질적으로 헤게모니적이다. 미국의 정치적 지배력이 얼마나 완벽했는지는 모르겠지만, 패전국 독일의 미군 점령지대에서는 정치적 지배보다 훨씬 심대한 결과를 가져온 특별한 일이 벌어지고 있었다. 독일 내 미국의 영향력은 독일인들의 일상생활에 스며들어 독일 사회의 문화적 지형을 뒤바꿔놓기 시작했다. 이 과정은 점령 자체와는 아무런 관계가 없었다. 오히려 이 과정은 훨씬 더 폭넓은 과정으로서, 영국과 프랑스 같은 승전국에서도 똑같은 일이 일어났음을 볼 수 있다.

그러므로 나는 근대성의 새로운 일반형태를 창출하기 위해 미국식 시민사회를 받아들이는 과정을 미국화로 규정할 것이다. 곧 살펴보겠지만, 미국화는 세계헤게모니의 필수요소로서 미국 헤게모니 순환의 각 국면에 따라 발전한 듯하다. 그렇기 때문에 우리는 미국화의 발현형태를 세 가지로 구분해볼 것이다. 미국화의 상승국면에 속하는 초창기 미국화, 고도 헤게모니 국면의 포용적 미국화, 그리고 헤게모니 하강국면의 반향적(反響的) 미국화가 그것이다.

1) 초창기 미국화

20세기 초에는 미국의 정치력 상승과 〔다른 나라에 대한〕 미국 시민사회의 영향력이 서로 조응하지 못했다. 스페인전쟁(1898)에서 승리하며 20세기를 맞이한 미국의 정치적 영향력은 미국이 제1차 세계대전에 참전해 승전국이 되고, 자국의 계획에 따라 국제연맹을 결성하면서 절정에 이르렀다. 그러나 1920년 윌슨의 패배*는 미국이 세계를 이끌 만한 지도력을 스스로 저버린 정치적 고립주의의 시작을 알리는 것이었다. 이와 대조적으로 미국의 문화적 영향력이 전면에 부각된 것은 1920년대였다. 루카스의 말에 따르면(Lukacs, 1993 : 273), "1925년 초에 수백만 명의 유럽인들은 자국의 수상 이름은 몰라도 미국 영화스타의 이름과 얼굴은 알고 있었다". 이와 같은 '할리우드 킹공'과 디불어, 새스가 선세계에 전파되자 미국은 처음으로 전세계의 대중음악계를 지배하는 주된 첫발을 내딛게 됐다. 이런 문화상품이 중요하긴 했지만, 초창기 미국화에는 이보다 훨씬 더 근본적인 무엇인가가 있었다.

1920년대 미국은 새로운 유형의 사회를 만들어내고 있는 듯했다. 루카스는 사회의 '형상'이 피라미드 모양(가령 사회 하층에 수많은 빈곤층이 있는 모양)에서 양파 모양(대다수가 중간소득층인 사회형태)으로 변해간다고 말하며 이 변화의 특징을 지적한 바 있다(145). 이런 변화는 미국인들의 일상생활을 뿌리 채 뒤흔든 변화와 관련이 있을 수밖에 없다. 고임금은 고소비, 특히 가내소비의 증가를 초래했다. 1920년대 중반경에는 미국 가구의 60% 이상이 전기를 사용했는데, 이들이 전세계 전기발전량의 절반

---

* 1919년 윌슨이 '민족자결주의'를 내세우며 베르사유 조약에 국제연맹의 창설을 제안해 성공했으나, 정작 미국은 이듬해 출범한 국제연맹에 상원의 반대로 불참한 일을 말한다.

미국화, 새로운 문명의 횃불?

그람시는 미국화로 인한 변화가 '새로운 문명의 횃불'이 될지 확신하지 못했지만, 사르트르는 이런 의심을 전혀 하지 않았다. 특히 사르트르는 뉴욕의 고층건물을 미래의 건축물이라고 찬양했는데, 1931년 완공된 뒤 '근대세계의 7개 불가사의'라고 일컬어지던 뉴욕 맨해튼 5번가의 엠파이어스테이트 빌딩(102층, 381미터)은 당시 미국의 위세를 보여준 건물이었다(건물 이름도 '제국'이지 않은가!). 비록 1974년 시카고에 시어스타워(108층, 442미터)가 세워지면서 세계 최고(最高)의 건물이라는 명성을 내줬지만, 이 빌딩은 1933년 영화 「킹콩」(King Kong)을 시작으로 수많은 대중영화에 단골로 등장했다.

이상을 소비했다(Rybczynski, 1986 : 153). 이와 같은 거대한 시장의 존재는 전기 사용료가 저가였음을 뜻하는데, 이 사실은 가전기구의 수요를 더욱 촉진시켰다. 이렇듯 새롭게 출현한 교외의 생활방식은 내구소비재의 거점인 가정에 집중됐던 것이다. 미국 내의 이런 발전은 두 가지 주된 방식으로 외국의 눈길을 끌었다. 다른 나라들이 '공식' 문화기구를 동반한 국가의 선전 부문을 발전시키고 있던 와중에, 미국화는 본질적으로 사적인 수단을 통해 진행되고 있었다. 예컨대 미국 기업들의 생산과 마케팅, 이주민들이 고향에 부친 현지 방문기록이나 편지 등이 그것이다(Duignan and Gann, 1992 : 420~421). (미국무부는 1938년에야 문화를 관장하는 관련 부처를 신설했고, 〈미국의 소리〉는 전시정책의 일환으로 1942년에야 방송을 개시했다.) 확실히 초창기 미국화는 공직 프로젝트가 아니었으며, 미국의 정치적 고립주의 시기에는 상상조차 할 수 없는 것이었다. 그런데도 미국의 메시지는 두 개의 '비공식' 매체를 통해 전파됐다.

첫째로 경제 분야에서 보호주의가 점점 더 대두되자 급속히 성장하던 미국 기업들은 관세장벽 뒤켠에다 생산기지를 설립해야 했다. 유럽에서는 ITT, 제너럴모터스, IG케미컬의 주도 아래 독일이 미국의 주요 경제기지가 됐다. 1929년 코카콜라는 에센에 자사 공장을 세웠다. 후버〔진공청소기 제조회사〕, 레밍턴〔면도기·헤어드라이어 제조회사〕, 파이어스톤〔자동차타이어 제조회사〕, 맥클린, 질레트, 포드 같이 훗날 유명 가정용품 브랜드가 되는 회사들이 자사의 공장들을 영국에 짓게 된 것도 이 시기이다(Marling, 1993 : 106). 영국의 소비재시장은 여전히 미국에 뒤처져 있었지만, 새로운 근대성은 이미 시작되고 있었다.

둘째로 미국을 찾은 이주민들의 편지와 방문객들의 기록이 다른 나라의 시민사회로 유입되기 시작하자 지식인들은 사람들이 새로운 세계의 단편만을 보고 있는 것이 아닌가 의심하기에 이르렀다. 특히 1929년에는 그 람시가 미국의 고임금체제에 흥미를 느껴 이 체제가 '새로운 역사적 시 대'를 대변해 주는 것이 아닌가 자문해 보기도 했다(Gramsci, 1971 : 277). 그는 이 '새로운 문화'와 '새로운 생활방식'이 '새로운 문명의 횃불'을 보 여주는지, 아니면 유럽 문명이 '새로운 코트'를 걸치게 되는 것에 불과한 지 확신하지 못했다(317~318). 장-폴 사르트르는 이런 의심을 전혀 하지 않았다. "고층건물은 미래의 건축물이다. 영화가 미래의 예술이며, 재즈가 미래의 음악인 것처럼 말이다"(Duignan and Gann, 1992 : 410). 지금에 와서야 깨닫게 됐듯이 그 당시의 미국화는 시작에 불과했다.

2) 포용적 미국화

듀이그넌과 간은 1940년대를 미국 사회의 '현저한 변화' 시기로 규정한다 (409). 유럽이 문화를 이끌어 주리라고 기대했을 때 교양 있는 미국인들이 지녔던 '문화존중의 분위기'가 '미국적 〔생활〕방식'에 관한 신념으로 대체 됐다는 것이다. 이런 신념은 꽤 만연되어 있었다. 제2차 세계대전이 끝날 무렵 좋은 시절이 오고 있다고 생각한 곳은 미국뿐이었다. 엘우드는 케인 즈가 브레턴우즈에서 미국의 낙관주의를 접하고 얼마나 놀랐는지 보여준 바 있다(Ellwood, 1992 : 21). 승전을 가능케 한 일종의 군수창고이자 물주 였던 미국은 사회관계의 모든 범위(정치적, 문화적, 경제적 관계)를 자기 식 대로 꾸려갈 수 있는 특별한 위치에 서게 됐다. 바로 이것이 고도 헤게모 니, 즉 나머지 나라들이 포괄적인 대(對)사회 프로그램을 제공받는 시기이 다. 바로 이 때문에 우리가 이 과정을 포용적 미국화라고 부른다.

　　흔히 미국화가 좁은 의미의 문화적 용어로 간주되는 오늘날에는 20 세기 중반 미국적 생활방식이 무엇보다도 생산과정에 근거해 다른 나라들에 투영되었다는 점을 강조하는 것이 중요하다. 미국 산업이 과학기술 주도력('미국의 노하우')을 갖고 있었다는 것은 미국 노동자들의 하루 생산량이 유럽 노동자들보다 2~5배 더 많았다는 뜻이기도 하다(Price, 1995 : 328). 따라서 마샬플랜이 총생산의 증진에 초점을 맞춰 시작되긴 했지만, 곧 생산성 증진에 초점을 맞추는 것으로 바뀐 것은 놀랄 일이 아니다. 이런 식으로 재건은 "유럽 산업의 근대화"로 간주됐으며, 이것은 다시 '성장 위주의 사고방식'이 의사결정의 핵심이 되도록 만들었다. 그리고 경영자와 노동자를 미국으로 보내는 기관들이 세워져 무엇보다도 새롭고 향상된 생산방식을 직접 배울 수 있도록 했다. 프랑스가 미국에 파견단을 40차례나 보낸 것이 바로 이 시기(1950~52년)이며, 퀴젤의 말에 따르면 프랑스가 자국의 전통적인 '지령'(direction)과 대립되는 '경영/관리'를 발견하게 된 것도 바로 이 시기였다(Kuisel, 1993 : 84). 이 모든 것이 높은 수준의 소비, 그리고 그에 따른 유권자들의 만족을 가져오는 경제성장을 기반으로 한 새로운 정치를 탄생시켰다(Ellwood, 1992 : 94). 이 미국화는 모든 유럽 국가들에서 정치를 새롭게 재건하는 데 있어 계급들간의 대립보다 계급들간의 타협을 우위에 두도록 했다.

여러모로 이와 같은 포용적 미국화의 힘이 실질적인 시험대에 오른 것은 드골 치하의 프랑스였다. 미국 헤게모니의 주요 적수였던 드골은 유럽 내 미국의 영향력을 줄일 수 있는 안보정책과 경제정책을 추진했다. 그러나 역설적이게도 프랑스에서 미국화가 널리 유행하게 된 시기는 드골의 권력이 정점에 달했던 1960년대였다(Kuisel, 1993 : Ch. 6). 1967년 발표된 장-자크 세르방-슈라이버의 베스트셀러가 이 점을 가장 잘 보여준다. 드골과 정반대의 입장을 천명했던 이 책은 미국의 권력과 거리를 두기보다는 그것에 순응하자는 내용을 담고 있었다. 미국 초국적 기업의 업적을 격찬한 뒤, 세르방-슈라이버는 아서 슐레진저의 말을 빌어 미국인을 고용해 프랑스 산업을 경영케 하는 "미국화의 손쉬운 유혹"에 굴복하지 말고, 그 대안으로서 조직에 초점을 맞추는 "차별화하는 미국화"를 제안했다(Servan-Schreiber, 1968 : 27). 세르방-슈라이버가 말한 "미국화의 손쉬운 유혹"은 지금과는 달리 1960년대에는 그리 기이한 일이 아니었다. 이런 사고방식은 존 네이의 책 『유럽의 굴복』이 발간되면서 정점에 달했는데, 적절하기 그지없는 제목이었다. 그도 그럴 것이 네이는 이 책에서 "미국인들은 본질적으로 다르기 때문에 최고의 자리에 올랐던 것이다"(Ney, 1970 : 10)라고 주장하며, 미국인들은 "미국 수준에 걸맞은 과학기술적 생활을 잘 영위할 수 있는 유일한 사람들이다"라고 말했던 것이다(6). 그런데도 유럽인들은 이 우수한 사람들을 모방해 경쟁하려고 안간힘을 쓸 것이었다. 왜냐하면 "유럽의 현재는 미국의 과거를 복제할 수밖에 없기" 때문이다(6, 12). 미국화를 둘러싼 이런 주장, 즉 "이미 정해져 있는 미래"(5) 운운하는 이런 주장이야말로 헤게모니가 지닌 문화적 지배력의 이데올로기적 정점을 가장 잘 보여준다.

3) 반향적 미국화

얄궂게도 네이의 책은 그의 주장에 신빙성을 부여해 줬던 물질적 조건이 사라지기 시작한 시기에 등장했다. 1970년 이래로 다른 나라들의 기업들은 그들의 원조격인 미국 초국적 기업들을 심각하게 위협하기 시작했으며, '생산성의 격차'라는 관념은 미국의 우위성만큼이나 열등성을 지칭하는 데 쓰이기 시작하는 듯했다. 이런 상황은 사람들이 새로운 근대성을 이해하는 방식이 변하면서 함께 일어났다. 가령 프랑스에서 1968년의 혁명과 결부된 급진적 사상의 용어를 빌리자면, "미국은 어떤 보편적 범죄를 영속화하는 나라가 되기보다는 다른 나라와 똑같이 전지구적 역동성의 제물이 되어버렸다"(Kuisel, 1993 : 186). 퀴젤은 1970년을 분수령으로 꼽고 있다. "근대성과 미국은 점점 더 상관없는 것이 됐다. …… 오히려 소비사회의 등장과 상관 있다고 말하는 것이 더 나을 것이다"(4, 6). 그러나 미국화는 유럽인들의 일상생활에 깊이 뿌리내려 있었던 탓에 미국의 고도 헤게모니와 더불어 쉽사리 사라질 수는 없었다.

　　미국화는 그것이 정점에 달했던 시기보다 오늘날 훨씬 더 눈에 잘 띈다는 점에서 아주 기이한 것이다. 이전 세대는 영화나 텔레비전을 통해 미국화를 경험했다. 그러나 오늘날에는 햄버거, 치킨, 피자 등을 파는 수많은 패스트푸드 가게를 통해 길거리에서 직접적으로 미국화를 경험할 수 있다. 이런 발진이 일나나 죄근에 일어난 일인지는 종종 잊혀지곤 한다. 가령 맥도널드는 1974년에야 영국에서 첫번째 상점을 열었다. 말링은 이와 같은 동시대의 미국화를 "왜곡된 시간에 확고히 자리잡기"(Marling, 1993 : 15)라고 해석한다. "이것은 일종의 향수이다. 왜냐하면 우리가 사랑에 빠진 것은 현재의 미국이 아니라, 1950년대에 처음 우리를 맨 밑바닥부터 휩쓸고 지나갔던 과거의 미국이기 때문이다." 예컨대 카우보이 영화는 더 이상 인기를 끌지 못하지만, 미국적인 것은 유럽의 새로운 세대에게 여전히 매혹적인 것으로 남아 있다는 것이다(7). 바로 이것이 과거에서 여운을 느끼게 만드는 반향적 미국화이다.

헤게모니의 구성 : 국내외적 연계축

지금까지 질서정연하게 보여준 서술에는 우리가 다루려는 잇따른 사건들에 불가피한 연속성을 상정한다는 문제점이 있다. 나는 이런 식의 암시를

하고 싶지는 않다. 세계헤게모니는 서로 경합을 벌이는 프로젝트이며, 단순히 세계전쟁 같은 용어로 설명될 수도 없다. 헤게모니는 권력을 투영하는 안정적인 국내적 토대로서 상대적으로 높은 수준의 국내적 합의를 요구하며, 그렇기 때문에 꼭 합의를 구성해내야 한다. 물론 이런 권력 투영을 촉진할 적극적 의지도 존재해야 한다. 가령 초당파적 대외정책의 일환으로 헤게모니의 국제주의가 구축되어야 한다. 따라서 헤게모니를 성공적으로 설계하는 데 필요한 이 두 가지 전제조건〔국내적 합의와 적극적 의지(혹은 헤게모니의 국제주의)〕중 필연적인 것은 없다. 게다가 새로운 근대성을 구축하는 데 필요한 거대한 계기를 만들어내기 위해서는 이 두 가지 전제조건이 국내외적 연계축으로서 동시에 작동되어야만 한다.

새로운 근대성이 건설되는 주요 시기는 헤게모니 상승국면에서 고도헤게모니로 넘어가는 변화의 시기임이 확실하다. 그러므로 나는 이 글에서 1932년부터 1952년, 즉 뉴딜정책에서 마샬플랜에 이르는 20여 년에 초점을 맞출 것이다.

1) 국내적 코포라티즘의 구성

전후 초기 몇 십 년간 일어난 거대한 경제호황의 안정적 기초가 된 합의의 정치는 코포라티즘을 뜻하는 포괄적 명칭이다. '미국의' 라는 표현을 대신해 20세기는 '코포라티즘의 세기' 라고 불리기도 했다(O'Sullivan, 1988). 정부와 재계의 제휴를 뜻하는 코포라티즘은 나라별·시기별로 서로 다른 형태를 띠어왔으며, 미국 헤게모니를 그 이전의 영국 헤게모니와 상당히 변별되는 것으로 만들어줬다(Taylor, 1996a : 148~150). 여러모로 민주당의 우드로 윌슨이 1910년대 표방했던 국가들간의 자유무역이라는 전망은 1945년 이후 등장한 미국 헤게모니보다는 영국 헤게모니에 더 어울리는 것이었다. 1920년대에는 공화당의 허버트 후버가 정부와 재계의 협력을 통해 경제를 성장시키겠다는 '결사체 국가' 개념을 내세웠는데, 이 개념은 이후에 등장할 코포라티즘을 예견케 해주는 것이었지만 대공황을 맞아 붕괴됐다(Hogan, 1987 : 23~29). 프랭클린 루스벨트가 내세운 뉴딜정책은 처음부터 훨씬 더 간섭주의적인 코포라티즘을 꾀했으나, 미대법원에서의 패배*로 인해 대공황이 끝난 뒤 미국에 유리하게 작용한 규제적 코포라티즘으로 흘러가게 됐다. 미국은 이런 점에서 사회민주주의나 기독교민주주의로 갖가지 코포라티즘이 구축된 서방 동맹국들과 달랐다. 훨씬 더 간섭주의적이었던 이 나라들의 코포라티즘은 헤게모니 자체를 적대시하는 폐쇄적 대외정책이 될 만한 잠재력을 갖고 있었으나 결코 구체화되지는 못했다. 그렇다면 훨씬 더 취약했던 미국의 코포라티즘이 어떻게 자신보다 강력했던 다른 나라들의 코포라티즘을 자국의 헤게모니 설계에 부응하도록 만들었을까? 이 의문에 답하려면 1945년경 미국에서 등장한 국내적 코포라티즘의 본성을 정확히 살펴봐야만 한다. 지금부터 나는 마크 루퍼트가 『헤게모니를 생산하기』(1995)라는 저서에서 전개한 논지를 간추리는 방식으로 이 점을 살펴볼 것이다.

　1920년대경에 등장한 미국의 코포라티즘은 과학적 관리라는 사고방식에 근거해 확립된 것이었다. 과학적 관리에서는 생산성 증가가 이윤과 임금을 모두 올려줄 것이라고 여겨졌다. 그리고 임금은 경제성장의 선(善) 순환에서 생산을 증가시키는 데 필요한 수요를 창출하리라고 기대됐다. 그러나 대량생산은 소비자를 창출하는 동시에 숙련공을 없애버렸으며, 결

---

* 1937년, 루스벨트는 행정부뿐만 아니라 대법원까지 장악해 자신의 정책을 강력하게 추진하려는 목적으로 대법원 판사의 숫자를 늘려달라고 의회에 요청했다. 그러나 '루스벨트의 독재'를 우려한 의회의 반발로 이 요청은 거부됐다.

정적으로 주요 노동조합의 힘을 감소시켜버렸다(Rupert, 1995 : 60). 따라서 이 선순환이 단기간 동안 지속되긴 했어도, 각 작업장에서 커진 권력 불평등은 금방 해로운 영향을 끼쳤다. 게다가 임금은 1920년대의 인플레이션을 따라가지 못했고, 대량생산을 뒷받침하는 데 꼭 필요한 대중소비도 구체화되지 못했다(79). 그러나 1932년 이래로는 노동조합이 루스벨트가 이끈 성공적 연합의 일원이 되면서 정치적 세력균형이 바뀌었다. 일련의 거대한 인정투쟁 속에서 새로운 산별노조가 등장해 법인기업에 도전하게 됐으며, 이에 따라 비록 하위파트너일지언정 노동계는 전후의 코포라티즘에서 중요한 파트너가 될 수 있었다.

일련의 주요 파업과 협상을 통한 고임금은 대중소비의 도래를 알렸다. 1920년대의 코포라티즘은 이런 대중소비가 존재하지 않았기 때문에 붕괴됐던 것이다(97). 미국의 노동조합은 이제 더 이상 생산성 증대에 반발하기보다는 조합원들이 중간계급 소비자가 될 수 있도록 그들에게 잇따른 성과물의 공정한 분배를 보증해 주는 역할을 하게 됐다. 바로 이런 것들이 미국 헤게모니가 다른 나라들에 투영될 수 있도록 해준 국내적 합의를 제공한 기본적인 사회관계였다.

미국 헤게모니의 투영과정에서 미국의 노동조합은 직접적인 도구로 쓰였다. 새로운 '헤게모니 블록'에 통합되어 갈수록, 미국의 노동조합은 '비정치적' 노동조합주의를 후원하는 식으로 서유럽에서 미국식 사회관계를 조장하는 역할을 하게 됐다. 예컨대 미국의 노조 지도자들은 노동문제를 자문해 주는 식으로 마샬플랜에 기여했으며, 특히 새로운 생산성 향상계획에 관여했다(51). 그러나 이런 '비정치적' 노조 간부들은 반공주의에 관한 한 매우 정치적이기도 했다. 그들은 공산주의자들을 격리하기 위해서 미국 정보기관을 도와 프랑스와 이탈리아의 전국적 노동조합조직을 분열시키는 데 한몫 했다(48). 1949년 세계노동조합연맹을 분열시키고 국제자유노동조합연맹을 결성한 것은 그들이 거둔 최대의 성과였다.* 그 결과 서유럽의 비공산주의적 노동조합은 고임금을 제공하는 대신 생산성 증대와 거래를 요구하는 미국 헤게모니 블록으로 들어왔다.

2) 초당파적 국제주의의 구성

각각의 헤게모니 국가 내부에는 자국의 헤게모니 권력을 촉진하는 데 필요한 국제주의를 주로 지원하는 특정한 정치 집단이 존재해 왔다(Taylor, 1996a : 117). 고전적인 '헤게모니 당파'는 영국의 자유당이었으나, 평화정책을 실시한 네덜란드의 '공화파'도 이에 앞서 이와 비슷한 국제주의적 역할을 담당했다. 미국의 경우에는 민수당이 자유주의적 국제주의를 표방했다. 그러나 세계헤게모니는 자국 내의 정치권에서 그 전제가 도전 받으면 추진될 수 없다. 즉, 헤게모니는 '야당'이 협조하고 헤게모니 의제를 받아들일 때에만 성립된다. [야당의] 이런 전향은 네덜란드의 '오라녜파'와 영국의 보수당에게서도 찾아볼 수 있다. 그리고 미국의 경우에는 고립주의에서 벗어나 전세계에 개입하려는 의도로 냉전을 적극 지지하려 한 1940년대의 공화당이 이 점을 잘 보여준다.

1940년, 공화당은 국제주의자 웬델 윌키가 대통령 후보로 지명되자 분열됐다. 윌키가 쓴 『하나의 세계』(1943)라는 책은 큰 인기를 끌었는데,

---

* 세계노동조합연맹(World Federation of Trade Unions)은 1945년 파리에서 결성된 국제적인 노동조직으로서, 체제·민족·인종·종교·정치적 견해의 차이를 초월해 전세계 노동조합을 단결시켜 평화와 민주주의를 수호하며 민족적 억압을 없애 노동자의 생활과 권리를 지킨다는 목적을 표방했다. 그러나 냉전과 마샬플랜을 계기로 미국과 영국의 노동조합들이 WFTU에서 탈퇴해, 1949년 반공주의적 성격을 띤 국제자유노동조합연맹(International Confederation of Free Trade Unions)을 결성했다.

이 책은 훗날 미국의 헤게모니정책에 포함될 내용의 상당 부분을 예견한 책이었다. 헨리 루스, 폴 호프먼, 에이브럴 해리먼 같이 유력한 공화당원들은 공공연히 국제주의적 입장을 표명했다. 특히 호프먼과 해리먼은 윌키 여사[이디스 윌크]와 더불어 마샬플랜 집행과정에서 중요한 직책을 맡았다. 그러나 의회에서는 공화당 다수파가 아서 반덴버그 상원의원을 자신들의 지도자로 내세워 철저히 고립주의를 표방했다. 훗날 그는 진주만 사건과 더불어 고립주의가 끝났다고 말하게 됐지만, 진주만 사건이 전후의 국제주의적 정책을 지지하기에 꼭 좋은 구실이 된 것은 아니었다. 사실 제2차 세계대전 직후 동원해제가 이뤄졌는데, 이것은 전지구적인 철군(撤軍)을 뜻했다. 더구나 차관조건을 통해 대영제국의 시장을 개방토록 하겠다는 트루먼의 정책은 의회에서 곧장 난관에 부딪혔다. 당시 민주당 행정부가 미국 재계를 위해 시장을 찾아주는 '하나의 세계' 정책을 추구하고 있었는지는 모르겠지만, 이 정책은 국제주의적 정책을 향한 자국 내 의혹이 되살아나면서 위협받았다(Taylor, 1990). 반공주의도 되살아났다. 트루먼 독트린이 제창되자 미국무부는 반덴버그를 조심스럽게 부추겼는데, 그의 지지는 매우 필수적이었다. 마샬플랜도 이와 비슷한 과정을 겪었다. 한국전쟁 파병은 반공주의를 강화했고, 냉전의 결과로 전세계 시장의 2/3가량이 미국 재계에 문호를 개방하게 됐다. 1953년 20년만에 공화당원[아이젠하워]이 백악관으로 복귀할 때쯤에는 미국이 국제적인 간섭주의 정책을 추구하지 않을 가능성은 전혀 없었다. 대외정책의 강조점은 달라졌을지 몰라도, 헤게모니적인 정당정책은 원래대로 유지됐다. 즉, 헤게모니 유지를 위한 초당파적 국제주의가 여전히 작동하고 있었던 것이다.

　　확실히 이 두 가지 구성을 관통하는 특징, 그러니까 결국 헤게모니 진영에서 노동조합과 고립주의자들을 확고히 통합시켜준 것은 반공주의였다. 반공주의는 일반적인 헤게모니 실천의 특수한 표현이다. 이념적으로 볼 때, 앞서 언급한 세 개의 헤게모니 국가는 자유를 억압하는 자들에 맞서는 '자유'의 수호자로 스스로의 정체성을 내세우곤 했다. 네덜란드의 공화주의는 왕족 출신의 폭군(절대주의)에 맞섰으며, 영국의 자유주의적 입헌주의는 동양의 전제군주(오리엔탈리즘)에 맞섰고, 이제 미국의 민주주의는 공산주의 독재자(전체주의)에 맞서고 있는 것이다(Taylor, 1996a : Ch. 2). 바로 이런 방식으로 자국 내 헤게모니적 정치의 독특한 성격과 기존에 주어진 국제적 맥락이 정치적으로 연계된 것이다. 헤게모니 설계의 국내적·국제적 요소들을 이어주는 연계축의 한가운데에 '자유'를 둘러싼 이데올로기적 관심이 지속된 것도 바로 이 때문이다. 그리고 미국도 여기에서 결코 예외는 아니었다.

헤게모니 국가와의 대화

웩슬러의 견해에 따르면, 마셜플랜은 1952년의 경제 현실에 직면하자마자 "그저 제한된 성공만을 거뒀다"라고 평가받았다(Wexler, 1983 : 254). 그러나 1950년대가 더 많이 진행되고 전후의 호황이 대서양 너머까지 확산되자, 마셜플랜은 "현대의 위대한 경제적 성공담"(255)으로 환영받기 시작했다. 세계 곳곳이 미국화되어가기 시작하자, 미국인들은 '자유세계'에 대한 자신들의 지배가 다른 나라의 일반인들에게 어떻게 받아들여지고 있는지 관심을 갖게 됐다. 이것은 시대의 징조라고 할 만한데, 드디어 자기 이미지에 신경 쓰는 최초의 헤게모니 국가가 등장하게 된 것이다! 뉴욕의 미국유럽재단이 5대륙 20개국에서 엄선된 평론가들을 통해 미국에 대한 의견을 들어보겠다는 계획을 세운 것이 그 결과 중 하나였다. 지리적으로 '자유세계'에 살고 있으며, 미국을 직접 경험해 봤다는 것말고 필자의 선별 기준이 무엇이었는지는 확실하지 않다. 이 평론가들은 각자의 견해를 밝힐 것과 미국을 바라보는 자국민들의 관점을 평가할 것을 요구하는 안내문을 받았다. 각 글은 1957~58년에 모두 완성됐고, 1년 뒤 『타인들이 우리를 바라보는 대로: 외국인들의 눈으로 본 미국』이라는 제목으로 출간됐다. 대표성을 띠지 못한 엘리트적 관점이자 평가일 뿐이긴 했어도, 이 책은 절정기의 미국 헤게모니를 대하는 외국의 반응에 관해 독특한 통찰을 보여준다. 『타인들이 우리를 바라보는 대로』는 미국 밖에서 미국화를 받아들이는 사람들의 특징을 살펴볼 수 있는 아주 유용한 자료인데, 뒤에 이어질 내용은 이 이례적인 글 모음집에 근거한 내용이다.

비록 『타인들이 우리를 바라보는 대로』에 글을 쓴 사람들의 배경과 경험이 천차만별이긴 하지만, 이 책의 편집자는 "기고자들이 미국에 관해 언급한 내용이 상당 부분 일치한다"(Joseph, ed., 1959 : vi)는 데 '놀랐다'고 한다. 나는 이 해석에 전적으로 동의한다. 그리고 이런 의견상의 공통점이야말로 헤게모니 설계가 거둔 성공의 직접적인 증거라고 생각한다. 우선 나는 미국의 모습이 어떻게 새로운 근대세계라는 식으로 표현됐는지 보여준 뒤, 이런 모습이 어떻게 도전을 받게 됐는지 살펴볼 것이다.

먼저 나는 이제부터 살펴볼 관찰이 현대를 경험한다는 것이 뜻하는 바를 제대로 보여준다고 생각한다.

미국에서 내가 흥미를 느끼는 부분은 …… '근대적'이라는 개념이었는데, 마치 혁명과도 같이 이 개념 아래에서 모든 것이 '근대적' 방식으로 행해진 듯하다. 모든 것이 근본부터 신선한 사고방식의 산물이었다. 모든 것이 '향상'되어 왔으며 매일, 거의 매시간 끊임없이 '향상'되고 있었다.

내게는 무엇인가 더 나은 것을 추구하는 이 일관성, 유동성, 탐구가 인상적이었다(Barzini, 1959 : 73).

위의 것은 1925년 미국에 도착한 이탈리아 이주민이 받았던 인상이다. 그러나 이런 생각은 결코 한 이주민이 본 낙관적 모습인 것만이 아닌데, 새로운 근대세계라는 관념은 이 책에 실린 모든 글들을 관통하고 있다. 가령 한 영국인은 미국이 "진보된 사회의 본보기"(Brogan, 1959 : 24)라고 말하며, 어느 프랑스 필자는 "미국 사회의 참신함"에 '특히' 놀라움을 표한다(Aron, 1959 : 58). 한 스위스인은 "미국은 첨단을 걷는 20세기의 상징이자, 용감한 신세계의 상징"(Freymond, 1959 : 83)이라고 말하며, 독일 필자는 "별세계에서 온 듯힌 미국적인 것의 보습"(von Zahn, 1959 : 97)을 포착하려고 한다. 미국을 미래로 여기는 수많은 언급들이 이런 생각을 보충해 준다. 가령 인도네시아 필자는 "미국에 가면 당신은 미래의 문턱에 온 기분을 느낄 것이다"(Lubis, 1959 : 204)라고 말하며, 남아프리카 필자는 미국이 "미래의 씨앗이자 중추"(Broughton, 1959 : 263)를 대표한다고 말한다. 친(親)공산주의 국가인 쿠바 출신의 어느 필자는 근대적인 것의 또 다른 본질적 모습을 통해 이 모든 언급들을 종합해 놓았다.

"특히 미국은 **새로운** 세계를 뜻한다" …… 그저 미래의 땅인 것이 아니라 …… **새로운 것을 위한** 세계라는 점에서 말이다. 이 점은 곧 **새로움에 대한 사명**, 개조와 창조에 대한 개방성을 뜻한다(Mañach, 1959 : 340).

위의 언급은 미국의 근대성을 인상적으로 증언해 주지만, 서유럽 밖에서 살고 있는 두 필자는 과거 유럽의 근대성과 미국을 구분하는 데까지 나아간다. 유고슬라비아 필자는 "미국이 서유럽 산업국가들과 얼마나 다른지"(Vilfan, 1959 : 97)를 지적하고 있으며, 인도네시아 필자는 "미국 자본주의는 더 이상 19세기 자본주의가 낳은 괴물이라고 볼 수 없다"(Lubis, 1959 : 200)고 말한다. 그리고 나서 그는 미국을 유럽과 직접적으로 비교한 뒤, 세계문화의 중심이 미국으로 옮겨졌다고 본다(204). 그러나 미국은 온갖 대격변과 변화를 동반한 채 자기 자신이 이 세계에 풀어놓은 역동성을 길들이려는 프로그램을 제공하고 있다. 미국 가정에서 찾아볼 수 있는 평범한 안정성을 발견한 스위스 필자가 이 점을 콕 집어내고 있다.

> 미국의 일상생활은 간단한데다 간편하기까지 하다. …… 미국은 자동차뿐만 아니라 부엌 장비 등 곳곳에서 정교한 과학기술이 빛을 발하는 근대적인 땅이다. 그러나 이와 동시에 사람들이 사무실이나 직장에서 벗어나 마음껏 벤치를 만지작거리거나, 가구를 만들거나, 집에 새로 페인트칠을 하거나, 울타리를 고치거나, 잔디를 깎거나 하는 정원, 꽃, 가정생활의 땅이기도 하다. 예컨대 사치의 땅이지만 단순한 기쁨의 땅이기도 한 것이다 (Freymond, 1959 : 84).

평범한 사람들을 위한 근대성으로서의 미국 교외 생활을 찬양하는 이 언급은 미국화가 성공할 수 있었던 대중적 기초를 잘 보여준다.

누구를 위한 미국화인가?

『타인들이 우리를 바라보는 대로』에는 미국을 본뜨려 하는 언급들이 많이 있는데, 특히 라틴아메리카의 필자들이 이에 대해 가장 덜 비판적인 듯해 보인다. 어느 쿠바 필자의 말에 따르면, "오늘날 미국은 아직도 사람들이 자기 자신을 도야할 수 있도록 해주는 가장 훌륭하고 매력적인 영고불변의 장소 가운데 하나라는 점을 우리는 인정해야만 한다"(Mañach, 1959 : 339). 또 다른 멕시코 필자는 "미국처럼 되기를 동경하지 않는 나라는 단 한곳도 없다"(Villegas, 1959 : 292)는 말을 들려주며, 칠레 필자는 "월트디즈니의 동물 캐릭터는 우리를 완전히 자기편으로 만들어버렸다"(Labarca, 1959 : 321)는 말도 들려준다. 물론 이런 글들은 반(反)미국화의 논조를 띤 글들과 대조될 수 있다. 다른 필자들과는 달리, 파시스트가 지배하는 스페인에서 살고 있던 한 필자는 미국인들이란 "참신함이 부족"하고, "창조력이 부재"하며, "지적으로 뒤떨어지는" 변형된 유럽인들이기 때문에 미국이 "뭔가 새롭거나 눈길을 끌 만한 것"을 내놓지 못한다고 봤다(Marias, 1959 : 26). 수십 년 전만 하더라고 미국의 식민지였던 필리핀의 필자는 미국을 신봉하는 사람들을 "문화적 변절자"(Castrence, 1959 : 235)라고 불렀다. 그러나 대부분의 필자들은 이 두 가지 입장 사이에 놓여 있거나, 적어도 혼합된 입장을 취했다. "자유세계에 속한 모든 나라들은 미국을 시기하고, 본뜨려 하고, 존경하고, 두려워한다"(Brogan, 1959 : 24)는 어느 영국인 필자의 언급이 이 점을 가장 잘 요약해 보여주고 있다.

그렇다면 문제는 미국을 존경하는 것은 누구이고, 두려워하는 것은 누구인가이다. 사실 『타인들이 우리를 바라보는 대로』에 실린 글들은 미국화의 서로 상충하는 특성들을 잘 보여주고 있다. 우리가 이 책에서 엿볼 수 있는 것은 계급적 차이나 세대별 차이에 따라 미국 헤게모니를 대하는 반응이 달라진다는 점이다. 우리가 예상할 수 있듯이, 전자의 경우는 영국 필자의 글이 가장 잘 보여준다. "영국의 노동계급이 수치스럽게도 미국적 생활방식의 물질적 이익을 몹시 탐내고 있다는 사실이 밝혀진" 반면에, 영국의 엘리트들 사이에서는 "미국을 무시하는 것이 세련된 행동"으로 여겨졌다는 것이다(Brogan, 1959 : 16~17). 따라서 영국에서는 모방경쟁심이 꽤 고약하게 꼬여 있었다. "겉보기엔 경멸받았을지언정 미국은 영국뿐만 아니라 (중국에서 페루에 이르기까지) 다른 나라들에서, 어떤 식으로 도덕적 혐오감을 내비치든, 모방하고 싶어하는 성공적인 물질사회였다"(19). 그러나 결국 영국 대중 사이에 널리 퍼져 있던 분위기가 대세를 차지해, 미국에 반대했던 사람들로서는 "대다수 영국인들이 소중하게 여기고, 선망하고, 모방하려고 하는 것은 자신들이 경멸해마지 않던 미국적 생활방식이라는 사실을 깨달을 수밖에 없었다"(24). 프랑스 필자도 이와 똑같은 사실을 지적했다(Aron, 1959 : 66). 우리는 이 사실을 이렇게 해석할 수 있을 것이다. 자신들의 세계를 뒤엎어버리고 있기 때문에, 낡은 근대성에서 운 좋게 벗어나 있던 계급은 새로운 것의 성공을 경멸했던 것이라고. 특히 새로운 세대의 관심을 끈 것은 새로운 근대성이었다. 예를 들어서, 한 터키 필자는 "미국적 생활방식은 대도시의 젊은 세대들에게 큰 호소력을 지니는 듯하다"(Sarc, 1959 : 146)는 사실을 알려준다.

그러나 여기에서 핵심은 미국화의 대중적 호소력이다. 이 점에 관해서는 스페인 필자가 훌륭한 통찰력을 보여준 바 있다. 그는 미국 노동자들이 전세계에서 가장 풍족한데도 불구하고 미국은 정치적 좌파를 혐오한다는 역설을 발견했다. 그의 말에 따르면, "미국 노동자들은 실제 노동자가 아닌 것처럼"(Marias, 1959 : 34) 보일 정도이다. 정확히 말하면 이런 것이다. 미국적 생활방식은 노동자들을 중간계급 소비자로, 즉 새로운 소비적 근대성의 근간으로 전환시켜버린 결과라는 것이다. 그러나 가장 선견지명을 보여준 것은 레이몽 아롱의 글이다. 몇몇 사람들은 '두려움'의 눈길로 프랑스의 미국화를 바라보고 있었는데도, 그는 "미국화와 …… 맞서 싸우는 것"보다는 미국화를 받아들이는 것이 더 보편적인 일이 아닌지 고민했다. 그는 1950년대 프랑스가 겪는 경험이 "물질문명의 발전과 연계된 현상의 보편화"(Aron, 1959 : 60)가 아닌지 되물은 것이다. 아롱의 대답은 모호했다. 그는 프랑스가 "미국의 평범한 복제물이 될 것인가"(70) 궁금해했다. 그러나 후대의 논평자가 지적했듯이(Kuisel, 1993 : 237), 우리는 그의 글에서 프랑스가 여전히 프랑스다우면서도 새로운 근대성에 걸맞은 새로운 프랑스가 되어가고 있는 중이라는 생각을 엿볼 수 있다. 프랑스 이외의 나라들에서도 미국 헤게모니가 세계체계를 어떻게 변형시켰는가 하는 질문에 똑같은 결론을 내릴 수 있다. 『타인들이 우리를 바라보는 대로』를 간략히 살펴보고 내린 결론이긴 하지만, 각 나라들은 새로운 소비적 근대성 안에서 저마다의 방식으로 미국화와 '협상' 해 왔다고 말이다.

미국화와 세계화

프랑스의 여성지 『파리마치』는 자국 여성 5백 명을 대상으로 실시된 최근 설문조사의 결과를 보도했는데, 성관계의 환상을 누구에게 품느냐는 질문에 케빈 코스트너, 폴 뉴먼, 멜 깁슨, 톰 크루즈, 해리슨 포드가 답변의 1~5위를 차지했다. 이 다섯 명은 모두 미국인이다. 이렇듯 미국 헤게모니 순환의 하강이 시작됐지만 미국적인 것이 가져다주는 매력은 결코 줄어들지 않았다. 반향적 미국화를 살펴보면서 지적했듯이, 오늘날 미국이 다른 사회에 끼치는 영향은 훨씬 더 눈에 띈다. 그러나 지금까지 맥도널드화, 디즈니화, 코카콜라화, 리바이스 세대 등등은 미국화 자체만큼이나 세계화의 징후로도 해석되어 왔다. 확실히 앞에서 언급한 프랑스 여성들은 할리우드 영화에 영향을 받았을 테지만, 그녀들의 취향은 '낡은 방식' 의 미

맥도널드 제국과 세계화

1955년 시카고에서 1호점을 개점한 맥도널드는 현재 41만8천 명의 종업원들이 전세계 122개국에서 매일 4천 7백만 명의 손님들(2003년 12월 31일 기준)을 맞이하고 있다. 그러나 맥도널드가 단순한 거대 프랜차이즈 음식점인 것만은 아니다. 1986년 영국의 경제지 『이코노미스트』가 전세계의 비공식 구매력 지수를 알아보기 위해 '빅맥 지수'를 도입한 데에서 볼 수 있듯이, 맥도널드는 세계화의 상징이기도 하다. 세계 최초의 사회주의 국가였던 구 소련의 문화적 수도 페트르부르크(옛 레닌그라드) 중심지에까지 세워진 맥도널드는 커피체인점 스타벅스와 함께 미국식 라이프스타일을 전도하는 미국 문화제국주의의 상징이기도 하다.

국화라기보다는 전형적인 글로벌 취향이라고 할 만하다. 우리는 미국화가 세계화로 변모됐으며, 이것은 미국화의 궁극적 승리를 뜻한다고 설명할 수도 있다. 그러나 이런 설명은 오해를 낳을지도 모른다. 미국 국적이 아닌 다른 나라의 대기업들이 미국의 대기업들만큼이나 세계화를 부르짖기 때문만은 아니다.

세계화는 미국화와는 본질적으로 다르다. 앞 사례들의 집합적 연속성에도 불구하고, 세계화는 서로 다른 시간에 속해 있다. 여기에서 핵심은 고도 헤게모니 시기 동안 미국이 거만하다고 할 만큼 헤게모니 국가로서의 엄청난 자신감을 드러내며 사회적 낙관주의의 기운을 퍼뜨려 놓았다는 데 있다. 헤게모니 순환이 하강국면에 들어서자 이 모든 것이 바뀌었다. 한 세기 전 영국 헤게모니가 하강국면을 겪었을 때처럼, 우리는 세기말을 예감케 하는 시기에 들어섰다. 헤게모니적 지도력의 쇠퇴는 전지구적으로 낙관주의의 상실을 동반하기 마련인 것이다.

사회적 낙관주의가 비관주의로 변해 가는 작금의 상황은 불확실성이 되살아난 결과이다. 새로운 사회형태가 헤게모니를 구축하면서 근대성이 활기를 잃어버리긴 했지만, 원래 새로운 것은 그리 오래 지속될 수 없다. 즉, 이 프로젝트는 산산이 흩어지기 시작했다. 근대성의 끊임없는 변화는 또 다시 혼란을 가져와 기존의 안정성을 약화시키고, 새로운 불안정성을 야기하고 있기도 하다. 특히 가장 큰 불안정성은 지구의 생태계에 몰아닥친 위협이다. 대중들이 지구의 한계에 관심을 쏟게 된 시기(1970년경)는 미국의 헤게모니 순환이 하강하기 시작한 시기와 정확히 일치한다. 30여 년 동안 몇 개의 국면이 지나면서 초점이 바뀌긴 했지만, 우리가 붕괴시키고 있는 이 지구가 훼손되기 쉬운 생태계라는 생각은 여전히 재난의 징조로 남아 있다. 그리고 당연한 일이겠지만 이 생태적 위협의 원인으로 비난받고 있는 것은 소비적 근대성이다. 좀더 최근, 그러니까 지난 10여 년 동안에는 이 전지구적 위협이 전적으로 경제적이고 문화적인 성격을 띤다고 여겨지게 됐다. 바로 이런 것이 세계화를 둘러싸고 벌어지는 논쟁이다(Hirst and Thompson, 1996). 그러나 이것이 미국화의 완성은 아닌데, 왜냐하면 경제적으로 중요한 차이가 있기 때문이다.

미국화가 더 나은 삶의 약속이었다면 세계화는 일종의 위협이다. 예컨대 일반적으로 세계화는 한때 더 나은 삶을 제공받은 화이트칼라 직종의 종사자들을 떨궈내는 '다운사이징'(감량경영)으로 경험된다. 그러므로 그 사회적 함의를 따져볼 때, 미국화와 세계화는 서로 다른 시대를 반영하는 대립물이라고 보는 편이 더 낫다. 위협으로서의 세계화는 헤게모니 순환으로서 미국의 세기가 끝나가고 있다는 신호이다.

제2부

미국 헤게모니의 역사

3. 소비적 근대성과 사회적 권리
─미국 헤게모니의 사회적 기원과 한계

안정옥

이 글은 20세기 미국 헤게모니의 사회적 기원, 그리고 1970년대 이후 미국 헤게모니의 사회적 토대가 드러내고 있는 한계를 고찰한다. 특히 미국 헤게모니의 사회적(문화적) 토대를 소비적 근대성으로 규정하고, 그 역사적 궤적과 함의를 역사적 자본주의로서의 근대세계체계가 밟아온 역사적 진화라는 관점에서 다룰 것이다.

세계체계 분석이나 국제정치경제학에서는 네덜란드, 영국, 미국의 세계권력을 주로 '패권 국가'의 뜻으로 쓰이는 헤게모니, 중심 헤게모니 국가, 강대국 같은 용어로 불러왔다. 그러나 그람시의 용법에 충실하자면 헤게모니 개념은 단순한 지배와 달리 강제와 합의의 두 측면을 포함한다. 이럴 때 세계헤게모니는 강제와 합의의 동원을 통해 국가간체계에 지도력과 통치의 기능을 행사하는 한 국가의 권력을 의미한다(근대세계체계에서 헤게모니 국가의 교체는 국가간체계의 작동양식을 변화시켜 왔다). 미국 헤게모니의 경우에는 냉전의 발명(군사적 케인즈주의)이 '강제적' 측면이었다면 민족국가의 보편화(윌슨주의와 전후 식민지 독립), 민족국가 단위의 발전, 그 미래상인 고도 소비사회에 대한 보편적 접근의 약속이 '합의'의 측면이라고 할 수 있다(Arrighi, 1994 ; Taylor, 1999).

미국 헤게모니의 대외적 작동양식(특히 합의의 측면)은 갑자기 출현한 것이 아니다. 미국의 지배 블록이 자국의 대중노동자에게 행사한 국내적 헤게모니의 생산기제는 미국의 세계권력 행사에 모델을 제공했다(Rupert, 1995). 이와 마찬가지로 '발전' 개념은 1949년 미국의 전후세계 구상을 담은 트루먼의 대통령 취임사 제4항에 처음 등장했지만, 그 모델도 뉴딜 정책이라고 하는 국내적 경험을 바탕으로 형성됐다(Escobar, 1995). 그러나 고도 소비사회의 역사적 위상과 함의가 무엇인가라는 문제는 많이 연구되지 않았으며, 세계체계 분석에서도 사정은 다르지 않았다.

그렇다면 고도 소비사회로서의 근대사회는 역사적 자본주의로서의 근대세계체계와 어떤 관련이 있는가? 소비적 근대성은 어떤 점에서 미국 헤게모니의 사회적 기원(또는 내적 계기)으로 파악될 수 있고, 어떤 역사적 궤적을 그렸는가? 소비적 근대성을 역사적 자본주의로서의 근대세계체계와 관련해 다루는 것은 어떤 의미가 있는가?

이 글은 미국 헤게모니의 사회적 기원이 노동자 권리의 전화, 그리고 사회적 역할의 성적 분리에 기초한 일상생활(사회적인 것)의 역사적 변화에 있다고 본다(1~2절). '노동자 권리의 전화'란 노동력을 사용하는 데 상대적으로 자율적이었던 숙련노동자의 권리 대신 대중노동자의 권리를 보장하게 된 것을 뜻한다. 즉, 대중노동자가 자신의 사회적 노동력을 유지하는 주기가 자본의 재생산 주기에서 일정하게 분리되어 상대적 자율성을 갖게 됐음을 뜻한다. '사회적 역할의 성적 분리'란 남성 부양노동자[1]와 여성 소비자로 구성된 가족의 성적 체계를 뜻하는데, 소비적 근대성의 주된

---

1) 이들은 숙련노동자처럼 '생산적 노동자'(생산자로서의 노동자)라는 정체성이 아니라 부양노동자(가족을 부양하는 노동자)라는 정체성을 가진다.

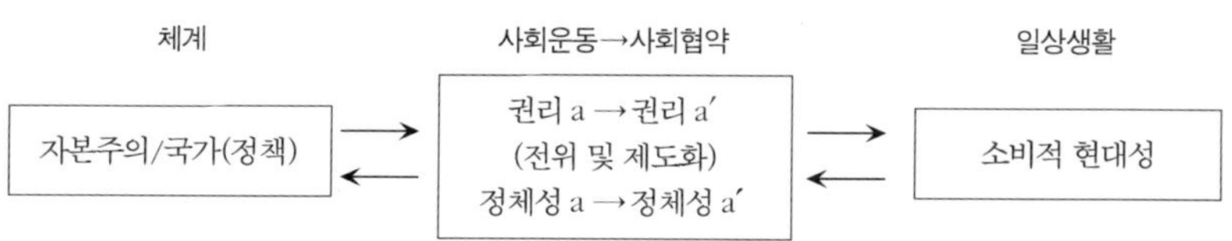

사회적 관계가 이것이다. 대중노동자와 그 가족의 사회적 통합은 이런 역사적 과정을 통해 역사적 자본주의 아래에서 처음 완성될 수 있었다. 한편으로 이런 접근은 20세기의 사회적 권리와 사회적 정체성 두 측면에서 나타난 변화가 역사적 자본주의와 일상생활에 미친 영향을 부각할 수 있게 해준다. 그리고 또 한편으로는 소비적 근대성의 확립을 19세기 말~20세기 초에 주된 사회문제로 등장한 '노동문세', 그리고 여성의 도전(특히 여성의 공적·사회적 진출)에 수반된 갈등과 권리 주장의 전위[2]라는 관점에서 설명할 수 있게 해준다(<그림 1>).[3] 그 다음에는 1970년대 이후 노동의 위기가 가족 재생산의 위기를 통해 어떻게 일상생활에 영향을 주고 있는지 살펴본 뒤, 미국 헤게모니의 사회적 토대가 직면한 한계를 짚어볼 것이다(3절). 마지막으로 결론에서는 이런 분석에 바탕을 두고 20세기 근대사회를 낳은 '자기조절적 시장체계'의 파괴적 효과에 맞서는 '사회의 자기방

---

2) 전위(Verschiebung)는 프로이트의 개념으로서 "어떤 표상[표상 A]의 악센트, 흥미, 강도가 그 표상과 분리되어, 본래 강하지 않은 다른 표상(연상의 사슬로 전자[표상 A]와 연결되어 있는)으로 이동하는 것"(Laplanche and Pontalis, 1967)을 뜻한다. 즉, 전위는 A → B로의 대체(replacement)가 아니라 "A → A1 → A2……"로의 이행이다. 본문에서 말하는 권리·정체성의 전위는 이런 맥락에서 쓰인 것이다. 전위 개념은 헤게모니의 생산(그리고 그 의미와 한계)을 단순히 위에서 부과한 가치에 대한 합의의 동원이 아니라 아래로부터의 권리 주장과 욕구를 '변형'해 '보편화'할 수 있는 역능이라는 관점에서 더욱 동태적으로 이해할 수 있게 한다. 세계헤게모니 개념에도 이 개념을 적용할 수 있을 것이다.

3) 이와 같은 점에서 이 글은 곧 소개할 아리기·실버(Arrighi and Silver, 1999)와 테일러(Taylor, 1996a ; 1999)의 최근 연구를 한 걸음 진전시킨다는 의미도 갖는다.

어'(Polanyi, 1944)가 노동에 대한 권리, 여성의 권리, 생태(환경)윤리라는 관점에서 새롭게 재구성되어야 한다고 주장할 것이다(4절).

기원 : 뉴딜정책의 이중적 작용과 노동자의 사회적 권리

1) 미국의 세기와 노동문제

세계체계 분석에서 '사회적인 것'에 대한 연구를 통합하려는 시도, 특히 세계헤게모니와 근대사회의 전화를 함께 고려한 연구는 거의 없었다. 이 점에서 세계헤게모니의 사회적 기원에 관한 아리기·실버의 연구(Arrighi and Silver, 1999)와 소비적 근대성에 관한 테일러의 연구(Taylor, 1996a ; 1999)는 주목할 만한데, 이 두 연구는 상호보완적이다.

아리기와 실버에 따르면 네덜란드·영국·미국의 고도 헤게모니 시기에는 사회적 평화와 무역·생산의 물질적 확장이 선순환한다는 특징이 있었는데, 지배 블록이 하위집단을 포섭하는 '사회적 협약'의 성립이 이것을 가능케 했다(Arrighi and Silver, 1999 : 151~153). 따라서 역사적 자본주의의 이행기에 새로 부상하는 하위집단과 새롭게 '역사적 타협'을 해 사회적 갈등을 관리하는 것은 세계헤게모니의 공고화와 물질적 확장(그리고 작동)에 결정적인 조건이 됐다. 가령 네덜란드 헤게모니에서 영국 헤게모니로의 이행기에는 유럽의 '자산 중간계급'과 아메리카 대륙의 '정착 부르주아지'를 포섭함으로써 사회적 갈등이 관리될 수 있었다. 이와 마찬가지로 미국 헤게모니로의 이행기에는 마샬플랜과 냉전을 통해 서구의 노동계급을, 그리고 민족국가 독립과 (냉전에 근거한) 발전주의 기획을 통해 비서구의 엘리트들을 포섭함으로써 사회적 갈등이 관리될 수 있었다. 이처럼 헤게모니의 이행기마다 부상하는 헤게모니 국가가 대처·관리해야

〈도표 1〉 노동자 파업강도[4]의 중간값(1911~90년=100)

시기	세계	중심부	반주변부	주변부
1951~60	143	76	123	192
1961~70	87	68	80	91
1971~80	87	65	94	79
1981~90	58	19	103	120

출처 : World Labor Studies Group Database; Silver(1995b : Table 4) 부분인용

할 사회적 갈등의 지리적 범위와 사회적 저변은 확대됐다. 한편 폴라니는 근대 자본주의의 동학을 자기조절적 시장체계와 사회의 자기방어가 전개하는 이중운동으로 설명하는데, 20세기의 '거대한 변환'은 모든 시장(구체적 시장)을 난밀한 국가경제나 국제경제로 통합해 인간(노동)·토지(자연환경)·문화(생활양식)를 상품화하고 이를 공급과 수요라는 자신의 법칙에 따라 기능케 하는 체계(추상적 시장체계)의 파괴적 효과에 맞서 '사회의 자기방어'가 '대항운동'으로서 작동한 결과였다(Polanyi, 1944; Baum, 1996). 특히 미국 헤게모니의 상승기에 서구의 대항운동은 주로 노동운동의 조직화와 발흥으로 나타났다.

미국의 고도 헤게모니 시기(1945~66[73])에는 세계적 규모에서 노동자들의 파업물결이 잦아들었는데, 중심부에서 이 경향은 더욱 더 현저했다(〈도표 1〉). 한편 '미국의 세기'(헨리 루스)라는 표현은 이미 1941년에 고안됐는데 20세기는 역사적 자본주의에 맞서는 '대항운동', 즉 월러스틴의 표현을 빌리자면 노동운동을 반체계운동(Wallerstein, et al., 1994)으로

---

4) 파업강도는 파업횟수와 파업물결(파업이 특정한 시기에 집중된 정도)을 함께 고려한 것이다. 즉 정방식에 대해서는 실버(Silver, 1995a ; 1995b)를 참조하라.

전화시킬 수 있는 잠재력을 지닌 사회적 갈등의 원천으로서의 '노동문제'가 적어도 미국에서, 일반적으로는 중심부에서 지양된 세기였다.[5]

2) 뉴딜정책의 이중적 전환과 노동자의 사회적 권리

20세기 초 미국에서는 노동문제가 "새로운 산업질서에 내재된 도덕적·정치적·사회적 딜레마"로 등장했다. 그렇지만 제2차 세계대전이 끝나가면서 미국 국내뿐만 아니라 국제정치의 영역에서도 노동문제를 제치며 부상한 쟁점은 '미국적 생활표준'의 문제였다. "어떤 의미에서 미국적 생활표준은 노동문제에 대한 선호된 해답으로서 노동문제의 현저한 도덕적 성격, 정치적 위험요소, 그 바탕에 깔린 사회적 의미를 걸러내는 것이었다." 프레이저에 따르면 이런 전환은 노동자의 권리·권력 같은 '하층민의 은유'가 안전보장(복지)·소비·이익(집단) 같은 '사회통합의 은유'로 대체됐다는 데 그 의미가 있다(Fraser, 1989 : 55~57).

그러나 이 과정을 매개한 뉴딜정책의 정치적 작용은 이중적이고 역설적이었다. 뉴딜정책 아래에서는 생산적 노동(자)이라는 이데올로기가 사멸해 산별노조회의(CIO)에 의한 제3당(또는 노동자당) 건설운동이 점차 부정됐을 뿐만 아니라 산별노조의 합법화와 와그너법(전국노사관계법)의 행정절차에 대한 종속이 심화됐고, '노동자 통제'라는 쟁점이 '완전고용'이라는 쟁점에 밀려나게 됐으며, 노동자들의 사회주의적 전망을 제한하는

---

5) 중심부에서 일어난 자본과 노동의 사회적 타협과 파업의 전개양상을 미국 헤게모니의 발흥과 작동만으로 설명할 수는 없다. 각국의 사회적 동학도 중시되어야 하기 때문이다. 미국은 마샬 플랜 이후 냉전의 구도를 벗어나지 않는 범위 내에서 유럽 각국이 다양한 스펙트럼의 정치노선을 걸은 것을 막지 않았다. 이 점에서도 헤게모니 개념은 모델의 단순한 부과가 아니라 갈등의 전위와 관리라는 점에 더욱 초점을 둬야 한다. 1980년대 이후 유럽에서 파업이 감소된 것은 미국에서처럼 경제위기 탓이었다.

전지구적 뉴딜체계가 실시되어 노동문제가 쇠락하게 됐다. 그러나 이와 동시에 '대중노동자의 부상'이 일어나기도 했다(55~56).

물론 전자의 전환에 의해 규정되는 한 대중노동자의 부상이 갖는 의미를 확대 해석할 수는 없다. 그러나 프레이저의 주장처럼 그것이 하층민의 은유가 대체됐다는 것만을 의미하는 것은 아니다. 뉴딜정책은 노동력 관리정책으로서 3대 사회입법(사회보장법, 전국노사관계법, 근로기준법)뿐만 아니라 금리생활자의 안락사와 완전고용을 약속한 케인즈주의적 경제정책을 통해 제2차 세계대전 이후 "자본의 재생산 주기에 대한 노동력 유지 주기의 상대적 자율성"(Aglietta, 1976[1994]: 100)을 확립시켰다. 뉴딜정책은 대중노동자를 하나의 계급으로, 즉 스스로를 재생산할 수 있을 만큼의 화폐소득(명목임금)을 수령하고 사용하는 '경제적 주체'로 승인하는 이데올로기적 변화를 수반했다(Brunhoff, 1976[1992]: 94, 100~113).[6]

역사적 자본주의 아래에서 이뤄진 구성원에 대한 사회적 책임, 즉 생계에 대한 권리(right to live)의 승인은 18세기 말 영국 토리당의 전통적 집합주의를 반영하는 영국의 스핀햄랜드법에서 이미 그 효시를 발견할 수 있다(Polanyi, 1944). '노동에 대한 권리'(right to work) 역시 1848년 프랑스 2월혁명에서 남녀를 막론한 대중적 요구로 제기됐다. 노동에 대한 권리는 유럽의 전(前)산업사회에서 구성원에 대한 보호와 교환됐던 '노동에 대한 의무'를 대체하는 새로운 권리 개념으로서, "모든 구성원에게 생계유지의 수단을 제공해 주는 사회의 의무"라는 관념을 수반한 것이었다(Hobsbawm, 1969[1984]: 300~301 ; Scott, 1996 : 57~89).

---

6) 두 주기의 분리는 어디까지나 '상대적'이다. 케인즈주의적 정책을 통해 전후 역사적 자본주의는 노동력의 사회적 재생산을 자본의 재생산을 위한 조건으로 전화시킬 수 있었다. 브뤼노프의 명제 역시 이런 의미를 포함한 것이다.

1946년 미국의 고용법은 미국의 법인자본주의가 생계에 대한 권리와 노동에 대한 권리를 수용하는 독특한 방식을 정의했다. 이 법은 '완전고용법안'을 완화 —— 허쉬만(Hirschman, 1989 : 350)의 표현에 따르면, '탈골' —— 한 것이었다. 종전 무렵 루스벨트가 전후 대량실업에 대비해 작성케 한 이 법안은 적극적인 재분배정책과 함께 완전고용정책을 도입함으로써 유럽의 사회 코포라티즘과 유사해졌다. 이 법안은 "일할 능력과 의사가 있는 모든 미국인에게 유용하고 보상적인 노동에 대한 권리를 가진다"라고 선언했다. 또한 '생산 및 고용에 관한 국가예산'을 규정해 연방정부에 경제계획과 관리를 위한 영속적이고 실질적인 역할을 부여했다. 국가는 민간투자 부족이 예상되면 완전고용에 도달하기 위한 보상적 지출정책을 수행할 수 있었다. 그러나 이 규정은 조직화된 노동의 반대에도 불구하고 남부 보수주의자들과 공화당의 영향 아래 삭제됐다. 법안의 명칭 역시 (완화된 케인즈주의적 합의를 표현하는) 고용법으로 바뀌었다.

고용법이 국가의 역할을 부정한 것은 아니다. 이 법은 "최대한의 고용, 생산과 구매력을 촉진하는 …… 연방정부의 지속적 정책"을 승인했다. 그러나 이와 함께 국가의 정책은 "자유경쟁기업을 육성하는 것"이라는 규정이 첨가됐다. 이것은 곧 국가개입을 요청하면서도 민간기업의 사적 자율성을 보존하는 —— "민간기업과 경쟁하지 않는"(Kalecki, 1943 : 350) —— 한계 내에서 노동자들이 주장한 생계에 대한 권리와 노동에 대한 권리를 수용하는 것이었다. '최대고용'의 형태로 약속된 완전고용[7]과 실업을 정상적 요소로 간직해야 하는 자유경쟁기업의 사적 이윤추구 사이의 모순을 완화시킨 것은 지속적인 성장에 대한 기대였다. 실업을 정상적 요소로 전제하고 완전고용에 대한 제도적 보장이 없다는 점에서 고용법에 표현된 케인즈주의적 합의는 온전한 의미에서 노동에 대한 권리라기보다

<도표 2> 노동생산성의 국제적 비교, 1870~1979년(생산성=GDP/1인당 노동시간)

연도	미국	영국	일본	독일	프랑스	연도	미국	영국	일본	독일	프랑스
1870	100	114	24	61	60	1938	100	70	33	56	64
1890	100	100	23	58	55	1950	100	56	14	33	44
1913	100	81	22	57	54	1973	100	64	46	71	76
1929	100	69	26	49	53	1979	100	66	53	84	86

출처 : Maddison(1989 : 98) 부분인용

는 성장에 의존한 고용과 최소한의 사회보장에 따른 보상이 결합된 '소득에 대한 권리'에 가까웠다. 그러나 노동에 대한 권리와 소득에 대한 권리의 진전은 그 자체로 노동자의 존재조건을 변화("자본의 재생산 주기에 대한 사회적 노동력 유지 주기의 상대적 자율성")시켰다.

3) 대중노동자의 사회적 권리의 가능조건

먼저 이런 결과는 고임금의 형태로 생산성 향상의 지분을 지급할 수 있는 미국 법인자본주의의 막대한 생산능력 없이는 생각할 수 없었다(<도표 2>). 법인자본주의의 막대한 생산능력은 무엇보다도 포드의 일관작업체계(1913)에서 전형을 발견할 수 있는 기술 패러다임의 이행 결과였다. 영국의 산업혁명은 고정자본의 대량투하가 노동생산성의 진보로 이어지는 기계화의 형태를 취했다. 그러나 20세기 초의 미국에서는 자본-노동 비율

---

7) 사실 '완전고용'을 회피한 '최대고용'은 현실의 정확한 반영이라고 할 수 있다. 독자적으로 '케인즈주의적' 사고에 다가선 칼레츠키(Kalecki, 1943 : 351, 356)의 지적처럼, 완전고용 자본주의는 노동자 상비군을 고갈시킴으로써 "[노동력의] 규율장치로서 실업이 행하는 역할을 정지"시키고, "노동계급의 증대된 권력을 반영할 사회적·정치적 제도"의 근본적 개혁을 요구하기 때문이다. 즉, "실업은 '정상적 자본주의'의 통합적 요소"인 것이다. 그렇지만 전후에 완전고용이라는 이상이 포기됐다고 할 수는 없다. 오히려 최대고용은 '정상적 자본주의'의 통합적 요소인 실업을 정당화하면서도 완전고용에 대한 헌신을 유지해야 했던 사회적·정치적 딜레마를 반영한 것이라고 할 수 있다.

(기계화)의 증가속도가 둔화됐지만, 오히려 노동생산성은 급속히 증가했다. 즉, 일관작업체계는 영국 산업혁명의 기술 패러다임과는 다른 형태의 새로운 기술 패러다임이었던 것이다. 일관작업체계는 기계장치의 구조, 그 지속적 사용, 새로운 기계장치가 노동에 가하는 압력과 그에 걸맞은 작업장의 재편 등을 통해 고도로 내포적인 노동의 '소비'를 가능케 했다. 이 때문에 노동생산성의 새로운 진보는 자본-노동 비율의 강력한 상승을 수반하지 않을 수 있었다. 그 결과는 자본생산성, 곧 이윤율의 증가였다. 기술 패러다임의 이행과 이윤율의 증가는 대중노동자에 대한 분배(고임금)의 잠재력을 생산했다(Duménil and Lévy, 1995 : 5~8; 1999 : 18).

그 다음으로 뉴딜적 국가는 생산에 직접적으로 개입하지 않는 통화정책, 재정정책과 사회정책을 통한 상이한 자본순환(산업자본과 화폐자본)의 리듬조절, 노동력(그리고 노동력의 재생산) 관리, 화폐(자본)-노동력 관계의 관리 등에 개입해 각각의 리듬격차를 축소하는 동시에 유지했다. 그에 따라 법인자본의 물질적 확장과 사회적 노동력 유지의 상대적 자율성(노동력의 사회적 재생산에 대한 권리)이 결합될 수 있는 조건이 창출됐다(Brunhoff, 1976[1992] : 93~112, 174).

끝으로 전후의 조직화된 노동은 1936년 제너럴모터스 파업으로 대표되는 파업물결, 그리고 그 이후 법인기업과 맺은 일련의 단체협약을 통해 생산성 증가와 물가(인플레이션)에 연동된 임금제도와 각종 부가급여(보험, 연금, 사회보장비, 실업보상), 해고를 제한하는 선임권 제도 등을 획득함으로써 케인즈주의적 국가가 약속한 완전고용과 소득에 대한 권리를 아래로부터 보완할 수 있었다. 그런데 이는 유럽과 달리 적극적 재분배정책이 결여된 상황에서 반숙련 백인 남성노동자에 한정된 '사적 복지국가'의 형태를 띠었다(Lichtenstein, 1995 : 367; 1995 : 285~286). 이런 유형의 단체협약은 한국전쟁에서 1950년대 중반에 이르는 시기에 대부분의 핵심 제조업에 확산됐다(Davis, 1994 : 151~152). 그러나 전후의 단체협약은 이와 동시에 생산표준의 설정에 대한 경영의 배타적 권리, 즉 경영특권에 대한 인정을 수반하는 '노동권'의 전위와 결합된 것이었다.

4) 노동에 대한 권리의 전위 : '소비자 시민'의 전제조건

20세기 초 미국에서 사회적 갈등의 양상이 자기조절적 시장체계의 파괴적 효과 속에서 사회의 저변으로 확대되자, 대중노동자들을 중심으로 사회의 자기방어를 작동시키려는 운동의 물결이 일어났다. 미국은 ① 법인자본의 잠재적 분배력, ② 자본-노동의 갈등을 생산성·효율성이라는 기술적 문제로 전환하는 거시경제조정을 통해 완전고용을 약속한 국가의 '중립적' 조절장치와 노동력 관리정책 등에 기초해, 적극적인 재분배정책 없이도 대중노동자(특히 반숙련 백인 남성노동자)에게 일할 권리와 소득에 대한 권리 —— 결국 사회적 재생산에 대한 권리(사회의 자기방어)를 부여했다. 그런데 여기에는 대중노동자가 법인자본주의의 물질적 확장을 위한 생산성과 성장의 정합 게임에 참여하는 것이 전제됐다. 이 전제는 결국 노동에 대한 노동자의 권리가 노동력 사용의 상대적 자율성에 대한 권리에서 일할 권리와 소득에 대한 권리로 전치됨으로써 충족될 수 있었다.

포드의 일관작업체계에 의해 새로운 노동과정과 기계화의 형태가 출현하기 전까지는 기계적 통합의 불완전성 탓에 노동과정의 전체적 통합이 숙련노동자를 정점으로 하는 여러 노동자들간의 직접적 관계(결합노동력)에 의존할 수밖에 없었다. 그래서 노동자들이 노동력의 사용에 대해 상대적 자율성[8]을 행사할 수 있었던 것이다(Aglietta, 1976〔1994〕: 140~147). 일관작업체계에 의한 기술 패러다임의 이행과 법인기업의 조직혁명은 숙련에 기초한 노동자의 권력을 해체시켰다. 그러나 노동자의 정체성이 숙련노동자에서 대중노동자로 이행됐다고 해서 노동운동이 동원할 수 있는 자원이 곧바로 약화된 것은 아니다. 오히려 반숙련 대중노동자의 등장은 노동자의 작업장 교섭력을 증가시키는 결과를 가져왔다. 일관작업체계는 그 특성상 소수만으로도 중단시킬 수 있었는데, 원료의 조달에서 판매에 이르는 법인기업의 수직적 통합체계 자체가 소수에게 기업 전체의 생산을 마비시킬 수 있는 힘을 준 것이었다. 핵심적인 기업·산업에서 움직일 경우, 이 힘은 국가경제 전체에 영향을 줄 수도 있었다.

특히 1936년 제너럴모터스 연좌파업은 작업장 교섭력의 증대에 기초해 대량생산 위주의 산업에 산별노조를 조직하는 결정적 계기가 됐다. 그러나 작업장 교섭력에 기초한 노동운동전략은 전후 대중노동자의 전략적 경향으로 자리잡지 못했다. 제2차 세계대전 이후 산별노조 지도부는 전시(戰時)생산을 위해 내렸던 무파업 선언을 (1950년 이후 무파업을 조건으로) 단체협약 적용기간을 장기화하는 형태로 연장해 작업장 교섭력을 약화시켰다. 산별노조는 전쟁 기간에 전시생산에 대한 협력과 생산의 증가가 자신들의 노동시장 교섭력을 증대시킨 경험에 따라 전후에는 케인주의적 정책, 군수생산과 기업성장에 의존하는 노동수요의 증가/고용창출전략으로 선회했다(Arrighi and Silver, 1984 : 193~195; Chandler, 1964 : 218; Cutler and Aronowitz, 1998).[9]

---

8) 여기서 '상대적 자율성' 이란 숙련노동자가 노동과정의 배치에 대한 지식에 기초해 노동력의 사용과 배치를 일정하게 통제할 수 있는 능력을 뜻하는데, 산출량 제한이 대표적인 예이다. 산출량 제한은 기업의 점증하는 힘에 맞서 자신의 '자율성' 과 '품위' 를 보존하기 위한 숙련노동자의 '새로운 집합적 노력' 을 대변하는 것이었다. 산출량 할당은 '사용자와의 협상대상' 이 되기보다는 노동자에 의해 일방적으로 채택('노조에 의한 입법')됐다. 이성적인 일일노동에 대한 노동자의 집합적 결정(정의)이기도 한 산출량 할당은 숙련노동자의 연대적 윤리규범에서 가장 중요한 구성요소가 됐다(Montgomery, 1988 : 17, 22).

조직화된 노동에게 생산성의 논리와 어긋나는 '노동력의 사용에 대한 상대적 자율성'(산출량 제한)의 형태를 취하는 노동에 대한 권리는 더 이상 운동의 목표가 아니었다. 이제 운동의 목표는 높은 대중소비 추구에 있었다. 1949년 전미자동차노조연합(UAW) 위원장인 월터 루터(1952년 CIO의 위원장이 됐다)는 1949년 '경제적 목표에 관한 전국회의'에서 이 점을 이렇게 표현했다. "우리의 투쟁은 물건을 덜 만드는 것이 아니라 더 많은 물건을 만들고, 우리가 만든 물건을 사기 위해 더 많은 화폐를 획득하는 것이다"(United Automobile Workers, 1949 : 45~48).

자본의 재생산 주기에 대한 사회적 노동력 유지 주기의 상대적 자율성 확립은 큰 진전이었다. 그러나 20세기 미국의 고도 헤게모니 시기에 확립된 대중노동자의 사회적 권리는 높은 대중소비에 보편적으로 접근할 수 있는 '소비자 시민'(McGovern, 1998)의 권리와 결합됐다. 새로운 형태의 노동과 소득에 대한 권리가 역사적 자본주의 아래에서 최초로 달성된 노동계급의 사회적 통합조건이었다면, 소비자 시민은 그 통합의 양상이었다. 그러나 사회적 권리의 확립만으로 노동계급의 사회적 통합이 완성된 것은 아니다. 노동자와 그 가족의 사회적 통합은 일상생활의 변화를 통해 비로소 구체적 형태를 얻게 됐다. 따라서 20세기 미국에서 '사회적인 것'의 양상과 성격이 어떤 것이었는지 살펴볼 필요가 있다. 테일러의 '소비적 근대성' 개념은 이를 이해하기 위한 출발점이다. 이 개념은 미국의 고도 소비사회를 사회적 갈등의 전치와 접합을 통한 새로운 사회적 정체성의 형성이라는 틀 속에서 접근할 수 있는 길을 열어주기 때문이다.

---

9) 경영특권의 인정과 단체협약 적용기간의 장기화는 조직화된 노동에 의한 자유기업제도의 공식적 인정을 뜻했다. 이에 따라 법인기업은 장기적 생산계획, 모델변경, 생산설비투자에 대한 통제를 확립할 수 있었다(Davis, 1986[1994]: 151~152; Lichtenstein, 1995 : 280~281).

미국 중산층의 교외 가정

미국의 소비적 근대성은 안락한 교외 가정으로 구체화됐다. 좋은 집, 멋진 자동차, 매력적인 배우자, 사랑스러운 자녀 2~3명으로 구성된 미국 중산층의 교외 가정은 '모두를 위한 대중소비'를 약속한 소비적 근대성의 핵심으로서, 문화를 타락시킬 수도 있는 '조직된 낭비'로서의 소비에 대한 부르주아지의 두려움을 덜어주는 매개체이기도 했던 것이다. 그렇지만 미국 숙련노동자의 경우에는 1920년대부터 교외 주택에 접근할 수 있는 기회가 생겼지만, 반숙련 대중노동자의 경우에는 제2차 세계대전 이후 대량생산된 교외 주택 '레빗타운'을 통해 교외 생활을 시작했으며, 교외 가정의 반대편에는 대도시 빈민가가 존재했다.

소비적 근대성과 사회적 정체성 : 노동, 가족, 일상생활

1) 모두를 위한 대중소비와 소비적 근대성

테일러에 따르면, 근대세계체계에서 등장한 헤게모니 국가들의 사회적·
문화적 표현양식은 일상생활을 찬미한다는 공통점을 보인다. 이것은 역사
적으로 드문 경우인데, 근대세계체계의 헤게모니 국가는 지배계급을 이데
올로기적으로 정당화하는 데 위대함과 초월성에 대한 찬미를 활용하지 않
았다는 말이 되기 때문이다. 따라서 일상성의 찬미는 헤게모니 국가의 사
회적 관계를 징후적으로 드러낸다(Taylor, 1999 : 44~45).

테일러는 브로델의 『물질문명과 자본주의』의 삼층도식(물질문명-시
장경제-자본주의) 가운데 물질문명으로서의 일상생활을 일상적 근대성으
로 포착해 헤게모니 국가의 일상적 근대성이 거쳐온 진화과정을 '근대성
의 근대화' 과정으로 설명한다. 지식인의 '고도' 근대성[10]과 구별되는 일
상적 근대성은 '안락' 을 중심으로 조직된 가정(성)을 핵심적인 장소로 삼
는다. 근대성의 근대화는 네덜란드의 상인적 근대성에서 영국의 산업적
근대성을 거쳐 미국의 소비적 근대성으로 진화했다는 것이다.

일상적 근대성으로서의 상인적 근대성은 17세기 네덜란드의 가족지
향적인 상인 가족이 평범하고 안락하게 꾸며낸 최초의 근대적 가정(성)으
로, 산업적 근대성은 19세기 영국 부르주아 가족이 노동과 검소함이 통합

---

10) 지식인의 '고도' 근대성은 현대가 열어놓은 영속적 변화(과거와의 부단한 단절)를 과학과 기
술—네덜란드의 항해술과 풍력, 영국의 기계공학과 증기기관, 미국의 경영과학(통신과 컴
퓨터), 석유와 전기 ─ 을 특권화하는 합리성을 통해 이론적으로 순치하는 지식의 체계화라
고 할 수 있다. 간단히 말해서 인간을 중심에 놓은 데카르트적 세계의 고안과 그에 따른 계몽
주의의 절정(17세기), 인간 진보로 해석되는 변화('진보에 대한 빅토리아적 숭배')의 분수령(19
세기), 근대화 이론에서 발전 개념으로 다시 묶어낸 변화의 관념(20세기) 등이 이와 같은 지
식의 체계화라고 볼 수 있다.

된 아늑한 라이프스타일로 꾸며낸 빅토리아적 가정(성)으로, 소비적 근대성은 20세기 미국의 안락한 교외 가정으로 구체화됐다.[11] '모두를 위한 대중소비'를 약속한 미국의 소비적 근대성은 모더니즘 건축양식에서 드러나는 안락에 대한 경멸과 대조적으로 (핵가족을 위한) 소비적 안락이 '집중된' 장소로서의 '교외 주택 + 쇼핑몰'로 상징되는 일상적 '안락의 민주화'를 표상한다(Taylor, 1999 : 211).

1950년대의 대중노동자(특히 반숙련 백인 남성노동자)는 교외로 이주해 중산층적 생활양식에 참여할 수 있었다. (교외 주택을 포함한) 자가보유는 미국 주거문화의 핵심적인 특징이 됐다. 1970년대 말 미국노동총연맹-산별노조회의(AFL-CIO) 조합원의 3/4 가량이 자가 보유자였다. 소도시 백인 가족의 경우에는 95%였다. 전체적으로 미국의 자가보유율은 독일, 스위스, 영국, 노르웨이의 두 배에 이르렀다. 숙련노동자의 경우 1920년대부터 교외 주택에 접근할 수 있는 기회가 생겼지만, 반숙련 대중노동자의 경우 제2차 세계대전 이후 대량생산된 교외 주택 '레빗타운'을 통해 교외 생활을 시작했다. 1966년까지 노동자의 절반과 40대 미만의 3/4이 교외로 이전했다(Jackson, 1985 : 7, 227, 234~236, 242~243).

2) 소비혁명과 소비윤리 : 도덕과 욕망의 대립 지양과 가정성 이데올로기

영국의 산업적 근대성은 소비를 자신의 내재적 계기로 종합할 수 없었다. 영국 빅토리아 시대의 산업적 근대성에서는 물질적 진보와 도덕적 진보가 끊임없이 갈등을 빚었다. 물질적 진보가 해방시킨 쾌락주의적 잠재력은

---

11) 영국의 빅토리아적 가정(성)은 19세기 말 미국의 중산층 가족에도 확산됐다. 그러나 미국 중산층 가족(토크빌이 말한 '민주적 가족')의 역사가 영국 빅토리아아적 가정(성)의 역사로 환원될 수 있는 것은 아니다(Mintz and Kellog, 1988).

차가운 '생산의 엔진'인 (부르주아) 남성의 자아를 통해 도덕적 진보에 부합되도록 계속 규제되어야 했다. 빅토리아 시대의 광고는 물질적 욕구 충족을 흔히 열린 민주주의의 혁명에 대한 비유이자 천부인권으로 선전했지만, 그것은 노동·검약·부지런함의 보상이라는 기업가 정신(부르주아적 노동윤리)을 함께 설파해 산업적 근대성을 거스르는 문화적 위험을 제한했다(Loeb, 1994 : 46~71, 179, 184). 그러나 소비적 근대성은 문화를 타락시킬 수도 있는 소비(미국의 경우 조직된 낭비로서의 소비)에 대한 부르주아지의 두려움을 미국 법인기업이 발명한 소비윤리와 중산층 가정을 모델로 한 남성생계형 핵가족 이데올로기를 통해 지양할 수 있었다.[12]

소비문화는 근대세계체계 이후 끊임없이 발전했지만, 미국의 1920년대는 내구소비재의 혁명(Olney, 1991)과 아울러 조직된 낭비를 정당화하는 소비윤리의 발명이 이뤄진 시기라는 점에서 소비혁명의 시대였다. 내구소비재의 혁명은 필요재의 정의를 확장해 도덕과 욕망 사이의 대립을 지양할 수 있는 계기를 내포했지만 근대적 쾌락주의에 대한 두려움, 즉 대중에 의한 욕망의 무제한적 충족이 문화적 타락을 불러올 것이라는 두려움까지 곧장 해소시킬 수는 없었다.[13] 새로운 소비윤리의 '전형' 창출은 메이어가 '유연한 포드주의'(Meyer, 1989 : 81~83)라고 모호하게 규정한, 1920년대 제너럴모터스의 경영혁신을 통해 이뤄졌다. 일관작업체계를 완성시킨 것은 포드였지만 경영혁명을 완성한 것은 제너럴모터스였고, 이런 점에서 제너럴모터스의 사례는 '공장 패러다임'을 넘어서는 것이다.

---

12) 남성생계형 핵가족이라는 모델은 법인기업뿐만 아니라 19세기 말~20세기 초 중산층 여성운동과 미국 행정부의 정책집단에 의해서도 옹호됐다(Hayden, 1982).
13) 1920년대는 도시 거주자가 인구의 절반을 넘어선 시기였다. 게다가 신교적 노동윤리와 배치되는 도시 소비문화에 대한 보수세력의 반격이라는 성격을 내포했던 금주법이 제정된 시기이기도 했다. 금주법은 뉴딜정책에 의해 폐기됐다.

제너럴모터스는 경영진에게 소유가 아니라 이윤에 직접 연계된 경영
보상체계와 범위의 경제를 뒷받침하는 다사업부제를 도입해 법인소유형
태에 걸맞은 경영체계를 수립했다. 1929년에 이르면 제너럴모터스는 이
미 포드를 앞지르기 시작했는데, 특히 높은 고정비용을 상쇄하기 위한 고
속생산체제에 걸맞은 유통전략으로서의 '계획된 낭비' '조직된 낭비'의
발명이 그것을 가능케 해줬다(Chandler, 1990 : 205~208; McDermott,
1991 : 21~31; Batchelor, 1994 : 22~25). 제너럴모터스는 1926년부터 중
산층 자동차시장이 포화상태에 이르자 포드의 획일적인 T-모델전략과 달
리 매년 새로운 스타일의 차를 내놓는 정책을 과감히 채택했다. 생산뿐만
아니라 시장에서도 '미국적 템포'(Marchand, 1985:156)에 걸맞은 소비를
계획적으로 조직해 속도의 경제(Chandler, 1990)를 달성하려는 정책이었
다. 1920년대 제너럴모터스는 "투자액의 절반 가량을 유통 영역에 투입"
(Ewen, 1976〔1998〕: 37)할 정도였다. 포드는 소수 경영진의 도움을 받아
'제국'을 관리한 탓에 제너럴모터스처럼 연구와 개발, 대량생산과 대량분
배를 통합하는 조직 테크놀로지, 즉 경영혁명의 효과를 누릴 수 없었다
(Chandler, 1990 : 205~208).

　　제너럴모터스의 전략은 역설적인 것이었다. 대량생산은 합리적이고
효율적인 체계를 특징으로 했지만, 대량생산을 안정화하는 데에는 그 마
지막 고리로서 인위적 낭비를 조직해야 했다. 이는 합리적 체계가 의존하
고 있는 효율성의 가치와 노동윤리를 직접적으로 부정하거나 훼손하는 것
이었다(Marchand, 1985 : 158). 따라서 조직된 낭비가 "노동윤리와 문화를
고양하는 합리적 근대성에 제기한 도전", 즉 새로운 근대화를 위한 최종고
리의 '내재적 모순'을 지양하는 것이 문제로 대두됐다(160). 제너럴모터
스는 필요재의 정의를 확장함으로써 이런 모순을 지양하고자 했다. 중산

층 가족을 대상으로 고안된 '1가구 2차량'이라는 테마가 그 전형이었다. 이 테마는 여성에게도 자동차를 가질 권리를 부여하고 새 자동차를 중산층 가족의 민주적 가치와 가정성의 이상에 부합하는 것으로 만들어, 조직된 낭비의 문화적 타락 효과에 대한 두려움을 지양시키려는 것이었다. 남성은 문화적 타락의 위험에서 안전한 세계, 즉 노동윤리·합리성·자기통제의 세계에 남아 소비주의의 데카당스적 경향에 반작용할 수 있는 생산적·기능적 근대성을 자신의 지배적 본능으로 보존해야 했다. 광고업계는 동일 제품의 두번째 모델을 구입한 가족이 새로운 스타일과 사치재를 향유하기 위해 더 열심히 일한다는 것을 입증하려 했다. 스타일과 전향적 낭비에 대한 호소가 노동윤리를 실질적으로 촉진한다는 주장이었다(162~163, 191). 이렇듯 법인기업의 판매전략에 의해 조직된 낭비는 노동윤리를 촉진하고 가정성의 이상에 걸맞은 소비윤리로 바뀌었다.[14]

3) 여성의 도전의 전위 : 가족 안에서 수용하기

가정성의 이상에 걸맞은 소비윤리의 발명에도 불구하고 소비가 문화적 데카당스의 흔적에서 자유로웠던 것은 아니다. 여성은 소비자의 정체성을 가질수록 근대적 진보의 추구(효율성, 통제, 합리성, 기술적 지성)에는 부적절한 존재로 남아야 했다. 소비에서 데카당스의 흔적을 지우기 위해서는 소비를 합리적으로 계획된 행위로 재개념화해야 했다. 예컨대 여성 소비

---

14) 이 전략은 가전제품(내구소비재 부문) 법인기업의 판매전략에도 적용됐다. 1920년대의 다리미·선풍기·세탁기·진공청소기에 이어 1930년대에는 냉장고·전기스토브·라디오가 중산층 가정을 중심으로 대량보급되기 시작했다. 1950년대에는 연방정부의 지원에 힘입어 교외가정이 확산됨으로써 내구소비재의 조직된 낭비를 통합하는 '속도의 경제'가 완성됐다. 이 시기는 소비문화의 새로운 전령인 텔레비전이 대량보급되고 내구소비재의 소비가 대중화된 시기였다(Vaile, 1937; Marchand, 1985; McGovern, 1998; Nye, 1998).

자를 감성적인 대중이 아니라 가정을 기업처럼 효율적으로 관리하는 가사 관리자, 즉 가족을 위한 '구매담당자'로 재정의해야 했다(8, 64~69, 71~72, 118~124, 160, 168~170, 188, 199).

'여성=소비자=합리적 가사관리자'라는 등식은 중산층 여성의 가정성을 정당화하는 기제였다. 이 등식은 당대의 사회적 맥락에서 이해할 필요가 있다. 19세기 말 이후부터 공사분리에 입각한 남성 정체성은 여성의 사회적 진출과 평등에 대한 요구, 특히 여성의 취업 증가와 (참정권 운동으로 표출된) 여성의 공공 영역에 대한 참여 요구로 위협받고 있었다. 따라서 앞의 등식은 이런 여성의 요구를 전위해 "가족 안에서 수용하는 방식"을 문화적으로 창출하는 과정이었다. 제품의 선택과 소비는 투표행위에 비유되어 미국의 사회적 민주주의와 평등의 엔진처럼 선전됐고, 소비자는 소비자 시민이 됐다. 소비자 시민이라는 은유는 가사를 기계화하는 내구소비재를 소비하면 편리할 뿐만 아니라 가사노동이 절감되어, 그만큼 절약된 시간을 집 안팎에서 여성의 독자성을 위해 사용할 수 있게 해준다고, 즉 내구소비재가 여성의 자기결정과 공적 참여(그리고 이에 필요한 시간)를 위한 최선의 수단인 것처럼 묘사됐다(McGovern, 1998).

이렇듯 소비혁명의 문화적·이데올로기적 함의는 남성 부양노동자와 여성 소비자의 성적 분할을 구성적 계기로 갖는 소비윤리를 발명해 ① 도덕과 욕망의 대립(조직된 낭비의 문화적 타락 효과에 대한 두려움), 여성의 광범위한 사회적 진출에 의해 위협받는 공사분리에 입각한 남성적 정체성의 위기와 혼돈을 지양하고, ② 여성의 새로운 사회적 정체성에 대한 요구를 가족 안에서 수용하는 방식을 창출하며, ③ 최종적으로 문화적 위기와 사회적 갈등을 전위할 수 있는 새로운 사회적 정체성(생산직 남성노동자 → 부양노동자, 여성=합리적 소비자=가사[재생산노동]의 관리자)을 형성·접합하는 방식을 만들어냈다는 데 있었다. 미국의 지식인 겸 언론인 월터 리프 먼은 20세기 초 사적 자본주의의 파괴적인 효과에서 사회를 문명화할 수 있는 가장 위대한 두 힘으로서 노동운동과 여성운동을 들었다(Livingston, 1994 : 69∼75). 이런 점에서 소비적 근대성이 20세기 미국의 일상적 근대성이 될 수 있었던 것은 이 두 힘(그로 인해 발생한 쟁점)을 사회 안으로 수용·통합할 수 있는 능력 때문이었다. 이 수용과 통합의 과정은 미국적 템포의 소비에 걸맞은 사회적 정체성을 창출해 속도의 경제에 걸맞은 사회적 관계와 정체성을 형성하는 과정이기도 했다. 경영관료제를 통해 미국적 템포의 대량생산(일관작업체계)과 대량유통(조직된 낭비)을 통합한 속도의 경제는 제2차 세계대전 이후, 특히 소비적 안락이 집중된 장소이 교외 주택에 대중노동자와 그 가족이 쉽게 접근할 수 있게 된 1950년대에 궁극적으로 완성됐다. 교외 가족은 일상생활의 문제와 욕구를 상품 또는 상품화된 서비스를 통해 해결함으로써 집합적 유대와 행동에 대한 사적 소비행위를 특권화했던 것이다.

그러나 고도 헤게모니 시기에 미국의 가족형태가 모두 남성 부양노동자와 여성 소비자 부부라는 성별 분업으로 이뤄진 핵가족인 것은 아니었다. 이런 가족형태는 흔히 미국 가족의 황금시대로 불리는 1950년대에도 70% 미만이었다. 미국 가족의 다양한 민족적·인종적 구성, 화이트칼라 중산층과 육체노동자 가족의 차이 등 때문이었다. 20세기 초에 남성생계형 핵가족은 상당수 노동자 가족에게 가능하지도, 바람직하지도 않았다. 제2차 세계대전 이후 남성의 가족임금에 근거한 남성생계형 핵가족이 '반숙련 백인 남성노동자'를 넘어서 확장되는 데에는 한계가 있었다. 남성생계형 핵가족에 대한 전후의 '가족적 합의'에도 불구하고 여성의 취업은 꾸준히 증가했다. 더구나 1950년대 이후 교외 주택에 고립된 기혼 여성의

소비적 근대성의 이면

1950~60년대 당시 전세계 대도시의 젊은 세대들이 부러워마지 않았던 미국적 생활방식은 노동자들을 중간계급 소비자로, 즉 새로운 소비적 근대성의 근간으로 전환시켜버린 결과이기도 했다. 따라서 미국의 소비적 근대성이 요구하는 소비자가 될 수 없었던 하층민들, 특히 흑인들을 위시로 한 미국 내 유색인종들은 미국적 생활방식을 누려볼 기회조차 없었다. 미국 중산층의 전형적인 가족형태라고 알려진 남성생계형 핵가족이 유색인종 육체노동자 가족들에게 가능하지도, 바람직하지도 않았던 이유가 바로 여기에 있다. 실제로 이들에게는 미국적 생활방식 같은 생활방식은 존재하질 않았던 것이다.

소외를 보여주는 "이름 붙일 수 없는 문제"로서 베티 프리단이 주장한 '여성의 신비'는 '합리적 가사관리자'라는 정체성에서 자신의 모습을 찾게 된 여성의 곤경을 반영했다.[15] 이렇듯 소비적 근대성에서 '사회적 저변'의 경계(다양한 차이와 분절)를 내적으로 유지하면서 생겨난 갈등은 소비적 근대성을 구성하는 사회적 관계의 내적 한계를 뜻했다.

미국의 세기가 맞은 '가을'[16] : 사회적 토대의 한계

1) 노동력의 사회적 재생산이 겪게 된 위기와 사회적 권리의 재분배

1970년대 역사적 자본주의의 구조적 위기 속에서 (대중)노동의 위기는 무엇보다도 '자본의 재생산 주기'에 대한 '사회적 노동력 유지 주기'의 상대적 자율성에 찾아온 위기로 나타났다. 그것은 대량실업(배제)과 노동력의 신축화(주변화), 그리고 1960년대 말부터 조짐을 보인 남성노동자 가족임금의 해체로 나타났다.

1990년대에 들어 대량실업의 상황은 해소됐다. 그러나 지극히 협소한 접근을 했던 미노동부의 조사를 제외하면(Hipple and Stewart, 1996; Polivka, 1996), 불안정노동자(비정규직노동자)의 규모는 최대 30%에서 최소 16%에 이르렀다(Belous, 1989; Barker and Christensen, 1998). 노동부의 조사를 재분류한 어느 연구는 30%라는 수치가 사실에 근접한 것으로

---

15) 이런 점에서 '여성의 신비'(feminine mistique)는 오히려 '여성의 불가사의'라고 부르는 것이 더 어울릴 것인데, 합리적 가사관리자라는 정체성에서 자신의 모습을 찾게 된 여성의 곤경은 결국 '여성적 비판'(feminine critique)을 요구하는 딜레마였다.
16) 이 표현은 브로델에게서 따온 것이다(Braudel, 1979c[1997]: 342). 브로델은 네덜란드의 부상, 전성기, 쇠퇴기를 각각 봄, 여름, 가을로 묘사했다. 봄은 상업(교역)활동, 여름은 상업활동과 금융활동의 결합, 가을은 금융활동으로 특징지어졌다. 아리기 식으로 표현하면 가을은 물질적 확장에서 금융적 확장으로 이행한 시기이다.

보고 있다. 이것은 1970년대 이후 수요변동, 노동비용절감, 노조회피, 경쟁우위, 이윤극대화를 위해 내부 노동시장을 축소하고 외부 노동시장에 매개된 노동배치를 통해 노동력을 신축화한 결과였다(Clinton, 1997). 1980년대에 이어 1989~99년에 일자리를 가장 많이 공급한 부문은 저임금노동자를 많이 활용하는 인력공급업체(+147.6%), 음식료 판매(+24%), 지방정부교육(+23.8%), 컴퓨터·데이터처리(+148.6%) 등 모두 서비스업(45%)이었다. 좋은 일자리로 평가받던 제조업(-4.4%)과 연방정부(-10.7%) 부문은 모두 감소했다(Hatch and Clinton, 1999 : 3~18).

실질임금의 하락경향은 1970년대 이후 1997년까지 최상위소득 90분위를 제외하고 거의 모든 남성노동자에게 나타났다(Michel and Bern-stein, 1993 : 132, Table 3.7). 반숙련 핵심노동자의 상징이던 자동차산업의 실질시간급도 1970년대 말~1990년대 중반까지 정체경향을 보였고, 비농민간 부문의 경우에도 꾸준히 하락했다. 그에 따라 1970년대 이전 실질임금의 지속적 상승에 대한 기대는 사라졌다(Milkman, 1997[1998] : 324~325). 대중노동자의 사회적 권리와 권력이 어떻게 재분배됐는지는 옆의 〈도표 3〉에서 쉽게 드러난다. 자본재 매각으로 실현된 자본수익을 포함하면 재분배의 역진성은 더욱 커진다.

위기의 시대를 거치며 상당수 미국 가족은 정상적인 중산층적 기대와 행위규범에서 멀어지는 '품위의 실추'를 경험해야 했다. 이미 1970년대 중반이 되면 기존의 가족형태(남성생계형 핵가족)를 포기하지 않고서는 가족의 라이프스타일을 유지할 수 없다는 것이 명확해졌다(Coontz, 1997 : 46~47, 54~59). 남성생계형 핵가족은 1970년대 말 무렵 지배적인 가족형태의 지위를 상실했고, 1980년대 이후 공동부양자 가족은 핵가족의 다수 형태가 됐다. 1979~97년 사이 남성생계형 핵가족은 소득(중간값)의

	1959	1973	1979	1989	1997
총자본소득	14.1	14.4	16.1	21.0	20.4
지 대	4.7	2.5	1.4	1.3	2.4
배 당	3.4	2.7	2.7	3.2	5.3
이 자	6.0	9.2	12.0	16.5	12.6
총노동소득	72.0	74.1	74.0	70.3	70.7
임금 및 봉급	69.2	69.3	67.3	63.6	63.8
부가급여	2.8	4.8	6.7	6.7	6.9
소유자 소득[*]	13.8	11.4	9.9	8.7	9.0
총 계	100.0	100.0	100.0	100.0	100.0
실현된 자본수익[**]	–	–	1.5	3.5	5.0

[*] 사업체 및 농장소유자 소득 [**] 자본재 매각 소득

출처 : U.S. Department of Commerce, *National Income and Product Account*, Spring(1998) ;
　　　Michel and Bernstein(1993 : 64, Table 1.13) 재인용

감소를 겪어야 했다. 그러나 1970년대 이후 남성 대중노동자의 사회적 재생산의 위기가 모든 미국 가족의 생활수준 저하를 뜻하는 것은 아니다. 남성생계형 핵가족이 사회적 재생산의 위기를 겪는 와중에도 다수를 차지하게 된 공동부양자 가족(1997년 전체 가족의 47. 3%)의 소득은 꾸준히 늘어났다(Michel and Bernstein, 1993 : 47, Table 1.5). 결국 남성생계형 핵가족의 사회적 재생산에 대한 권리는 과거의 것이 되어갔다.

2) 1990년대의 호시절과 미국 가족

1990년대의 '호시절'은 실제로 주된 변화를 가져왔다. 우선 실업률이 낮아졌고, 1990년대 말부터는 실질임금과 가족소득이 개선됐으며, 남성생

계형 핵가족의 소득도 증가세로 돌아섰다. 그러나 소득 불평등과 양극화
는 더욱 커지고 있다. 1970년대 말부터 꾸준히 증가하던 노동시간도 1999
년까지 증가세를 멈추지 않았다. 1990년대 말 소득의 개선은 많은 경우
가족단위 노동시간의 추가공급에 의존했다. 1969년에 모든 가족구성원의
노동시간은 연간 68주였지만, 1990년대 말에는 83주로 증가했다. 바로 이
것이 가족시간의 압박을 가져왔다. 모든 형태의 가계부채는 제2차 세계대
전 직후에는 총가처분소득의 20%, 1960년대 초에는 60%였다. 그러나
1999년의 평균가계부채는 소득 개선과 노동시간 추가공급에도 불구하고
가처분소득에 비해 많아졌다(Economic Policy Institute, 2001).

고도 소비사회의 생활수준을 유지하거나 향상하기 위해 상당수 미국
가족은 공동부양자 가족으로 이행하고, 가족 단위의 노동시간 지출을 늘
리며, 더 많은 부채에 의존해야 했다. 즉, 1990년대의 '호시절'은 역설적
으로 더 많은 노동시간 공급과 더 많은 부채에 근거한 소비지출에 기인한
바가 적지 않았다. 공동부양자 가족으로의 이행은 가족서비스를 더욱 외
주화해 미국 사회가 '모든 것을 소비하는 사회'로 전화되는 데 기여했다.
더구나 공동부양자 가족은 가족의 성적 체계를 재구성할 수 있는 잠재력
을 지녔지만 사회적·제도적 변화가 결여된 탓에 여성의 이중부담(일과 가
족)을 강화했다(Schor, 1991; Hochschild, 1997; Cross, 2000).

이제 소비적 근대성은 자본의 재생산 주기에 대한 사회적 노동력 유
지 주기의 자율성을 더 이상 전제하지 않은 새로운 형태로 진화하고 있다.
1970년대 이후 소비적 근대성의 약속과 '품위'를 유지하기 위해 '강제된'
가족적 노력은 오히려 일상생활에서 품위의 실추, 가족 재생산을 위한 여
성의 이중부담 가중으로 나타나고 있다. 따라서 (아직 공고하게 작동하고
있을지언정) 가정성 이데올로기의 물질적 토대는 취약해졌다.

3) 1990년대 호시절의 의미와 한계

1990년대에 본격화된 '가을'의 (신)자유주의는 더 이상 20세기의 '봄'과 '여름'을 가져왔던 자유주의가 아니다. 더구나 흔히 비유되는 대로 19세기 말의 고전적 자유주의로 회귀한 것도 아니다. 19세기 말 영국 고도 헤게모니 시대의 자유주의는 노동자들에게 노동권이나 생활조건에 대한 공격으로 받아들여지지 않았다. 그런 점에서 '가을'의 자유주의는 과거의 것과 전혀 다른 종류의 자유주의이다(Arrighi, 2000). 그것은 금융화와 결합해 사회적 권리와 권력을 재분배하고 있다.

1980년대의 구조조정을 거치면서 미국의 비금융 법인기업은 생산성을 빠른 속도로 회복하게 됐다. 특히 제조업의 생산성이 비약적으로 증가해 1990년대의 호시절에 크나큰 기여를 했다. 그러나 주요 경제지표를 살펴보면(다음 쪽의 〈도표 4〉) 1990년대 호시절을 뒷받침해줬던 변화가 아직은 불안정한 것임을 알 수 있다. 제조업의 경우에는 노동생산성의 급속한 증가가 자본장비율(노동-기계 비율)의 급속한 증가에 의해 상쇄되고 있다. 즉, 생산성을 증가시키는 데 그 만큼 많은 고정자본 비용이 지출되는 것이다. 결국 자본생산성(노동생산성/고정자본)은 오히려 1990년대 초보다 하락하고 있다(이런 양상은 비농민간 부문에서도 관찰된다). 자본생산성이 낮다는 것은 그만큼 이윤율도 낮다는 뜻이다. 게다가 노동비용의 지속적 하락으로 발생한 부담이 노동자에게 전가되고 있다. 이런 경향은 20세기 초의 기술 패러다임(일관작업체계)에 의한 노동생산성의 증가가 자본장비율의 급속한 증가를 수반하지 않았고, 노동비용(노동에 대한 분배)도 별로 개선하지 못했음을 보여준다. 예상과 달리 1990년대 정보화로 대변되는 기술변동의 효과는 아직 20세기 초의 기술변동에 비견될 만한 선순환의 잠재력을 보여주지 못했다.

<도표 4> 미국 주요 경제지표와 연평균 증가율, 1992~98/99년(a : 1996=100, b : 1992=100)[17]

		1992	1993	1994	1995	1996	1997	1998	1999	연평균
민간부문a	노동생산성	3.83	0.63	1.26	0.72	2.77	2.00	2.75	(−)	2.00
	자본생산성	1.66	0.82	1.83	−0.60	0.30	1.10	1.48	(−)	0.95
	자본장비율	2.11	−0.21	−0.52	1.35	2.46	1.50	3.15	(−)	1.41
비농민간a	노동생산성	3.72	0.53	1.26	1.04	2.56	1.70	2.75	(−)	1.94
	자본생산성	1.35	0.92	1.52	−0.40	0.10	0.20	−0.40	(−)	0.47
	자본장비율	2.22	−0.31	−0.21	1.35	2.46	1.50	3.15	(−)	1.45
비금융 법인기업b	노동생산성	2.46	0.80	2.38	1.07	3.16	2.42	3.63	(4.38)	2.27(2.54)
	노동비용	2.56	1.30	−0.30	0.89	−0.49	0.20	1.18	(0.58)	0.76(0.74)
제조업b	노동생산성	5.26	2.00	3.14	3.90	3.48	3.98	5.36	(6.21)	3.67(4.17)
	자본생산성	2.56	1.10	2.87	0.96	−0.48	1.05	0.85		1.27
	자본장비율	2.67	0.80	0.20	2.77	3.95	2.78	5.23		2.63
	노동비용	−0.60	0.70	−0.30	−1.69	−2.13	−1.86	−0.21	(−1.06)	−0.87(−0.89)

출처 : Bureau of Labor Statistics(2000 : 92~93). Table 40과 41에서 계산

또한 1990년대 미국은 고도 헤게모니 시기처럼 더 이상 경쟁국에 대한 생산성의 우위를 누리지 못했다(옆 쪽의 <도표 5>과 <도표 6>). 1970년대 이후 독일과 프랑스는 제조업 부문의 생산성 증가속도에서 미국을 능가했다. 1990년대 미국은 1970년대의 위기와 1980년대의 구조조정을 거치며 급속히 생산성을 회복했지만, 그 경향은 아직 새로운 물질적 확장을 예견케 할 정도는 아니었다. 미국 제조업의 경우에는 1950~65년에 기업의 이윤(100)이 이자 1, 배당 24, 내부유보 75의 비율로 분배됐다. 그러나

---

17) 제조업의 경우 노동생산성(Lp)과 자본생산성(Kp)만 제시되어 있지만 노동생산성을 자본생산성으로 나누면 자본장비율을 구할 수 있다. Lp＝산출/노동시간, Kp＝산출/고정자본, Lp×(1/Kp)＝(산출/노동시간)×(고정자본/산출)＝고정자본/노동시간＝자본장비율.

<도표 5> 미국과 유럽의 노동생산성* 비교, 1973~92년(미국=100 ; 1990년 불변달러)

	1973	1992
미 국	100.00	100.00
프랑스	75.78	101.79
독 일	70.96	94.67

* 국민총생산/노동시간

출처 : Maddison(1995 : 249). Table J-5에서 계산

<도표 6> 미국과 유럽의 제조업 노동생산성 (1992=100)

	1980	1998
미 국	71.9	127.9
프랑스	66.7	127.4
독 일	77.2	127.1

출처 : Bureau of Labor Statistic (2000 : 99, Table 45)

1990~96년에는 각각 24, 36, 40으로 그 구성이 변했다. 가장 많이 증가한 것은 이자인데, 이것은 법인기업이 이자형태로 지불하는 '이윤율 손실' 정도가 금융화로 인해 매우 커졌다는 것을 뜻한다. 금융의 관점에서 자본투자는 언제든 철회·철수 가능한 것이어야 한다. 이와 같은 자본이동의 절대적 자유가 비금융 법인기업에게 필요한 지속적 투자와 모순을 빚기에 신자유주의적 금융화는 물질적 확장의 잠재력을 제약할 수밖에 없는 것이다(Duménil and Lévy, 2001b : 20).

1990년대의 호시절과 실질임금의 개선에도 불구하고 가계부채에 의존한 소비가 증가한 것은 이렇게 생산성 증가와 관련된 거시경제지표가 과거와 다르고, 생산성의 비교우위가 상실됐으며, 금융적 제약이 지속되면서 그 비용이 노동자에게 전가된 탓에 분배가 생산성 증가에 맞춰 개선되지 않았기 때문이다. 또한 산업재편이 노동자의 불안정성도 증가시켰다. 앞서 봤듯이, 금융화와 정보화로 득을 본 것은 금리생활자나 자산 소유계층이었다. 그리고 이 과정에서 부상했던 상징분석가, 골드칼라(Kelly, 1999), 보보스(Brooks, 2000) 등도 1990년대 호시절의 주된 수혜자였다.[18] 결국 1990년대에 금융화와 정보화가 주도한 이른바 '신경제'를 물질적 확장과 선순환의 잠재력을 가진 새로운 축적체계로 보기는 어렵다.

그러나 중심부의 상황을 반주변부·주변부의 상황에 비할 것은 아니다(Castells, 1998 : 76~79). 1973년 이후 북미, 유럽, 일본 같은 중심부 국가들의 1인당 국민총생산은 상대적으로 완만히 상승했으나, 라틴아메리카와 아프리카의 국가들에서는 1950년대 이후 지속적으로 하강했다. 동유럽도 1973년을 기점으로 상승에서 하강으로 기울기가 변했다. 유일하게 아시아의 반주변부·주변부 국가들만 1973년 이후 1992년까지 1인당 국민총생산이 빠르게 증가했다. 그러나 중국을 빼면 동아시아의 주요 반주변부 국가들도 1997년의 금융위기로 성장의 동력이 둔화됐다.

새로운 사회의 자기방어를 찾아서

21세기 벽두는 금융세계화의 경향을 띤 '자기조절적 시장'의 파괴적 효과와 '사회의 자기방어'가 낳은 새로운 갈림길 사이에서 시작됐다. 세계헤게모니의 이행기에는 관리해야 할 사회적 갈등의 저변이 지리적·사회적으로 확대된다. 예컨대 고도 헤게모니 시기에는 세계헤게모니에 의해 세계체계가 전화되면서 사회적으로 통합된 사회적 저변이 넓어지는데 반해,

---

18) 컴퓨터 전문가, 회계사, 법률가, 컨설턴트 등 디지털 시대의 엘리트라고 불리는 이 새로운 전문가 집단은 고액 연봉으로 기업에 채용되거나, 전문지식에 근거한 노동시장 교섭력을 지닌 독립계약자로서 기업에 서비스를 제공해 고소득을 누리거나, 대중소비와 구별되는 새로운 소비양식을 주도하고 있다. 이들은 권위에 구속되지 않은 1960년대의 반문화운동(보헤미안·히피)에 향수를 느끼며 그런 라이프스타일을 추구하는 경향이 있다. 그러나 오늘날 이런 라이프스타일은 높은 성과보상에 의해서만 가능하며, 고도로 개인주의적인 형태를 취한다. 상징분석가·골드칼라·보보스 등의 새로운 지식계층이 부상하는 반면, 서비스업 비정규직노동자가 증가된 1980년대 이후의 노동력 양극화는 제조업이 공동화(deindustrialzation)·정보화·서비스화된 결과이다. 1980년대 이후 미국 산업의 공동화는 미국 초국적 기업이 제조업을 제3세계로 이전해 국제분업체계가 재편되고, 남서부의 선벨트 지역으로 자본을 이동해 북동부 제조업이 쇠퇴한 결과였다. 지식능력을 갖추지 못한 노동자는 이런 산업재편에 따라 비정규직에 편입될 수밖에 없었다(Davis, 1986; Harrison and Bluestone, 1988).

헤게모니의 쇠퇴기에는 사회적 갈등이 격화되어 '사회의 자기방어'가 헤게모니 국가와 그 외부에서 반복된다. 이런 반복과 차이 속에서 근대세계체계의 사회들이 진화해 왔던 것이다. 그렇다면 새로운 '사회의 자기방어'에 의해 형성될 '사회적인 것'의 형상은 어떤 것일까?

오늘날의 세계는 그 규모와 복잡성이 단일한 헤게모니 국가(제 아무리 대륙적 규모의 국가일지라도)에 의해 관리될 수 있는 범위를 벗어나고 있다. 중국의 주장처럼 현재의 일극적 체제가 다극적 체제로 전환될지, 그것이 사회에 통합된 사회적 저변을 확장시킬 것인지 예측하기란 쉬운 일이 아니다. 그러나 다양한 사회에서 다양하게 진행되는 사회의 자기방어가 '사회적인 것'의 새로운 형상을 마련하는 데 더욱 중요해지리라는 것은 분명하다. 근대세계체계에서 일상적 근대성이 진화한 것은 자기조절적 시장체계의 파괴적 효과에 맞선 사회의 자기방어가 있었기 때문이다. 그렇다면 사회적인 것의 새로운 형상은 사회의 자기방어가 사회에 통합되는 사회의 저변을 어떻게 확장할 것인가에 크게 좌우될 것이다.

특히 20세기 말 이후부터 후퇴해 왔던 노동력 사용의 신축화와 재생산의 위기에 맞서 노동(노동력의 사용과 재생산)에 대한 노동자의 권리를 어떻게 새로 정립할 것인가, 노동력의 여성화와 이중부담(일과 가사노동)에 맞서 여성의 권리를 어떻게 보장할 것인가라는 문제가 주요 쟁점이 될 것이다. 그리고 이와 관련해 근대세계체계의 사회적 저변 밑바닥에 있는 '비서구 세계'의 노동자와 여성의 권리를 어떻게 보장할 것인가도 핵심적인 문제가 될 것이다.

여기서 한 가지 유의해야 할 것은 이제는 고도 소비사회에 대한 보편적 접근이라는 형태로 노동자와 여성의 권리가 확장될 수 없는 상황에 이르렀다는 것이다. 이른바 '미국의 세기'에는 대중노동자의 사회적 권리 개념이 "더 많은 것이 옳고, 좋고, 아름답다"는 소비주의(조직된 낭비)에 침윤됐다. 그렇지만 오늘날 분명하게 밝혀진 생태적 한계 속에서는 소비주의나 소비윤리를 사회적 권리 개념에서 떼어내고, 그 대신에 "더 적은 것이 옳고, 좋고, 아름답다"라는 식으로 새로운 생태윤리와 문명윤리를 결합할 필요성이 더욱 커지고 있다. 물론 이미 소비문화에 깊숙이 찌든 중심부에서는 이런 권리 개념의 전화가 결코 쉽지 않을 것이다. 이와 마찬가지로 더 적은 분배로 고통받고 있는 반주변부와 주변부에서도 어려울 것이다. 그래서 21세기의 '사회의 자기방어'는 다양한 사회에서 다양하게 전개될 수밖에 없는 것이다. 그리고 이 합력이 어떻게 모일지가 사회의 새로운 진화양상을 결정할 것이다.

4. 미국 신보수파 주도 아래의 새로운 세계질서

백승욱

9·11 이후 미국은 군사력의 절대적 우위 아래 세계질서를 새롭게 재편하려 시도하고 있다. 이라크 침공에서 두드러지게 드러난 미국의 세계질서 기획은 북한에 대한 압박과 이라크에 인접한 중동 국가들(시리아, 이란, 심지어 사우디아라비아와 이집트까지)에 대한 끊임없는 위협에서도 엿볼 수 있다. 냉전 시기 미국의 세계질서 기획과 다르다는 점에서, 최근 들어 미국이 보여주는 이 변화된 노선을 '제국적' 또는 '제국주의적' 기획이라고 부르는 논의가 점점 늘어나고 있다.

현재 미국의 일방주의적 세계전략을 주도하는 신보수파(약칭 네오콘)도 세계의 위협세력을 제거해 세계를 미국식 자유주의의 틀에 맞춰 새롭게 짠다는 '사명'을 강조하면서 스스로를 거리낌없이 '제국주의적'이라고 부르고 있기까지 하다(Prestowitz, 2003). 신보수파의 대표적 이데올로그인 윌리엄 크리스톨은 "만일 사람들이 우리를 제국적 권력이라고 부르고 싶어한다면 그것도 좋다"라고까지 노골적으로 이야기한다(Nye, 2003). 미국의 이 새로운 세계전략에 '새로운 미국적·민주적 제국'(Hadar, 2003), '제국적 거대전략'(Ikenberry, 2002), '인권 제국주의'(Hobsbawm, 2003) 등의 호칭이 붙기도 하는데 미국의 정책주도세력이 그동안 금기시되어 왔던 제국 또는 제국주의라는 용어를 적극적으로 부각하고 있다는 점에서도 변화된 시대의 역설적 측면을 살펴볼 수 있다.

새로운 제국의 길?

'제국'이라는 용어는 다른 맥락에서 네그리와 하트의 『제국』이라는 책을 통해 사람들의 입에 오르내린 바 있기도 하다. 그런데 이들이 말하는 '제국'은 미국 신보수파가 주도하는 요즘의 세계질서보다는 20세기의 미국 헤게모니 아래 일어난 세계의 주권권력과 사회적 포섭방식의 변화, 그리고 세계화를 지칭하는 측면이 강하다. 그러다 보니 미국 헤게모니 아래에서 일어난 최근의 국면전환을 이해하는 데 혼란이 빚어지기도 한다. 단적으로 네그리와 하트는 미국의 최근 변화가 제국에서 이탈해 제국주의적 경향을 보이는 것이라고 주장하고 있는데(Hardt and Negri, 2002; Negri, 2003), 이런 혼란이 생기는 이유는 이들의 '제국론'이 미국 중심의 금융세계화 속에서 진행되는 세계자본주의 질서의 형태전환을 제대로 파악하지 못하기 때문으로 보인다(본서 5장 참조).

　이와 정반대의 극에는 전통적 '제국주의론'의 틀 안에서 미국의 최근 변화를 이해하려는 시각도 존재하는데, 캘리니코스나 브레너 같은 트로츠키주의자들이 대표적이다(Callinicos, 2002; Brenner, 2002). 이들은 미국이 누리던 생산성의 우위가 유럽이나 일본의 추격으로 약화되고 열강들간의 경합이 다시 치열해져 제국주의적 전쟁이 전개될 가능성이 재연되고 있는데, 이것은 정확히 한 세기 전의 세계질서로 복귀하는 것이라는 보고 있다. 그러나 미국의 최근 변화나 미국 중심의 세계질서 재편을 단순히 제국주의적 길이라고 부르게 되면 한 세기 전과 현재 사이에 근본적으로 달라진 점이 많다는 것을 무시해 버리게 된다. 예컨대 브레너의 분석은 세계체계 변화의 정치적·사회적 측면을 경시하는 취약점을 보인다고 할 수 있는데(Arrighi, 2003a), 단적으로 군사력 면에서 세계의 군사력이 과도하게 미국에 집중되어 있어 중심부 국가들간의 전쟁가능성이 어느 때보다 낮다는 점을 무시하기 어렵다는 점에서 이런 논지의 한계를 발견할 수 있다. 따라서 미국의 최근 변화를 '제국적 길'이라고 부르더라도, 그것은 네그리·하트의 '제국론'이나 캘리니코스의 '제국주의론'이 말하는 것과는 다른 의미로 이해되어야 한다. 이런 점에서 이 글은 20세기의 미국 헤게모니가 세계경제와 국가간체계의 새로운 질서를 형성해 앞선 19세기 영국 헤게모니를 교체했다는 점에서 이 두 가지 헤게모니를 일정한 순환적 연속성 속에서 이해하긴 하지만, 20세기의 미국 헤게모니가 19세기 말~20세기 초의 제국주의 경쟁 시기에 드러난 영국 헤게모니의 특성과 근본적으로 구분되는 역사적 차이점을 지니고 있다는 관점에서 출발한다.[1]

　　미국이 새롭게 나아가고 있는 길을 무엇이라고 부르건 그 길이 앞으로 어떻게 전개될 것인지에 대한 견해들이 일치하고 있지는 않다. 한편에서는 미국이 감당하기 어려울 만큼 과도하게 외부적 팽창을 하고 있으며, 이것이 미국의 짐이 될 것이라는 관점이 제기된다. 미국이 쇠퇴과정을 겪게 되어 '제국의 몰락'이 일어날 것이라는 견해나(Todd, 2002), 다자주의적 구도를 버린 미국은 점차 고립될 수밖에 없고 당면 문제를 해결하기도 어렵다고 보는 견해(Ikenberry, 2002; Nye, 2003)가 이런 관점을 잘 보여준다. 그러나 또 한편으로는 미국의 힘이 여전히 헤게모니를 유지할 만큼

---

1) 여기서는 미국의 최근 변화도 미국 헤게모니의 쇠퇴에 대한 반작용이라는 맥락에서 설명할 것이다. 이런 점에서 '제국'이라는 용어는 오히려 최근 변화의 특정한 측면에 한정해 사용하는 것이 더 유용할 것으로 보인다.

강력하다는 주장도 힘을 잃지 않고 있다. 콕스는 미국 쇠퇴론을 둘러싼 논쟁의 역사를 검토한 뒤 소련의 붕괴, 1990년대의 경제붐을 통한 물질적 토대의 마련, 태평양의 세기라는 전망의 오류, 세계의 군사력이 미국에 집중되는 현상 등을 이유로 들어 1970~80년대를 풍미한 '미국 쇠퇴론'의 근거가 사라지고 있을 뿐만 아니라 21세기도 계속해서 미국 헤게모니 세기가 될 것이라는 전망을 내놓고 있다(Cox, 2002).

이라크전쟁은 이런 논란의 현실적 함의를 드러내 주는 계기가 됐다. 이라크전쟁은 미국의 전면적인 전지구적 군사개입이라는 새로운 변화의 첫 순서이긴 했지만, 다른 한편으로 미국은 전쟁 이전부터 예견되던 수많은 정치적·사회적·경제적 문제에서 벗어나지 못하고 있다. 따라서 이라크전쟁 다음 순서가 무엇이 될 것이고, 그에 대해 미국인들과 세계가 어떻게 반응하는가에 따라 이후의 전망이 열려 있다고 할 수 있다. '제국적 길'이라고 부를 수 있는 미국의 새로운 전략은 미국에게 남겨진 좁은 선택지 중의 하나였을 듯한데, 이 길은 새로운 변화만큼이나 많은 모순을 새롭게 발생시킬 것으로 보인다. 따라서 이 글은 미국의 새로운 세계전략을 그 주도세력인 신보수파의 등장과 연관지어 살펴본 뒤, 그런 전략의 변화가 나타나게 된 맥락을 20세기 세계체계의 변화 속에서 살펴본다. 그리고 이런 변화에 동반될 수밖에 없는 모순을 살펴볼 것이다.

신보수주의와 다자적 일방주의 아래의 세계

1) 신보수파의 등장

우리는 미국의 새로운 전략적 전환이 일군의 신보수파에 의해 주도됐으며, 특히 9·11이야말로 이들이 전면에 떠오르는 주된 계기가 됐다는 것을 알고 있다. 이들 신보수파의 핵심 인물은 국방부 부장관 폴 울포위츠, 전 국방부 국방정책위원장 리처드 펄, 전 국무부 차관 존 볼튼, 신보수파의 이론지인 『위클리스탠더드』의 윌리엄 크리스톨과 로버트 케이건, 윌리엄 크리스톨의 아버지이자 신보수파의 대부를 자처하는 어빙 크리스톨 등이다. 이들의 사령부는 미국기업연구소라고 할 수 있는데(Mitton, 2003), 헤리티지재단 같은 공화당의 보수적 싱크탱크도 이들과 긴밀한 관계를 맺고 있다. 도널드 럼스펠드 국방장관이나 딕 체니 부통령 같은 매파는 신보수파로 직접적으로 분류되지는 않지만, 정책적으로는 긴밀한 공조를 이뤄 행정부 내에서 한 목소리를 내고 있는 것으로 알려져 있다. 이런 신보수파와 강경 보수파의 연합조직이 1997년 창건된 ‘새로운 미국의 세기를 위한 프로젝트’였으며, 이들이 부시 정권의 탄생을 위해 정책브레인 역할을 적극적으로 수행했음도 잘 알려져 있다.[2]

그런데 우리는 미국이 보여주는 세계전략의 변화를 단지 신보수파의 쿠데타로 간단히 치부할 수는 없다는 데 유의해야 한다(Baker, 2003). 이와 관련해 두 가지 점을 살펴볼 필요가 있는데, 첫번째는 탈냉전 시기 미국의 세계전략이 어떻게 준비되어 왔는가 하는 점이다. 이와 관련해 부시 정권이 이전 시기와 비교해 어떤 연속성과 단절점을 가지고 있는지도 문제가 된다. 두번째로는 신보수파 중심의 노선이 득세할 수 있게 된 미국 내의 정치적 기반이 무엇인가 하는 점이다.

먼저 첫번째 문제를 살펴보자. 1991년 제1차 이라크전쟁을 전개한 부시 1세는 냉전 종식 이후의 ‘새로운 세계질서’ 수립을 모색했다. 알타회

---

2) ‘새로운 미국의 세기를 위한 프로젝트’(Project for New American Century)의 노선과 활동에 대해서는 이들의 홈페이지(newamericancentury.org)를 참조하라. 신보수파를 더 자세히 설명한 책으로는 이장훈(2003)을 참조할 것.

냉전체제의 해체

1961년 8월 15일부터 건설되기 시작한 이래 냉전체제의 상징이 됐던 베를린 장벽은 1989년 11월 9일 무너졌다. 베를린 장벽의 붕괴는 냉전체제의 종식을 알리는 것이었으나, 국가간체계에 새로운 혼란요소가 나타날 전조이기도 했다. 실제로 냉전체제의 붕괴 이후 중간 규모의 군사력을 갖춘 국가들은 미국의 위협세력으로 등장하기 시작했고, 탈냉전 시기에 들어와 미국은 각지의 잠재적 위협에 대처할 새로운 세계전략의 틀을 짤 수밖에 없었다. 더 나아가 냉전체제의 해체는 신자유주의적 금융세계화의 출발점이기도 했다. 냉전의 부담이 걷히자 자본활동에 대한 굴레가 사라졌기 때문이다.

담에 근거해 소련과 미국이라는 양극을 주축으로 수립됐던 냉전 시기의 세력균형체제가 무너지면서 국가간체계에는 새로운 혼란요소가 나타났다. 소련과 미국 사이에서 줄타기를 하다가 탈냉전 시기에 지역의 맹주로 떠오른 이라크의 부상이 그런 변화의 상징적 예였다. 부시 1세의 노선은 미국이 주도적으로 세계의 분쟁에 개입해 미국 중심의 세계질서를 수립하려는 의지를 보여주는 것이었다. 부시 1세를 누르고 당선된 민주당 클린턴 정권의 전체적인 정책기조는 레이건의 군사적 케인즈주의를 버리고 초국적 금융자본의 요구를 최우선하는 달러-월가체제를 확립하는 것이었다(Gowan, 1999). 그러나 클린턴 정권 아래에서도 군사비는 초기에만 다소 감축 시도가 있었을 뿐 1990년대 중반부터 다시 증가하기 시작했고, 세계에 대한 미국의 개입도 확대됐다. 소말리아 개입과 코소보 사태, 그리고 이라크 공습이 이 사실을 잘 보여주는 예라고 하겠다. 세르파티는 이런 상황을 놓고 금융세계화에 병행해 진행되는 군안복합체(military-security complex) 중심의 '군사세계화'라는 테제를 제기한 바 있다(Serfati, 2003). 이 테제는 부시 2세가 출현하기 이전에 이미 제기됐다는 점에서 1990년대 이후에 일어난 변화의 연속성을 중시하고 있다. 2000년 선거를 둘러싼 쟁점에서도 이런 특징은 잘 관찰된다. 당시 부시 2세와 고어 두 후보 가운데 세계에 대한 미국의 군사개입 확대를 더 중시한 측은 부시보다는 고어였다. 고어는 클린턴 정권 아래에서 제기된 세계적 개입전략을 더욱 넓은 영역으로 확대하려는 의도를 보였으며, 이미 '예방' 전쟁이나 사전개입정책의 틀을 제기한 바 있다(안병진, 2003).

　　미국의 새로운 세계전략을 전통적인 냉전적 구도 아래 이해하거나, 공화당 대 민주당이라는 전통적인 구도로 단순히 이해하기 어려운 이유가 바로 이런 변화의 전례가 있기 때문이다. 2000년 대통령 선거에서 부시 2

세를 적극 지지한 공화당원들의 불만을 통해서도 이 문제를 간접적으로 살펴볼 수 있다. 에드먼드 버크의 사상적 전통에 뿌리를 둔 전통 보수주의자들이 선거 당시 부시 2세를 지지한 이유는 그가 미국의 과도한 해외개입을 비판한 뒤 관심을 국내로 돌려 고립주의 노선의 강화, 세금삭감, 지방정부 지원, 중앙정부 축소 등을 주장했기 때문이었다. 그러나 9·11 이후 부시 2세는 해외개입 확대, 큰 정부, 적자재정, 지방정부에 대한 소홀한 관심, 인권 침해 등 전통 보수주의자들의 기대와는 정반대의 방향으로 나아갔다. 전통 보수주의자들은 이런 결과의 이유가 새로운 전략을 이끌어 가는 신보수파 때문이라고 비난하면서 신보수파는 자신들 같은 진정한 보수주의자가 아니라 '우익 급진주의' 일 뿐이라고 맹비난을 퍼붓고 있다(Prestowitz, 2003). 오히려 민주당 내에서 이라크전쟁의 적극적 지지자를 찾을 수 있는 것도 바로 이 때문이다. 예컨대 상원외교위원회의 민주당 지도자 조셉 바이든은 이라크전쟁을 하지 말았어야 한다는 민주당원들을 비난하면서, 이라크전쟁은 찬성하나 다만 좀더 다자주의적 방식으로 전쟁을 수행하고 이라크의 전후 복구에 좀더 많은 노력을 기울여야 한다는 단서를 붙이고 있을 뿐이다(Biden, 2003).

여기서 우리는 제2차 세계대전 뒤 미국의 세계전략이 변해갔던 과정에 주목할 필요가 있다. 전후 미국의 헤게모니 팽창기에 수립된 전면적 개입전략은 베트남전쟁을 계기로 미국에 감당하기 힘든 정치적·경제적 부담을 안겨주게 됐다. 결국 1969년의 닉슨 독트린을 계기로 미국의 세계전략은 주요 지역에 하위제국주의 파트너를 육성하는 간접적 관리방식으로 전환됐다. 특히 1970년대 유가인상과 금융세계화의 개시에 따라 넘쳐나는 저금리의 자본 덕택에 반주변부·주변부 국가들 사이에서 급속한 군비확장 열풍이 일어났고, 이것이 미국 군산복합체의 이해관계와 맞물려 세계적으로 거대한 군사력을 갖춘 국가들이 주로 중동과 남아시아에 집중적으로 나타난 바 있다. 그러나 이란혁명과 1980년대 냉전체제의 붕괴 이후 중간 규모의 군사력을 갖춘 국가들은 미국의 위협세력으로 등장하기 시작했고, 탈냉전 시기에 들어와 미국은 각지의 잠재적 위협에 대처할 새로운 세계전략의 틀을 짤 수밖에 없었다(Reifer and Sudler, 1999).

탈냉전 아래에서 유럽의 군사력 성장 의지를 조기에 제어하는 동시에 국지적 위협세력의 급증에 대처하기 위해 미국은 군사력을 지속적으로 개발하고 확장했는데, 이에 따라 미국과 여타 나라들의 군사력 차이는 더욱 벌어졌다. 냉전 시기 소련에 맞서기 위해 만들어진 다자주의적 동맹의 틀이 변화된 구도 아래에서 적절히 작동하지 못하게 됨에 따라, 미국은 다자주의를 버린 것은 아니지만 일방주의를 중심에 놓으면서 상황에 따라 다자주의를 다양한 방식으로 동원하는 노선을 채택했다. 제1차 이라크전쟁을 UN의 틀 속에서 수행한 미국이 코소보의 경우에는 NATO를 활용한 제한적 다자주의의 길로 가고, 그 다음 단계로는 '의지의 연합'으로 나아갔다는 점에서도 부시 2세의 집권기에 처음으로 다자주의에서 일방주의로의 급격한 전환이 일어난 것은 아니라는 점이 확인된다.

물론 부시 정권이 클린턴 정권과 단절된 측면은 적지 않다. 상대적인 차이라고 할지언정 분명 일방주의는 부시 정권 아래에서 강화되고 있으며, 클린턴의 '인권' 외교라는 수사가 '대량살상무기'나 '테러'로 전환된 것도 두드러진 점이다. 여기에 '예방전쟁'의 성격이 분명해지면서 근대 국가간체계 아래에서 형식적으로 유지되어 왔던 주권의 경계가 심각한 도전을 받고 있다. 과거에도 미국의 약소국 주권침해는 비일비재했지만, 그때는 주로 먼로 독트린에 입각해 라틴아메리카 지역에서 수행되어 왔으며 여타 지역에서는 CIA의 '은밀한' 개입방식이 중요했다. 그러나 그때와 달리 부시 정권 아래에서는 전지구적으로, 그것도 공개적인 형태로 주권침해와 일방주의를 확대해가고 있다.

　부시 정권과 클린턴 정권의 더 근본적인 차이는 미국의 새로운 전략과 금융세계화의 관계변화에 있다. 클린턴 정권에서는 정확히 후자의 이해관계를 우위에 두는 방식으로 양자의 관계가 설정됐다. 그런데 부시 정권에서는 전자가 양자의 관계에서 우위를 차지하는 경향이 있으며, 결국 이 때문에 금융자본이 온갖 불만을 표출한 적도 있다(Wallersten, 2003b). 이것은 자본주의의 초국적 팽창주의 경향과 헤게모니의 영토주의적 경향이 빚어내는 역사적 자본주의의 모순이라는 문제로 볼 수도 있다(Arrighi, 1994; Arrighi and Silver, 1999). 즉, 미국 헤게모니의 쇠퇴를 반전시키기 위한 영토주의적 경향의 반작용이 자본주의적 팽창의 논리에 제약을 가할 수 있다는 것이다. 과거에도 헤게모니의 영토주의적 성격이 팽창되거나 세계체계의 헤게모니 유지비용이 증가해 미국 헤게모니의 물질적 토대 자체를 침식한 바 있다. 1960년대 베트남전쟁의 후과(後果)로 발생한 쌍둥이 적자와 브레턴우즈체제의 붕괴가 그 첫번째 예이며, 1980년대 레이건이 주도한 '제2차 냉전'으로 발생한 더 거대한 쌍둥이 적자가 그 두번째 예이다. 두 번 모두 미국의 '국제주의적 보수파'라 할 수 있는 세력이 주도한 전략이었는데, 지금의 세번째 사례에서도 이와 비슷한 모습이 관찰되고 있는 것이다. 단지 차이점이 있다면 이번에는 그 범위가 훨씬 더 전지구적이라는 것일 뿐이다.

　그 다음으로 이런 신보수파적 전환을 가능하게 만든 미국 내의 토대를 살펴보기로 하자. 문제의 핵심을 살펴보려면 매파가 왜 미국 내에서 점점 지지를 얻어가고 있는지 주목할 필요가 있다. 사실 미국에서 매파의 목소리는 언제나 존재해 왔고 가끔씩 대통령 선거에도 등장했지만 한정된 소수에게만 지지를 얻는 한계에서 벗어나지 못했다. 그러던 매파가 부시 2세를 대통령 후보로 만드는 데 결집했고, 특히 9·11 이후 본격적으로 제 목소리를 낼 수 있게 됐다. 게다가 평범한 미국인들 사이에서도 매파의 주장이 힘을 얻어가고 있고, 심지어 한때 좌파라 자칭하던 이들 중에서도 이들에 대한 지지자가 발견되는 실정이다.

이렇게 된 이유는 탈냉전 시기 세계질서의 장기적 전망과 관련이 있다. 다시 말해서 (민주당이건 공화당 내 현실주의자들이건) 미국의 여타 모든 정치세력이 장기적 전망 없이 현상유지에만 급급해 '아무것도 하지 않은 채' 미국이 종이호랑이가 되어 가는 것을 보고만 있을 뿐인데 반해, 매파는 뚜렷한 전망을 가지고 '무엇인가 하고 있다'는 인식을 널리 심어주고 있다. 즉, 진세계기 미국을 두려워하고 미국을 거스를 수 없게 만드는 세계전략이 이들에게만 있다는 것이다. UN안보리가 됐건, '불량국가'가 됐건 사방에서 미국이 모멸과 비웃음의 대상이 되다가 급기야는 미국의 자본과 군사력을 상징하는 두 심장부가 테러공격을 받게 되자 "너희는 무엇을 했느냐?"는 질문이 제기되고 있다고 할 수 있다. "매파의 논의에 완전히 동의하지는 않더라도 그럼 지금 이들말고 누가 미국의 쇠퇴를 진정으로 걱정하는가?" 또는 자기도취에 빠진 미국인의 말투대로, 이들 말고 "누가 세계의 혼란과 무질서를 걱정하고 새로운 질서를 짜내려 노력하고 있는가?"[3] 이라크 침공 직후인 2003년 3월 미국인들을 대상으로 실시된 타임-CNN 공동 여론조사에서 "이라크가 화학무기를 사용한다면 미국이

---

3) 한때 좌파였던 크리스토퍼 히친스는 울포위츠를 지지한 절충주의자 중 하나인데, 그는 "사우디·터키·일부 오일 로비스트, 그리고 일부 미국 우파와 갈등을 빚더라도 기꺼이 중동의 기존 상태와 전쟁을 벌여 이라크의 '파시스트 정권'을 파괴하려 하고 있기 때문"에 울포위츠를 지지한다고 말했다(Dobbs, 2003). 한편 히친스는 9·11 이후 노암 촘스키를 격렬히 비난하기도 했다(카치아피카스, 2002).

핵무기를 사용할 수 있는가?'라는 질문에 대해 42%가 찬성했다는 사실은 신보수파의 등장을 단순히 대중적 지지 없는 쿠데타로 볼 수만은 없다는 것을 잘 보여주는 또 다른 예이다(이승선, 2003).

2) 신보수파의 세계인식

신보수파가 내세우는 제국적 거대전략은 새롭게 변한 냉전 이후의 세계구도에 대한 대응으로 제출됐다. 아이켄베리는 소련과 미국의 양극체제 아래 세력균형과 자유주의적 무역질서에 근거했던 제2차 세계대전 뒤의 국제질서가 새로운 제국적 거대전략으로 전환되는 맥락을 7가지로 정리하면서, 이것을 신보수파의 주장과 연결짓고 있다(Ikenberry, 2002).

첫째, 소련의 붕괴 이후 미국의 군사비나 군사기술의 신속한 발전을 다른 나라가 따라 갈 수 없는 상황이 나타나고 있다. 그런데 미국은 열강이나 중간 규모의 국가 그 누구라도 미국에 위협이 될 수 없도록 군사력 확장을 지속해가려 하고 있다.

둘째, 전지구적 위협이 달라졌으므로 그에 대한 공격방식도 바뀌어야 한다. 현재의 주요 위협은 소집단 테러분자이며, 바로 이들이야말로 제거의 대상이라는 것이다.

셋째, 냉전 아래의 핵억지 개념은 낡았다. 냉전은 핵억지, 주권, 세력균형이라는 세 가지 동시성에 근거해 있었기 때문에 탈냉전 시기에 핵억지가 불가능해지면 나머지 둘에 대해서도 근본적으로 다시 생각해봐야 한다는 것이다. 여기서 유일한 대안은 공격인데, 이 공격은 선제공격일 뿐만 아니라 심지어 예방전쟁이기도 하다.[4]

넷째, 주권의 제한이 필요한데, 테러분자뿐만 아니라 테러를 억제하지 못하는 국가도 위협으로 간주한다. 따라서 미국에 우호적이지 않은 '전제적' 국가가 대량살상무기를 보유하는 것도 위협이 되기 때문에 국제법을 위반하지 않은 국가라도 군사공격의 대상이 될 수 있다.

다섯째, 국제규칙이나 조약 또는 안보 파트너십이 경시되고 있다. 미국은 충분히 강력한 힘을 보유하고 있고 세계 전역에 힘을 미칠 수 있기 때문에, 위협을 제거한다는 핵심적 과제를 위해서는 독자적 전략을 수립할 수 있다는 것이다.

여섯째, 위협에 대응해 미국은 직접적이고 무제한적인 역할을 하려고 한다. 그러나 미국의 연합국이나 동맹국이 이런 변화된 상황을 적극적으로 따르기 힘들기 때문에 임무에 따라 연합(동맹)을 결정해야지, 연합(동맹)에 따라 임무를 결정해서는 안 된다는 것이다.

마지막 일곱째도, 국제적 안정 자체가 중요한 목표가 아니라는 점이다. 냉전적인 현실주의적 사고는 세력균형이나 안정 자체를 목적으로 했지만, 북한문제에서 엿볼 수 있듯이 신보수파는 안정을 위한 타협 자체를 거부한다는 것이다.

이상의 내용을 세 가지 점과 관련해 좀더 살펴보자. 먼저 신보수파가 유럽의 역할을 어떻게 보는지 살펴볼 필요가 있다. 신보수파는 유럽에 별로 기대할 것이 없다고 판단한다. 신보수파의 주장에 따르면 현재 서방세계에는 두 가지 기준이 있는데, 하나는 문명의 기준이고 다른 하나는 정글의 기준이다. 유럽은 문명의 기준에 따라 포스트-역사적, 포스트-민족적인 평화의 세계, 다시 말해서 칸트의 세계 속에 살고 있다. 그러나 그것은

---

4) 9·11이 일어난 4일 뒤 미국방부 부장관 울포위츠는 테러와의 전쟁을 확실히 수행하려면 이라크와 전쟁을 개시해야 한다고 강력히 주장했다(Dobbs, 2003). 그 주장이 곧바로 수행되지는 않았지만 1년 반의 준비와 명분 쌓기를 거쳐 최초의 계획대로 전쟁이 수행됐다는 것을 확인할 수 있다. 중요한 것은 알카에다와의 연계도, 대량살상무기의 존재도 아니었다. 그보다는 '정권교체'를 목표로 한 중동의 새로운 질서짜기였다.

외부에서 미국이 권력, 개입, 군사력을 중심으로 하는 홉스적 세계에 홀로 남아 유럽을 보호해 주고 있기 때문에 가능하다는 것이다. 이 때문에 유럽은 항상 다자주의적·평화적 해결을 추구하나, 이것은 본질적으로 권력이 없는 약자의 논리에 불과하다고 본다. 따라서 유럽은 일종의 '무임승차'를 하고 있는 셈인데, 1990년대에 미국과 유럽의 군사력 차이가 더 크게 벌어진 것도 유럽이 군비를 증강하지 않으려 했기 때문이라는 것이다. 그렇다고 신보수파가 유럽의 통합 노력까지 부정적으로 보는 것은 아니다. 유럽통합이 유럽 국가들간의 갈등을 최소화하는 전략이라고 보기 때문이다. 결국 미국이 자임하는 것은 대서양 동맹에 대한 '보안관' 역할이다. 이들은 영화 「하이 눈」의 게리 쿠퍼를 자임한다. 평화시에는 주민들이 보안관에게 복수하러 온 건달보다 보안관의 존재 탓에 평화가 깨진다고 불만을 토로할지언정, 결정적인 순간에 평화를 지키는 것은 보안관이라고 생각한다는 것이다. 즉, 미국은 약한 유럽 때문에 불가피하게 일방주의를 택할 수밖에 없었다는 논리이다(Kagan, 2002 ; I. Kristol, 2003).[5]

다음으로 선제공격과 예방전쟁에 대해서 살펴보자. 사실 선제공격을 넘어선 예방전쟁은 제2차 세계대전 직후 뉘렌베르크 전범재판에서도 중죄로 간주된 것이다(Chomsky, 2003), 신보수파 이데올로그인 크리스톨은 제2차 세계대전 당시 미국이 일본과 독일을 먼저 공격했더라면 더 나은 결과를 얻었을 것이라면서 이 노선을 적극 지지하고 있다. 예방전쟁의 정당화는 이라크 침공을 제2차 세계대전 뒤 일본과 독일의 전후복구 개입과 똑같은 맥락에서 보는 논지로 이어진다(Witcover, 2003 ; Hadar, 2003).

---

5) 촘스키의 말대로 "미국의 반동적 지도자들은 사랑을 받고 싶어하는 것이 아니라 두려움의 대상이 되고 싶어한다"(Chomsky, 2003).

마지막으로 일방주의라는 문제를 살펴보자. 사실상 미국은 UN을 무시하는 일방주의의 길로 나아가고 있으면서도, 북한문제에서 보듯이 다자주의적 틀을 완전히 포기하고 있지는 않다. 그렇지만 이런 다자주의적 틀이 반드시 UN을 매개로 하는 것은 아니다. 이들은 UN안보리가 소속 국가들의 특수 이익을 반영하는 단순한 이익집단일 뿐이라고 보기 때문이다(W. Kristol, 2003). 그런데 다자주의와 일방주의의 관계는 특이하다고 할 수 있는데, 제2차 세계대전 이후 미국이 수립한 세계질서 내에서 다자주의가 갖는 특수한 성격 때문에 그렇다. 전후 미국은 브레턴우즈체제에 근거한 무역·금융체계와 UN이라는 국가간체계의 구조를 형성, 이 양자를 통해 전세계를 다자주의적 방식으로 통합해냈다. 이런 미국식 다자주의 틀은 일방주의에 근거한 영국 헤게모니 시기에 비해, 새로운 헤게모니 국가인 미국이 전세계 국가들을 더욱 강력하게 통제할 수 있는 틀로서 작용했다(Arrighi, 1994). 그런 점에서 신보수파가 말했듯이, 미국 내에 UN 중심의 국제법 질서를 수립해야 한다는 유럽식의 원칙적 다자주의자는 없다. 미국의 다자주의는 손익계산에 근거한 실용적 다자주의일 뿐이다. 따라서 현재의 미국에는 다자주의 대 일방주의라는 논쟁이 사실상 존재하지 않으며, 대부분의 미국 다자주의자는 본질적으로 일방주의자일 뿐이다. 즉, 이들의 말을 빌자면 "다자주의 융단 장갑 속의 일방주의 철권"(Kagan, 2002)이다. 우리는 이것을 '다자적 일방주의'(multilateral unilateralism)라고 부를 수 있을 것인데, 앞서 언급했듯이 이것은 임무가 연합(동맹)을 규정한다는 신보수파의 생각과 일치하는 것이다. 북한문제에서도 드러나듯이, 다자주의적 틀은 미국이 일방적으로 설정한 의제를 관철하는 더 강력한 메커니즘으로 작동할 수 있다. 미국이 생각하는 다자주의란 위협세력에 압력을 가해 자국의 일방주의를 정당화하는 틀이다. 다자주의적 틀

브레턴우즈체제의 성립과 붕괴

1944년 7월 22일의 브레턴우즈협정 체결은 자유무역체제를 건립하되 투기적 자본의 활동을 제한하는 새로운 금융질서 확립을 추구한 미국의 승리를 알리는 사건이었다. 미국은 브레턴우즈체제에 근거한 무역·금융체계와 UN이라는 국가간체계의 구조를 형성, 양자를 결합해 이전의 헤게모니 국가인 영국에 비해 전세계 국가들을 더욱 강력하게 통제할 수 있는 새로운 헤게모니 국가로 부상할 수 있었다. 그러나 미국 경제의 이윤율이 하락해 미국 헤게모니가 물질적 팽창에서 금융적 팽창으로 넘어가는 조짐이 나타나기 시작하던 1967~73년 브레턴우즈체제는 결국 무너지고야 말았다. 사진은 제2차 세계대전 뒤의 국제 금융질서 재편방안을 놓고 서로 대결한 영국 대표 케인즈(오른쪽)와 미국 대표 화이트(왼쪽)이다.

속에서 제시한 조건과 압력을 상대 국가가 수용하지 못할 때, 미국은 다자
주의적 틀을 깰 명분을 얻게 된다. 이런 점에서 다자주의는 일방주의보다
더 강력한 규제의 틀이기 때문에 미국이 이 틀 자체를 폐기하지는 않을 것
이다. 그러나 다자주의의 균열이 발생함에 따라 일방주의를 통해 다자주
의적 틀을 미국 주도적으로 이끌어가려는 시도는 계속될 것 같다.

3) 신보수파의 등장배경

앞서 전통적 보수주의 공화당원의 불만을 통해 살펴봤듯이 신보수파는 전
통적으로 고립주의적인 보수주의자들과 노선이 상이하며, 어떤 점에서는
민주당 내 보수파와 의견이 일치하는 부분도 적지 않다. 우리는 신보수파
가 출현하게 된 배경에서 이런 특이성의 연원을 찾아볼 수 있는데, 이와
관련해 신보수파 개인의 이력과 신보수파의 지지기반이 형성된 미국 내
정치적 변화라는 두 가지 구도를 살펴볼 필요가 있다.

우선 신보수파 개인의 이력을 살펴보자. 울포위츠나 펄을 비롯해 적
지 않은 신보수파는 1960년대의 자유주의자, 심지어 중도좌파에서 전향
한 우파라는 특징을 공유하고 있다(Porter, 2003; Dobbs, 2003; Mitton,
2003).[6] 이들은 대체로 UN 같은 자유주의적 제도나 소련의 억압정책에
실망하고, 민주당의 소극적 세계전략에 실망해 레이건 아래에서 공화당원
으로 전향한 경험을 가지고 있고, 이후 레이건의 적극적 지지자가 됐다.
그렇기 때문에 이들은 전통적 보수파와 달리 강한 정부의 지지자이자 군
사력의 예찬자이며, 복지국가식 서비스의 집중은 반대하지만 하이에크처

---

6) 이들 중 많은 이들이 1970년대 민주당의 대표적 군사팽창주의자 헨리 잭슨의 영향 아래 있다
　가 1980년대 자연스럽게 레이건 정권의 조력자로 전환했다(이장훈, 2003).

럼 최소 정부를 지지하지도 않는다(I. Kristol, 2003). 이라크전쟁을 둘러싼 논란에서도 나타나듯이(Vulliany, 2003), 이들 중에는 위협세력의 제거와 전쟁 승리 자체보다는 '불량국가들'을 무너뜨리고 미국식 민주주의를 전 세계에 이식한 뒤 이로부터 도미노 현상을 일으켜 중동과 분쟁지역 전체 의 체제를 전환시키겠다는 꿈을 꾸고 있는 경우가 적지 않다. 이 때문에 이들은 '우익 윌슨파'로 불리기도 한다.[7] 이에 비해 미국의 개입과 강경 군사노선을 강조하는 또 다른 매파세력은 '잭슨적 일방주의자'라고 불리 는데, 우익 윌슨파가 이라크에서 민주주의가 정착될 때까지 미국이 주둔 할 것을 주장한다면 잭슨적 일방주의자들은 이라크에서 빨리 철수해 다른 위협세력에 대한 공격에 힘을 기울여야 한다고 주장한다(Nye, 2003).

신보수파의 득세는 미국 내 정치지형의 변화와도 밀접한 관련이 있 다. 미국에서는 1970년대 초 경제위기가 나타나고, 1973년 낙태가 허용되 고, 1970년대부터 차별수정조치 도입에 따른 저항이 등장하면서 보수주 의가 강화되기 시작했다. 결국 민주당의 영향이 강하던 남부의 보수적 민 주당원들간에 균열이 발생해 이탈현상이 나타나기 시작했고, 남부와 서부 의 경제력이 증가하면서 새로운 '선벨트' 지역이 부상해 이 지역의 보수 화를 강화시켰다. 이런 보수주의는 복지와 유색인종을 혐오하고 기독교 근본주의를 띤다는 특색이 강했으며, 대체로 중산층과 남부 공화당원, 그 리고 북부 교외지역 거주자들 사이의 보수 연합을 형성시켰다. 게다가 금 융화의 여파로 각종 규제가 약화됨에 따라 자금이 보수파에게 대거 집중 됐다는 점도 지적할 수 있다(Hutton, 2003).

---

7) 이들이 존경하는 20세기 미국 대통령이 공화당의 일반적 흐름과 달리 시어도어 루스벨트, 프
   랭클린 루스벨트, 로널드 레이건이라는 점(I. Kristol, 2003)도 이들이 세계전략을 대하는 시각
   의 일면을 보여준다.

20세기 미국의 역사는 노동의 포섭과 테러가 공존한 역사라고 할 수 있다. 1920~30년대에 급진적 노동운동 탄압과 생산성 임금제 도입(이른바 '포드주의')이 결합되고, 1950년대 냉전 형성기에 동유럽 출신 이주노동자들의 반공주의를 통한 AFL-CIO의 개량화와 매카시즘이 결합된 결과, 미국의 노동운동은 경제주의의 길을 걷게 됐다. 이런 노동의 포섭과 테러를 결합한 통제는 1960년대 말부터 균열되기 시작했고, 이것은 중도파를 중심으로 한 사회통제 기제에도 잇따라 균열을 발생시켰다. 9·11 이후 '애국자법' 등을 통해 등장한 테러적 국내통제는 인종주의의 색채를 띤 사회의 전반적 보수화에 근거해 점점 더 심각해지고 있다.

제국적 길의 난점

신보수파가 주도하는 제국적 기획과 전지구적 개입전략은 일견 더욱 강성해진 미국의 힘과 주도권을 보여주는 듯하다. 군사적 개입의 확대, 신자유주의적 금융화에 따른 세계시장의 자유화와 개방화, WTO체제의 수립 등은 모두 새로운 미국의 세기를 알리는 상징으로 읽힐 수도 있다. 그러나 외면적 강성함에는 늘 역설적 측면이 있는데, 데이비드 칼레오 같은 학자는 쇠퇴하는 강국이 쇠퇴에 저항하기 위해 착취적 헤게모니로 변신한다는 주장을 제기하고 있다(Silver and Arrighi, 2003 : 329; Arrighi, 2003a : 71). 아리기는 이런 주장을 현재 시기와 관련해 이렇게 해석한다.

네덜란드 자본주의의 벨에포크에 네덜란드 세계권력은 이미 너무나 침식되어 있었다. 새롭게 떠오르며 제국을 형성 중이던 민족국가들(특히 영국과 프랑스)이 수행한 공세적 역할에 비하면 조정과 적응에 저항한 네덜란드가 체계의 붕괴에 끼친 영향은 미미했다. 이에 비해 오늘날 우리는 스펙트럼의 다른 극에 이르렀다. 미국 중심 세계체계의 붕괴를 도발할 만큼 확실히 공격적인 새로운 권력은 존재하지 않지만, 미국은 한 세기 전의 영국에 비해 자신의 쇠퇴하는 헤게모니를 착취적 지배로 전환시킬 수 있는 훨씬 큰 역량을 갖추고 있다. 만일 이 체계가 붕괴한다면, 그것은 곧 적응과 조정에 저항한 미국 때문일 것이다(Arrighi, 2003a : 71).

현재 시기의 특이성을 좀더 살펴보려면 우리의 관심을 잠시 한 세기 전으로 돌려볼 필요가 있다. 19세기 영국이 세계의 헤게모니 국가로 오래 지속될 수 있었던 바탕에는 영토제국주의에 근거한 전지구적 상업망이 있었다. 영국은 해군력으로 지탱된 이 상업망에 근거해 식민지에서 저가의 원료를 공급받아 국가의 부를 증진시키는 동시에 세계의 공장으로서 제조업 성장(이른바 산업혁명)을 추진했다.

그러나 1873년을 기점으로 영국은 생산의 팽창이 중단된 뒤 급속한 금융화의 국면에 들어섰고, 영국을 잇는 후발 헤게모니 경합국들 사이에 영국의 영토제국주의와 산업혁명 모델을 모방한 경쟁이 첨예화됐다. 쇠퇴하는 헤게모니 국가인 영국은 생산의 우위를 금융의 우위로 전환했는데, 여기서 축적된 금융자본은 새로운 헤게모니 경합국들이 벌이는 무력경쟁의 자금줄이 됐다. 영토제국주의적 확장을 펴나간 독일과 대륙적 국가로서 등장한 미국의 경쟁은 헤게모니를 둘러싼 두 차례의 전쟁을 거쳐 결국 미국의 승리로 귀결됐다. 새로운 헤게모니 국가 미국은 압도적인 생산력을 바탕으로 금-달러본위제와 고도금융의 통제를 통해 국제금융체계를 복구하고 식민지 독립과 UN체제 건립을 통해 영토제국주의의 토대를 무너뜨림으로써 경쟁자를 제거한 채 새로운 세계질서를 구축할 수 있었으며, 결국 스스로를 '자유세계'의 일반 모델로 제시할 수 있었다(Arrighi, 1994; Arrighi and Silver, 1999).

그로부터 얼마 뒤인 1970년부터 미국 헤게모니의 쇠퇴 조짐이 관찰되기 시작했는데, 이 조짐도 19세기 말처럼 금융세계화의 형태를 띠었다. 그러나 20세기 말 미국 헤게모니가 쇠퇴하면서 나타난 변화는 한 세기 전의 헤게모니 경쟁구도와 다른 모습을 보여주고 있다. 일단 세 가지 차이점을 지적할 수 있을 것이다. 첫째, 1980년대 이후 세계의 자본은 이전 헤게모니 국가인 미국으로 다시 집중되고 있다. 이런 현상은 1990년대에도 지속되어 미국의 금융화를 더욱 촉진시키고 이른바 '신경제'의 환상을 촉발했다. 물론 그 대가는 세계 여타 지역의 오랜 경기침체로 나타났다. 이는 영국의 금융자본이 헤게모니 경합국들간의 정치적·경제적·군사적 대립을 촉발하는 자금줄이 된 한 세기 전의 상황과는 매우 다른 것이다. 금본위제는 폐기됐지만 세계경제는 20세기 초와 달리 폐쇄적 파편화로 나아가지 않고 여전히 미국 우위 아래 통합되어 있으며, 미국은 환율조정 메커니즘을 이용해 경제적 부담을 다른 나라로 이전시키고 있다.

둘째, 세계의 군사력이 전례 없을 정도로 미국에 집중됐다. 이제 미국의 국방비 지출수준은 세계 모든 국가들의 국방비 지출을 합한 정도가 되어가고 있다. 미국은 1990년대에 국방비가 삭감되지 않고 증가한 예외적 국가로서 전세계 군사무기 판매액의 절반을 차지하고 있으며, 세계 최대의 재래식 무기 생산국가이다. 군사연구개발비를 보더라도 1998년 미국의 군사연구개발비는 2위인 프랑스의 7배 수준이었다(Cox, 2002). 첨단무기를 개발하는 군사혁명까지 미국이 주도하면서 세계적 수준의 군사력 집중과 격차확대 현상은 더욱 심해졌다(백창재, 2003). 따라서 생산의 측면에서는 미국의 헤게모니가 쇠퇴하더라도 당분간은 한 세기 전처럼 중심부 국가들간의 군사적 헤게모니 경합이 일어날 가능성은 상당히 적어 보인다. 자본이 미국으로 집중되고 있다는 점과 더불어 이 점에서도 현재 국면의 상황은 제국주의적 전쟁이 진행된 20세기 초와는 다르다.

셋째, 위협세력의 조직된 저항이 취약하다. 영국이 주도한 영토제국주의 아래에서의 세계질서는 중심부 국가들간의 제국주의적 전쟁뿐만 아니라 식민지해방운동과 사회주의운동 때문에도 와해됐다. 미국은 자국의 헤게모니 아래에서 식민지 독립을 통해 영토제국주의적 힘을 무력화하는 동시에 발전주의 기획을 통해 이 신생국가들을 지원했다. 미국은 이런 방법을 통해 위험계급을 약화시키고, 자국의 초국적 기업을 중심으로 세계질서를 운영하기 위한 새로운 틀을 형성했다. 물론 20세기 말 냉전구도가 해체된 이래 미국이 지원해 왔던 발전주의 기획이 종료되어 적지 않은 '제3세계' 국가들에서 국가구조 자체의 붕괴가 나타나고 있으며, 북-남 사이의 격차와 갈등도 커져가고는 있다. 그러나 이런 갈등이 한 세기 전의 식민지해방운동 같은 형태의 조직된 대립구도로 나타나고 있지는 않다. 당시 제국주의 질서에 심대한 타격을 줄 수 있었던 식민지해방운동과 사회주의운동의 절합이라는 조건도 현재는 존재하지 않아, 어떤 형태이건 대규모로 조직된 저항이 등장하지 못하고 있다.

이 세 가지 모두 미국의 절대적 우위를 보여주는 것처럼 보인다. 그런데 역설적인 것은 이 시점에 미국의 매파가 미국의 위기를 느끼고 과잉대응이라고 할 만한 수준의 반응을 보이고 있다는 점이다.

조금 더 자세히 살펴보면, 미국에 유리한 이 세 가지 요소들이 사실상 매우 불안정한 토대 위에 서 있다는 점이 발견된다. 생산이 아닌 금융의 팽창에 근거한 '신경제'의 위기는 이미 여러 곳에서 조짐이 나타나고 있다. 주식시장의 과열, IT 거품, 기업과 가계의 부채 증가, 신규투자의 정체

〈도표 1〉 미국의 경상수지 변화(단위 : 억달러)

연도	1970~74	1975~79	1800~84	1985~89	1990~94	1995~99
경상수지	41	-74	-1,465	-6,606	-3,244	-9,124

출처 : Silver and Arrighi(2003 : 345)

상태, 국가부채의 증가, 외국자본이 보유한 미국 자산 비중의 급속한 증가 등 미국 경제는 1950~60년대의 전성기 때와는 다르게 매우 취약한 모습을 보이고 있다(Brenner, 2002). 미국의 신경제가 금융적 팽창에 전적으로 의존하고 있다는 것은 경상수지 적자 통계에서도 잘 나타난다(〈도표 1〉 참조). 미국의 경상수지는 플라자협약의 효과로 미국 제조업 수출이 확대되는 1990년대 초 잠시 줄어들었다가, 신경제가 본격적으로 번영하던 1990년대 말에는 오히려 최고 수준으로 확대됐다.

이런 경상수지 적자는 미국의 발권특권과 자본수지 흑자를 통해 보전되고 있다. 클린턴 후반기의 '강한 달러' 정책, 재정균형의 달성, 금융규제의 탈피는 동아시아의 금융위기와 맞물려 미국으로 세계의 자본이 집중될 수 있는 조건을 만들어냈고, 결국 미국 주식시장의 폭발적 성장을 가져왔다. 그러나 금융화에 근거한 신자유주의는 미국뿐만 아니라 여타 중심부 국가에서도 심각한 문제를 낳았다. 특히 생산 부문에서 금융 부문으로의 이윤 이전이 심각하다. 이 문제를 좀더 살펴보자. 일반적으로 이자나 배당을 공제하기 전에 이윤율은 상당히 회복되는 추세로 나타난다. 그러나 더 많은 이윤이 금융 부문으로 이전된 탓에 이자나 배당을 공제하게 되면 이윤율 회복이 전혀 나타나지 않게 됐다. 이처럼 금융 부문으로 이전된 뒤의 낮은 이윤율은 낮은 축적률과 유사한 수준에 멈춰 있다. 신규투자보다 기업의 시장가격 극대화를 중시하는 금융화의 특징은 단적으로 기업들이 자사주 매입이라는 네거티브한 방식의 축적수단을 동원하고 있다는 데서도 잘 드러난다(Duménil and Lévy, 2002). 미국 경제는 2004년의 침체를 벗어나 경기가 회복될 전망을 보이고 있긴 하지만, 이 경기회복은 고용의 증가가 없는 경기회복이 될 것으로 예상될 뿐이다(Andrews, 2003). 1990대 말 해외자본 유입이 늘어나면서 미국 자산 중 외국인 지분이 비약적으로 증가한 것도 미국 경제의 불안정성을 단적으로 보여준다. 1995년 기타 세계가 보유한 미국 자산총액은 미국 GDP의 46%였는데, 2000년 초에는 그 수치가 78%로 증가한다. 특히 외국인 보유 자산 중 외국인 직접투자(FDI)는 18%뿐이고 재무부 채권, 회사채, 주식의 비중이 52%로 매우 높다는 점은 금융화의 특성을 잘 보여준다(Brenner, 2002).

군사력 면에서 보더라도 미국의 절대적 우위는 여러 취약점을 안고 있다. 미국에 군사력이 집중되는 반면에 유럽이 군사적 팽창을 하지 않아 오늘날 강대국들간의 전쟁가능성은 낮아졌지만(Arrighi and Silver, 2001 : 275), 그 이외의 지역을 미국이 효과적으로 통제할 수 있는 것은 아니다. 잘 알려져 있다시피 2003년 말 14만8천 명의 미군이 주둔했던 이라크에서는 기초적인 치안유지도 불가능했으며, 결국 미국은 각국에 병력파견을 요청해야 했다. 20세기 미국의 세계통제전략 중 주된 특징은 해외군사기지의 건설이었다. '주권'과 모순되는 해외군사기지는 냉전 시기 미국의 정치적·군사적 지배를 지속시키는 중요한 보루였다. 친미 정권을 지원한 CIA의 각종 비밀공작도 최소한의 군사력으로 전 지역을 통제할 수 있도록 해줬다. 그러나 오늘날 분쟁 지역이 늘어나고 있는 것에 비해 미군의 세계적 배치는 지나칠 만큼 분산적이다. 토드의 표현을 빌리자면 가만히 있기에는 너무 큰 군사력을 지니고 있지만, 전세계로 확장하기에는 턱없이 부족하다는 역설이 있는 것이다(Todd, 2003). 미군기지 중 가장 많은

9·11 사건과 신보수파의 대두

2001년 9월 11일 공중납치된 두 대의 민간항공기가 뉴욕의 세계무역센터에 충돌, 건물 자체를 완전히 잿더미로 만들어버린 사건이 발생했다. 미국 정부는 이 사건을 계기로 곧장 '테러와의 전쟁'이나 '예방전쟁'을 정당화하는 세계질서의 재편을 추진했다. "세계의 위험세력을 제거해 세계를 미국식 자유주의의 틀에 맞춰 새롭게 짠다"는 '사명'을 거리낌없이 주장하는 신보수파가 전면에 떠오르게 된 것은 바로 이런 배경에서였다. 그러나 이들이 주장하는 전지구적 군사개입전략이 가능할지는 의문이다. 미국의 군사력은 가만히 있기에는 너무 크지만, 전세계로 확장하기에는 턱없이 부족하기 때문이다.

병력이 배치된 독일(6만8천 명)과 3만 명이 넘는 병력이 배치된 일본과 한국을 제외하면 대부분의 지역에는 배치된 병력이 수백에서 많아야 수천 명밖에 안 되어, 실질적인 군사작전을 수행할 수 없는 수준이다. 이라크의 경우에서도 나타났듯이 공군과 해군 중심으로 전쟁을 수행하더라도 충분한 주둔군 병력 없이는 전후 구상을 미국이 원하는 방향으로 끌고 나가는 것이 불가능하다.

이와 관련해 미국이 영국처럼 전지구적으로 식민지를 내부에서 관리해본 경험이 없다는 한계가 지적되기도 한다(Nye, 2003). 이 문제는 식민지 통치를 위한 행정경험뿐만 아니라 넓게 말해서 식민지 확대에 필요한 인력동원의 문제까지도 관련되는 쟁점이다.[8] 이 문제는 군사비 지출부담의 문제와도 관련된다. 미국 의회는 2003회계년도에 '이라크 자유작전'에 623억 달러를 추가지원하기로 결정했는데, 2004년 당시 미국은 이라크에서 한 달에 39억 달러의 비용을 지출하고 있어 경제적 부담이 날로 가중되고 있었다. 제1차 이라크전쟁 때에는 동맹국들이 군사비용 중 600억 달러를 부담한 반면, 현재는 미국이 거의 전액을 부담하고 있다. 따라서 전세계로 확대되는 군사개입의 일방주의를 미국 경제가 감당할 능력이 있는가 하는 문제가 제기되지 않을 수 없다(Gresh, 2003).

이에 덧붙여 20세기의 미국 헤게모니를 과거의 자본주의 헤게모니와 비교할 때 드러나는 사회적·정치적 상황의 차이점도 미국의 제국적 확장에 난점으로 작용하고 있다. 우선 노동의 포섭이라는 문제이다. 아리기는 19세기 중반의 장기침체와 비교할 때 20세기 말의 장기침체에는 디플레

---

8) 아리기와 실버는 인도가 영국의 제국적 팽창에 가져다준 여러 도움(병력동원과 재정적자 해결)의 중요성을 부각하면서 이 쟁점을 살펴보고 있다(Arrighi, 2003a ; Silver and Arrighi, 2003).

이션 대신 인플레이션이 나타난다는 점, 금본위제를 탈피해 평가절상이나 평가절하를 정책도구로 활용하게 됐다는 점에 주목한다(Arrighi, 2003). 이것은 20세기 미국 헤게모니의 지속기간이 예전 헤게모니에 비해 무척 짧다는 점(Arrighi, 1994)뿐만 아니라, 미국 헤게모니 고유의 사회적·정치적 특징과도 관련된다. 영국 헤게모니와 달리 미국 헤게모니는 두 개의 위험계급, 즉 노동계급과 식민지 인민을 체제 내로 포섭하기 위해 케인즈주의적 복지국가 모델을 다양한 형태로 일반화하고, 탈식민지화를 통해 민족국가공동체를 형성하는 정책을 추진했다. 케인즈주의 아래에서 추진된 고용안정과 최소한의 복지공여는 국가의 정당성을 유지하고 사회적 불안정을 제거하는 데 중요한 축이었다. 따라서 장기침체 아래에서도 미국은 금본위제를 유지하면서 긴축정책, 디플레이션, 구조조정을 추진하는 길로 나아갈 수 없었다. 장기침체 시기인 1970년대에 전지구적으로 대대적인 임금인상붐이 일어난 것은 경제적 기반과 무관한 정치적·사회적 요인 때문이었다(Arrighi, 2003a). 1980년대부터 추진된 신자유주의적 금융화는 이 상황을 반전시키기 위한 정치적 의도가 강력히 담겨 있는 것이었는데, 이런 신자유주의를 통해 케인즈주의 시대의 특징인 금융과 '임금생활자' 사이의 타협이라는 구도가 붕괴됐다(Duménil and Lévy, 2001c).

그러나 이런 반작용의 여파는 전지구적으로 미치고 있고, 부의 배분은 급속히 양극화되어 부의 집중이 나타나고 있다. 조직된 저항은 없더라도 이런 상황은 엄청나게 불안정한 요소로 작용하면서 국가와 미국 헤게모니가 근거한 자유주의의 토대 자체를 침식하게 된다.[9]

---

9) 월러스틴은 생활수준의 요구 상승을 의미하는 전지구적 민주화 추세를 세계적 탈농화, 생태계의 악화와 더불어 대표적인 근대 자본주의의 장기추세로 보고, 그것이 점차 체계의 한계점에 도달해 가고 있다고 주장한다(Wallerstein, 1999a).

　　게다가 20세기에 증가한 신생독립국들의 문제도 체계의 새로운 불안 요소로 등장하고 있다. 미국 헤게모니 아래에서 새롭게 독립국으로 등장한 주변부 국가들은 냉전이라는 특수한 조건 아래에서 미국과 소련의 양 진영으로부터 발전주의 기획에 근거한 도움을 받아 빠른 경제성장을 이룩할 수 있었다(McMichael, 2002). 그러나 냉전 종식과 신자유주의적 금융 세계화는 세계체계의 짐을 집중적으로 주변부에 이전시킨 결과를 낳았다. 1970년대 이전까지는 주변부에서 국가구조가 강화되어온 데 비해 1970년대 이후로는 빠른 속도로 국가구조 자체가 해체되는 모습이 관찰되고 있다(Derlugian, 1996).

　　사실 식민주의 시대에도 장기침체의 부담은 식민지로 이전되곤 했다. 그러나 현재는 그 이상의 문제가 나타나고 있다. 두드러진 문제는 국가의 통합력이 약화되고 발전주의 신화가 붕괴하면서 '민족이하적'이거나 '민족이상적' 형태의 조직을 통해 문제가 표출되어 나타난다는 점이다. 민족이하적인 조직을 통해 문제가 표출되는 예로는 종족체와 종교분파 또는 군벌을 중심으로 끊임없는 분열·분리과정이 진행되면서 민족국가의 통합력 자체가 해체되는 것을 거론할 수 있겠다. 다른 한편, 민족이상적인 조직을 통해 문제가 표출되는 예로는 한 지역의 붕괴나 피폐화가 즉각 전지구적인 영역으로 확대되면서 국가에 기반하지 않은 네트워크적 조직체에 근거한 위험계급들이 출현하고 있다는 것, 그리고 대규모 이민이 발생하고 있다는 것을 지적할 수 있다.

　　지금까지 살펴본 여러 문제점 때문에 신보수파가 주장하는 새로운 전지구적 민주주의라는 기획은 환상일 수밖에 없다. 그도 그럴 것이, 냉전이라는 조건에서와는 달리 이 해체되는 국가들에게 발전주의의 기획을 보장해줄 수 있는 지원책이 신보수파에게는 거의 없기 때문이다. 발전주의 기획에 실패한 국가에 맞서는 반란은 더 이상 국가권력 장악을 목표로 하고 있지 않다(Wallerstein, 1999a). '워싱턴 컨센서스'의 주창자 윌리엄슨(미국제경제연구소 수석연구원)이 워싱턴 컨센선스의 핵심적 내용을 수정해 시장경제를 자극하고 규제하는 역할을 하는 민첩한 국가, 위기에 버틸 수 있는 경제, 지방정부를 지원하는 재정적 수단, 그리고 빈곤탈피 방책이 필요하다고 주장하고 있는 것도 금융세계화가 주변부 국가들에 가져온 피폐화에 대한 위기감의 표현이라고 할 수 있다(Williamson, 2003).

다시 미국의 상황으로 돌아와 보자. 이제 매파는 서슴지 않고 스스로를 '제국' 또는 '제국주의'라고 부른다. 다만 좋은 제국주의와 나쁜 제국주의의 차이가 있을 뿐이다. 여기서 궁금해지는 점이 하나 있는데, 도대체 이들이 그리는 경제적 대차대조표는 무엇일까 하는 것이다. 알다시피 레이건은 통화주의와 공급경제학을 수용해 대대적인 긴축정책으로 재정수지 균형을 이루겠다고 했지만, '별들의 전쟁'을 벌이면서 국방비 지출을 엄청나게 늘려 재정적자를 천문학적 수준으로 늘려놓았다.

이 사건은 제2차 세계대전 뒤부터 베트남전쟁에 이르기까지 지속된 군사적 케인즈주의의 방식을 미국이 더 이상 유지하기 힘들다는 현실을 보여줬다. 부시 1세가 걸프전쟁에서 이기고도 재선에 실패한 것은 이런 경제적 부담에서 헤어나지 못했기 때문이다. 그러나 클린턴이 당선된 직후 미국 경제가 좋아진 것은 거꾸로 레이건이 지속한 구조조정과 금융화의 효과가 본격적으로 나타난 결과이기도 하다. 어쨌건 클린턴은 공화당보다 더 공화당적인 경제정책을 추진해, 국방비를 줄이기보다는 사회보장비를 대폭 삭감하는 식으로 재정적자를 재정수지 균형으로 돌려놓아 1998년부터 4년 동안 재정균형이 지속될 수 있는 조건을 조성했다. 미국의 금융화와 달러강세가 지속될 수 있었던 것도 이 때문이다. 그렇지만

9·11 이후 전쟁 준비를 가속화하면서 미국은 2002년에 또 다시 1천5백억 달러의 재정적자를 기록했고, 이 추세는 2007년까지 지속될 것으로 예상된다. 국방비는 계속 늘어날 테니, 재정적자를 줄이기 위해서 그나마 대폭 삭감된 사회보장비를 더 삭감하는 정책이 추진될 것이다.

그렇다면 새로운 '제국'을 지향하는 미국은 그 팽창비용을 무엇으로 벌충할 것인가? 역사적으로 제국은 새로운 부를 제국에 귀속시킴으로써 계속 팽창할 수 있었다. 로마제국은 영토의 확장비용을 약탈의 확장을 통해 벌충했다. 즉, 약탈과 수탈이 로마의 부를 지탱해줬다. 물론 유지비용의 증대와 주변에서의 반란 증가 때문에 로마제국은 무너졌다. 네덜란드를 뒤이으려는 헤게모니 계승전쟁이 영국과 프랑스 사이에 벌어진 18세기 말~19세기 초의 경합은 해상무역권의 독점과 금융 중심지의 장악, 그리고 약탈가능한 대규모 식민지의 확보라는 경제적 이권을 둘러싼 투쟁으로 전개됐다. 여기서 승리한 영국은 대서양에서 인도양에 이르는 해상무역권을 장악하고, 특히 인도의 무굴제국을 대대적으로 약탈해 그동안의 채무부담에서 벗어날 수 있었다. 20세기의 미국 헤게모니는 초국적 기업을 통해 세계시장을 장악하고, 이를 통해 세계적 부를 미국으로 집중시킴으로써 지탱될 수 있었다. 그렇다면 현재 진행 중인 미국의 제국적 확장은 어떤 부의 확장을 동반할 것인가? 그 새로운 부의 이전 메커니즘이 미국을 다시 헤게모니로 부상시킬 수 있을 것인가? 아니면 결국 늘어나는 군사적 부담을 감당하기 어려운 상태로 몰고 갈 것인가?

바로 이와 관련해 미국이 제국적 통치를 유지하기 위한 '공납' 수취 메커니즘을 형성할 수 있는가 하는 쟁점이 제기되지 않을 수 없다. 이라크 전쟁의 승리를 통해 독점할 석유자원이 미국의 군사적 팽창주의에 주요한 자금원이 될 수도 있다. 이라크에 매장된 원유는 지표층 가까이 매장되어 있기 때문에 채굴비용이 세계에서 가장 저렴한 수준이다. 따라서 막대한 이윤을 보장하는 황금알을 낳는 거위가 될 것이다. 그러나 이라크의 석유는 사실 미국 정부가 아닌 미국 자본가들에게 사유화되는 방식으로 전환되어 막대한 부를 소수 미국 자본가들의 수중으로 집중시킬 가능성이 높다. 이처럼 소수 미국 자본가들의 부가 증대한다고 해서 이것이 곧장 미국 재정수입의 증대로 이어지는 것은 아니다. 금융세계화 아래에서 세계의 자본이 미국에 집중되고 금융자본으로 부의 재분배가 급속히 진행되는데도 미국의 재정적 기반이 튼튼해지기는커녕 취약해지고 있는 것처럼, 이 경우에도 유사한 결과가 나타날 가능성이 높다.

세계자본주의의 금융적 팽창국면에서 나타나는 미국 자본주의의 초국적·금융적 성격과 미국 헤게모니의 영토주의적 성격 사이의 모순은 중동 석유에 대한 이권 독점과 관련해서도 여전히 문제가 된다. 물론 당분간 미국은 군사적 팽창과 정치적 수단을 동원해 달러의 힘을 유지하고 자국으로 자본을 집중시킬 것이다. 그러나 역사 속의 '제국들'이 잠재적 경합 지역을 영토적·정치적으로 복속시켜 그곳의 자원을 이전시켜올 수 있었던 것과는 달리, 현재의 군사적 팽창은 헤게모니 국가인 미국의 정치적·경제적 비용을 계속 높이는 방향으로만 작용하게 되어 중기적으로는 다른 생산 중심지들이 미국 중심의 세계구도와 정치적 갈등을 빚는 요소로 작용하게 될 듯하다(백승욱, 2003b).[10]

---

10) 최근 들어 미국은 전지구적 군사개입에 따른 비용부담의 급증이라는 문제를 해소하기 위해 이 비용을 세계적으로 분산시키려는 정치적 시도를 강화하고 있다. 미국이 한국 정부에게 이라크에 전투부대를 파견하고 그 파견비용을 자비로 부담하라고 강력히 요구하는 것도 그 일환이다. 미국은 이라크전쟁과 재건에 들어갈 비용의 2/3를 동맹국들에게 부담시키는 한편, 의회를 통해 이라크 재건비용의 절반을 원조가 아닌 차관형태로 변경시켜 자국의 부담을 최소화하려는 시도를 보이고 있다(『중앙일보』, 2003년 10월 18일).

이라크전쟁 그 이후

2003년 3월 20일 미국은 '이라크 자유작전'이라는 명칭으로 (제2차) 이라크전쟁을 개시했다. 부시가 USS 에이브러햄링컨호에 탑승해 "주요 작전은 종결됐다"라며 실질적인 종전 선언(5월 1일)을 할 때까지 2개월도 채 안 걸린 이라크전쟁은 미국이 당분간 군사적 팽창과 정치적 수단을 동원해 달러의 힘을 유지하고 자국으로 자본을 집중시키는 세계전략을 포기하지 않으리라는 것을 예견케 해주는 사건이었다. 그러나 역사 속의 '제국들'이 잠재적 경합지역을 영토적·정치적으로 복속시켜 그곳의 자원을 이전시켜올 수 있었던 것과는 달리, 현재 미국이 보여주고 있는 군사적 팽창은 자국의 정치적·경제적 비용을 계속 높이는 방향으로만 작용하게 되어 또 다른 정치적 갈등을 빚는 요소로 작용하게 될 듯하다.

기존의 다른 제국들처럼 미국도 제국적 팽창의 과잉산개(散開)라는
문제에 직면해 있는데(Ikenberry, 2002), 이것은 뻗어나간 만큼 감당하지
못하는 과소산개의 문제라고 볼 수도 있다(Nye, 2003). 장기적으로 팽창
에 따르는 비용과 의무가 늘어날 경우 미국은 이를 감당하기 어려울 것으
로 보이는데, 고립주의적 성향이 강한 미국인들로서는 이런 미국의 세계
적 개입을 수용하기 어려울 것이다. 미국은 군사적으로만 과잉산개하고
있을 뿐, 이것을 관리하는 문제에 대해서는 제대로 대응책을 낸 바 없다.
일례로 미국무부와 미국제발전기구(USAID)의 예산을 합해봐야 군사비의
1/16밖에 안 되는 수준이다. 게다가 평화유지군 훈련을 거의 하지 않고 있
어, 미국은 팽창에 따른 '통치성'의 문제를 다룰 준비가 전혀 되어 있지 않
다는 비판까지 받고 있디(Nyc, 2003).[11]

또 다른 문제는 미국 자신에 의해 다자주의적 틀이 붕괴될 가능성이
있다는 점이다. 국제정치에서 다자주의의 파괴는 이미 기정 사실화되고
있지만, 그 균열은 미국이 중시하는 국제경제질서의 자유주의에서 나타날
가능성도 있다. 미국은 외부 경제로부터 토착산업을 보호해 왔는데, 거대
한 국내 시장을 지닌 미국에서는 이것이 자국 내의 정치를 좌우하는 주된
요인이 되어왔다. 자유무역이 지배하는 세계경제를 미국이 주도한다는 이
데올로기와 이런 자유무역에 위협받는 미국 내 중요세력의 정치적 이익
사이에는 늘 모순이 존재해 왔다(Hobsbawm, 2003). 영국의 자유무역 제
국주의와 달리 자기중심적이고 자기충족적인 미국 경제는 처음부터 세계
경제에 부분적으로만 통합됐을 뿐, 일방주의적 자유주의 경제질서를 자동

---

11) 이런 점에서 실버와 아리기는 현재 미국이 헤게모니에서 지배(dominion)로 전환했다고 본다
　　(Silver and Arrighi, 2003 : 329).

적으로 수립할 수 있는 구조가 아니었다. 한 세기 전에 진행된 금융세계화는 자유무역체제의 종식, 경쟁적 보호주의, 파편화된 세계경제, 그리고 중심부 국가들간의 충돌로 이어졌다. 그러나 오늘날의 세계경제는 통합성을 유지하고 있을지언정 체계 자체가 불안정해질 가능성이 있다. 자유무역을 강조하는 미국에 의해 다자주의적 자유무역의 원칙 자체가 균열되기 시작했기 때문이다. 중심부 사회를 '자기조절적 시장경제'에서 보호하려는 '사회의 자기방어'가 나머지 세계의 불안정을 증대시킬 가능성이 오히려 더 높아져 가고 있는 것이다(Silver and Arrighi, 2003 : 350).

미국의 '제국적' 팽창은 계속될 것인가?

이라크전쟁 승리를 선포한 직후 미국의 지도부는 잇따라 시리아에게 경고를 쏟아 놓은 적이 있다. 대표적으로 국방장관 럼스펠드는 강경한 태도로 이렇게 말했다. "지난 12~15개월 동안 우리는 시리아에서 화학무기 실험이 있었음을 알고 있으며, 시리아인들과 다른 이들이 국경을 통과해 이라크로 들어가도록 시리아가 허용했다는 정보도 갖고 있다. 이들이 갖고 있던 선전문에는 미국인과 연합군을 살해하면 포상을 받을 것이라는 내용이 적혀 있었다. 우리는 시리아가 몇몇 이라크인들을 받아들이거나 머물도록 하거나 통과해서 다른 나라로 가도록 허용했다는 정보도 갖고 있다." 이라크전쟁에서 볼 수 있듯이, 미국에게는 대량살상무기 의혹과 테러조직과의 연계 의혹이 선제공격이나 예방전쟁의 충분한 근거가 되고 있다.[12] 미국은 이라크전쟁 전후 처리의 수렁에 빠지게 된 탓에 중동의 다른 지역으로 작

---

12) 미국의 시리아 공격가능성을 우려한 주장으로는 월러스틴(Wallerstein, 2003b)을 참조하라.

전을 확대하고 있지는 않지만, 다음은 누구 차례가 될 것인지에 대해 온갖 경고를 끊임없이 늘어놓고 있다. 이란은 물론이고, 중동의 대표적인 미국 동맹국인 사우디아라비아나 요르단도 울포위츠식 정권교체의 대상에서 예외가 될 수는 없다.

미국의 이런 제국적 거대전략의 추진은 한반도에도 거대한 위협으로 다가오고 있다. 한반도의 위기가 한참 고조되면서 북한 선제공격 시나리오에 해당하는 작전계획이 구체적으로 검토된 바 있다는 사실이 알려졌고, 북한의 공격가능성에 대한 우려도 제기됐다.[13] 미국의 다자적 일방주의라는 틀 속에서는 3자 회담이 됐건 6자 회담이 됐건 제한적인 다자주의적 틀이 미국의 의도를 제약하기보다는 미국의 주장에 정당성을 부여하는 절차로 전환될 가능성이 늘 존재한다(백승욱, 2003b). 이리크라는 문제가 아직 해결되지 않은데다 북한 공격의 대차대조표가 불명확한 상황에서 즉각적으로 북한에 대한 공격을 개시할 가능성이 낮아지긴 했지만, 이것은 위기상황의 해결이 아니라 단순한 유예일 뿐으로 보인다.

앞으로 당분간은 미국에 대적할 만한 세력이 나타날 것 같지 않기 때문에 미국이 일방적으로 주도하는 세계질서의 새로운 판짜기는 어느 정도 지속될 것이다. 그러나 혼자 가기에 충분하지만 전지구적 통치성을 형성하기에는 취약한 군사력, 해외의 제조업 생산에 절대적으로 의존하게 된 경제, 그리고 보편주의를 상실한 자국의 자유주의 때문에 미국의 구도는 헤게모니적이기보다는 더욱 노골적인 군사적 성격을 강화할 것이고, 바로 이 때문에 세계는 전례 없는 혼란에 빠질 것으로 보인다. 미국은 자신의

---

13) 대표적으로 존슨 교수는 미국이 정밀폭격의 논리에 따라 북한과의 전쟁을 시작할 가능성을 매우 높게 봤다(Johnson, 2003). 이 글은 Znet(www.zmag.org)에서도 찾아 볼 수 있는데, 한글 요약본은 『프레시안』(www.pressian.com) 2003년 4월 18일자에서 볼 수 있다.

가장 중요한 관심 지역인 유럽과 자신을 연결하는 범대서양의 위계적 공동지배(condominium)를 유지해 적어도 중심부 국가들간의 전쟁가능성을 계속 억제할 수는 있을 것이다. 그러나 변경에서 시작되는 이탈과 탈구의 가능성을 배제하기는 어려울 듯하다. 체계 전체가 발생시키는 모순이 체계의 핵심에서 해결되지 못한 채 계속 다른 지역으로 이전됨에 따라 제국적 기획의 각 고리에서 수많은 딜레마와 갈등이 분출될 가능성은 더욱더 높아질 것으로 보이며, 그 모순이 결집되는 고리에서 폭력이 폭발적으로 집약되어 나타날 가능성 역시 더욱 높아지고 있다.

미국의 '제국적' 시도가 쉽게 성공하지는 못할 것이라는 점은 쉽게 예상할 수 있지만, 그 시도가 실패한다고 해서 세계에 좀더 안정적인 질서가 나타날 것이라고 예측하기는 어렵다. 헤게모니의 쇠퇴를 억제하려는 미국의 적극적 개입은 결국 세계체계 전체를 더욱 혼란에 빠뜨려 거대한 체계의 카오스(Arrighi, 1994; Wallerstein, 1999a)로 몰고 갈 가능성도 있다. 그렇게 해서 생긴 공백을 누가 차지할 것인가 하는 것, 지금보다 더 나쁜 세력이 그 공백을 차지하지 않도록 하는 것은 과거의 경험 속에서 교훈을 발견해 새로운 길을 열어갈 사람들의 몫일 것이다.

5. '제국'과 미국 헤게모니, 세계화
—세계체계 분석을 통한『제국』읽기

백승욱

이라크전쟁 개시 뒤 미국 내외에서는 미국의 세계질서 재편과 제국적 팽창의 가능성을 연관지어 생각하는 논의들이 늘어나고 있다. 군사력의 우위 아래 세계질서를 미국 중심으로 반동적으로 재편하려는 이른바 신보수파 내에서조차 공공연하게 '제국'이나 '제국주의'가 거론되고 있는 것도 이런 변화의 단면을 보여준다.

냉전의 해체 이후 다양한 모색을 해오던 미국은 부시 2세의 집권, 특히 9·11 이후 스스로를 세계경찰로 자임하며 '테러와의 전쟁'이나 '예방전쟁'을 정당화하는 세계질서의 재편을 추진해 오고 있다. 이 시도가 미국 헤게모니의 쇠퇴를 억제하거나 반전시키려는 일시적 노력일 뿐인지, 아니면 훨씬 더 나아가 지금까지 우리가 알고 있던 세계와는 다른 세계를 구성하려는 경향을 보여주고 있는 것인지 앞으로 적지 않은 논쟁이 필요할 것으로 보인다. 그리고 이런 변화의 가능성을 탐구하는 데 '헤게모니'와 '제국'이라는 키워드는 적지 않은 유용성을 제공해 준다.

(과거의 역사적 경험에 비춰볼 때) '제국'의 가능성을 보여주는 현재 세계구도의 이례성은 세 방면에서 관찰된다. 첫째, 세계의 군사력이 미국에 집중되어 그 어떤 나라도 미국에 직접적인 군사적 대응을 할 능력을 갖추

고 있지 못하다. 이 상태는 당분간 지속될 것으로 예측된다. 둘째, 이른바 세계화와 관련해 미국이 금융세계화를 주도하고 있는 관계로 세계의 자본이 유례 없을 만큼 미국에 집중되고 있다. 자본이 미국에 집중된 탓에 세계의 여타 지역은 경기침체를 겪고 있지만, 오히려 미국에서는 '신경제'라는 형태로 이윤율의 회복뿐만 아니라 주식시장붐과 거품경제까지 나타나고 있다. 셋째, 근대 자본주의체계에 도전해 왔던 전통적 사회운동의 힘이 쇠퇴한 반면 새로운 형태의 저항들은 결집점을 찾지 못하고 있다. 그래서 19세기 말~20세기 초의 사회주의운동, 노동운동, 식민지해방운동 등이 보여줬던 체계에 대한 조직적 파괴력을 보이지 못하고 있다. 이런 운동의 위기는 민족국가의 위기와도 결합되어 나타나고 있다.

미국이 '세계제국' 또는 '세계국가'의 건설을 시도하고 있다면, 바로 앞서 언급한 변화된 조건이 그 시도를 지탱하는 토대가 되기 때문일 것이다(백승욱, 2003a). 따라서 이런 이례성이 보여주는 '단절'의 의미를 밝히는 것은 세계자본주의의 향방을 가늠하는 중요한 작업이 된다. 1970년대 이후 미국의 주도로 진행된 금융세계화는 미국 헤게모니의 물질적 토대가 약화된 데 따른 적응과정으로 이해될 수 있는데(Arrighi, 1994; Arrighi and Silver, 2001), 이전의 헤게모니 쇠퇴와 달리 미국 헤게모니 쇠퇴의 특이점은 미국이 이런 쇠퇴에 반작용할 수 있는 역량을 충분히 갖추고 있으며, 이 때문에 세계질서가 이전과 다른 형태의 혼란에 빠질 가능성이 높다는 점이다(Arrighi, 2003a; Silver and Arrighi, 2003). 단지 헤게모니 쇠퇴가 아니라 '제국'이 논란으로 부각되는 것도 이런 이유 때문이다.

이런 점에서 네그리와 하트의 『제국』은 세계적 구도로 진행되는 변화의 방향과 관련된 쟁점들을 부각시키는 데 유용한 검토대상이 된다. 『제국』은 현재 우리가 겪고 있는 과정을 하나의 중요한 역사적 '단절'로 자리

매김하고, 이 단절을 이해하기 위해 '인식론적 단절'을 요구하고 있다는[1] 점에서 유의미한 논의의 출발점이 될 수 있다. 실제로 『제국』은 동시대의 자본주의가 '제국'으로 전환될 가능성, 20세기에 등장한 미국 헤게모니의 특이성, 자본이 주도한 노동포섭의 역사가 던져주는 시사점, 과거 형태의 운동에 집착하는 보수적 좌파를 향한 비판 등, 여러 측면에서 중요한 기여를 하고 있다.[2] 그러나 이와 동시에 구체적 분석이 취약하고, 부당한 논거에 근거해 과도한 결론을 도출하며, '시적' 은유를 지나치게 사용한 탓에 (Arrighi, 2002; Žižek, 2001) 적지 않은 논쟁거리도 담고 있다는 점 역시 지적할 수 있을 것이다.

이 글에서는 오늘날의 세계자본주의가 변해 가는 방향을 파악하기 위한 방식의 일환으로, 세계체계 분석의 시각을 통해 『제국』을 읽어 그 쟁점을 부각하고 그 한계를 넘어서려는 시도를 해보고자 한다. 세계체계 분석은 전지구적 시각에서 자본주의의 역사와 자본주의가 '제국'과 맺는 관계를 바라보고, 분과학문의 틀을 넘어서는 접근법을 취하며, 맑스주의와도 일정한 연관성이 있다는 면에서 『제국』의 문제설정과 대화할 수 있는 가장 인접한 이론이라고 할 수 있다. 『제국』 자체가 세계체계 분석, 특히 아리기의 『장기 20세기』를 중요한 논거이자 반론의 대상으로 삼아 논지를 전개하고 있다는 점에서도,[3] 이런 독해법은 쟁점을 부각하고 토론을 확장하는 데 유의미한 전략이라고 생각된다.[4]

---

1) 네그리와 하트는 오늘날 미국이 제국을 수립하려고 시도하는가를 묻는 것이 아니라 그보다 더 나아가 이미 우리가 확립된 제국 속에서 살고 있음을 주장한다는 점에서 훨씬 더 근본적인 주장을 제기하고 있다.
2) 이런 점에서 현재의 세계상황은 국가들간의 경쟁이 격화되던 20세기 초의 상황으로 되돌아간 것에 불과하다고 평가하면서 『제국』을 비판하고 있는 캘리니코스의 논지를 수용하기는 어렵다(Callinicos, 2002).

『제국』의 논리와 쟁점

『제국』은 제국적 주권권력의 형성, 자본주의의 실질적 포섭 완성에 따른 훈육사회에서 통제사회로의 이행, 비물질적 노동을 중심으로 하는 소통적·정보적 노동력의 새로운 구성, 그리고 새로운 코뮤니즘의 전망 등을 통해 오늘날을 '제국'의 시대로 규정하고 있다. 네그리와 하트가 말하는 '제국'은 "전지구적 교환들을 효과적으로 규제하는 정치적 주체, 즉 세계를 통치하는 주권권력"(15)인 동시에, "프롤레타리아 국제주의에 대한 반응"(90)으로서 자본이 이 국제주의를 포섭하기 위한 틀이고, 저항주체의 측면에서 보자면 "주체들의 새로운 범다변성을 이해해야만 하는 틀이며, 새로운 권력 패러다임이 도달하게 되는 끝"(56)이다. 네그리와 하트가 보는 제국형성의 논리를 가장 단순화하자면 이렇다. 근대 자본주의의 역사 속에서 대중(또는 다중[multitude])의 탈영토화 욕망은 전지구적 차원의 소통가능성을 만들어냈는데, 자본의 내재적 특성이기도 한 탈영토화의 경향이 이 가능성을 포획해 중심 없이 편재하는 권력형태로서의 제국적 주권

---

3) 네그리와 하트는 논지를 전개하는 주요 지점마다 세계체계 분석의 시각을 비판하고 있다. 우선 그들은 세계화의 단절이 갖는 중요성을 경시한 채 역사를 순환적인 영원회귀로 본다는 이유로 세계체계 분석가들을 비판한다(Negri and Hardt, 2000[2001]: 34, 319). 게다가 적대의 사회적 관계도 보지 못하고(63), 체계와 반체계운동의 관계를 단조로운 조응관계로 보고 있으며(101), 제3세계주의에서 벗어나지 못한다고 비판한다(351). 그러나 아리기 자신도 이에 대해서 반론을 펴고 있다(Arrighi, 2002).

4) 논의에 앞서 네그리와 하트의 '제국' 개념은 여타의 사람들이 사용하는 것과는 그 함의가 다르다는 점을 지적해둬야 할 필요가 있다. 이들에게서 제국은 민족국가적 한계를 넘어서는 초국적 주권권력이자, 초국적 다중의 형성과 그에 조응하는 실질적 포섭형태의 출현을 총괄적으로 지칭한다. 반면 세계체계 분석의 시각에서 '제국'에 대한 언급이 제기될 경우, 이는 자본주의적 팽창의 논리에 대해 영토주의적 논리가 우위에 서게 되어 단일의 중심을 갖는 정치구조가 자본축적 자체를 제약하게 되는 체계 또는 그런 경향을 지칭하는 한정적 의미로 사용된다. 이들이 보기에 근대 자본주의체계의 구성원리인 세계경제는 그 이전 세계의 구성원리인 세계제국과 구분되며, 자본주의는 세계적 규모의 제국형성을 억제하는 경향을 갖는다.

권력을 등장시켰다. 이와 같은 제국의 핵심적 특징을 『제국』의 논리에 따라 정리하면 다음과 같다.

- 제국은 민족국가의 주권이 쇠퇴하면서 전지구적으로 등장한 초국적 주권권력이다. 이 제국은 개방적이며, 팽창하는 자신의 경계 안에 지구적 영역 전체를 통합해 가는, 탈영토화하는 지배장치이다. 제국의 형성에서 19세기 말 이후 미국이 중요한 계기가 되지만, 제국은 중심 없는 통치성의 편재된 형식이라는 점에서 미국이 이 제국의 중심인 것은 아니다.

- 제국이 출현하면서 민족국가적 주권권력에 기반한 제국주의의 시대는 종료됐다. 제국은 제국주의가 자본에 부과한 구속을 벗어나려는 시도 속에서 탄생했다.

- 세계화는 제1~3세계 사이의 공간적 분할을 깨고, 이 공간들을 뒤섞어 놓았다. 따라서 제3세계의 고유성은 사라졌다. 제1세계 내의 제3세계와 제3세계 내의 제1세계가 동시에 존재하면서 다양한 지대들 사이의 경계선은 유동적이 되고, 본성의 차이가 아닌 정도의 차이만 남게 됐다.

- 우리 시대에 근대화는 끝났다. 탈근대화를 통해 모든 생산은 서비스 생산을 향하고 정보화하는 경향이 있다. 산업노동자들은 헤게모니를 잃었고, 탈근대에서 축적된 사회적 부가 점점 비물질적이 되어감에 따라 노동계급의 핵심은 비물질적 노동을 담당하는 노동자들로 이동했다. 이에 따라 소통적·협동적·정서적 노동이 우위에 서게 된다. 이 새로운 노동자들은 사회적 노동자라는 형상을 띤다.

● 제도들의 붕괴, 시민사회의 소멸, 그리고 훈육사회의 쇠퇴로 인해 사회는 통제사회의 네트워크들로 전환됐다. 이런 통제사회로의 이행은 정체성에 고정되지 않는 잡종적이고 변화하는 주체성을 낳았다.

● 제국은 새로운 주체성인 대중(다중) ── 이들은 민족국가적 틀 속에서 형성된 인민과 다르다 ── 의 초국적 형성에 반응한 결과이다. 자본은 프롤레타리아 주체성의 새로운 생산에 직면해 이에 대응해야만 했는데, 이 새로운 주체성이 대중이라는 형상으로 등장한다. 대중의 투쟁은 곧 전지구적 수준으로 도약해 제국적 구성을 전반적으로 공격한다. 이런 투쟁들간의 소통불가능성조차 약점이라기보다는 강점이 되는데, 그 이유는 어떤 종류의 외적 도움이나 확장을 기다리지 않고 곧바로 투쟁이 제국의 가상적 중심으로 도약하기 때문이다.

네그리가 늘 주장해 왔듯이(Negri, 1984; 1988), 이 기저에 깔린 논리는 노동의 능동성(산 노동)이 선차적이고 자본은 이에 대응해 수동적으로 변한다는 것이다. 노동의 새로운 역능은 자본의 기존 포섭형태를 벗어나 새로운 구성을 만들어내고, 이에 대응하는 자본의 새로운 포섭형태가 등장하면서 주권권력-자본의 포섭형태-새로운 주체성이라는 요소로 구성된 자본주의의 역사가 출현하게 된다. 노동의 역능이 발전하고 새로운 주체성이 출현하는 것은 세 가지 형태의 노동자가 등장하는 것과도 상응하는데 전문적 노동자, 대중노동자, 사회적 노동자가 그것이다.[5]

---

5) 네그리는 다른 곳(Negri, 1997[2003b]: 76)에서 각 계급구성의 시기를 좀더 분명하게 구분한다. ① 미분화된 노동자(1848~70), ② 전문적 노동자(1870~1917), ③ 대중노동자(1917~68), ④ 사회적-초국적 노동자(1968년 이후).

『제국』, 우리 시대를 위한 『공산당선언』?

2000년 3월, 네그리와 하트의 『제국』은 하버드대학출판부에서 발매되자마자 국제적인 베스트셀러가 됐다. 대학출판부에서 나온 책으로서도 이례적이었고, 좌파적 성향이 농후한 연구서로서도 이례적인 일이었다. 이와 같은 이례적인 성공담을 서구의 언론매체들이 놓칠 리 없었다. 그러나 각종 언론매체들이 네그리가 이탈리아의 무장 게릴라 단체 붉은여단의 배후였다는 둥, 하트가 아이비리그 졸업장도 없는 교수라는 둥, 온갖 뒷소문을 정신 없이 기사로 써대는 동안 『제국』은 전세계 대중운동가들의 진지한 토론대상이 됐다. 특히 제국적 주권권력의 형성, 자본주의의 실질적 포섭 완성, 훈육사회에서 통제사회로의 이행, 비물질적 노동을 중심으로 하는 소통적·정보적 노동력의 새로운 구성, 새로운 코뮤니즘의 전망 같은 네그리와 하트의 핵심적인 테제는 숱한 논쟁을 불러왔다(위의 그림은 『뉴욕타임스』에 실린 네그리의 캐리캐처이다).

　제국의 출현은 주권권력의 영토화하는 경향과 자본주의의 탈영토화하는 경향이 빚어내는 모순을 통해서도 설명된다. 이런 모순이 가장 첨예하게 드러난 것은 20세기 초 제국주의 경쟁 시기였다. 제국주의 시대는 노동과 자본의 탈영토화하는 경향을 민족국가적 주권의 틀 속에 묶어둠으로써 양자의 역능이 발전하는 것을 막았는데, 그 모순을 해결하기 위해 노동의 역능이 보여준 탈영토화하는 경향이 제국적 주권의 틀로 발전하게 됐다는 것이다. 제국은 여기서 더 나아가 새로운 노동력 구성을 포섭하는 틀로서 세 가지 모습을 띤다. 첫째, 제국적 주권권력은 미국이 주도하긴 하지만 중심도 주변도 없는 제국적 주권을 형성하고 여기에 대중민주주의와 통제사회라는 특징이 수반된다. 둘째, 제국적 구도의 경제적 토대로서 세계화는 자본의 탈영토성과 노동의 탈영토성(노동이동과 소통노동)으로 나타난다. 셋째, 이런 제국적 틀 속에서 대중저항의 지형은 완전히 새로운 형태로 전환되어 리좀적·노마드적 형태를 띠게 된다.[6]

　『제국』의 논리는 20세기와 이전 시대와의 근본적 단절을 주장하는 동시에 제국적 재구성의 전지구적 영향력을 주장하고 있다. 따라서 동시대의 세계변화를 논의할 때에는 적어도 세 가지 쟁점이 제기된다. ① '제국'을 근대 자본주의의 역사에서 그 이전, 즉 19세기와 완전히 단절된 새로운 시대로 볼 수 있는가 하는 쟁점. ② 네그리와 하트가 제국이 완성된 계기로 이해하고 있는 세계화가 과연 제국의 물질적 기초인가, 세계화가 전지구적으로 전일적인 현상으로 이해될 수 있는가 하는 쟁점. ③ 다중은 제국

---

6) 자본주의는 비자본주의적 부문을 새롭게 포섭하면서 단계적으로 발전한 것으로 이해되기도 한다. 예컨대 농촌이라는 비자본주의적 부문을 포섭한 것, 제국주의 시대에 비자본주의적 지역으로 자본주의가 팽창한 것, 그리고 제국적 주권 아래에서 실질적 포섭이 실현된 것 등의 단계를 거쳐 자본주의가 발전했다는 것이다.

에 치명적 위협을 가하고 있는가, 다중의 저항에 난점은 없는가 하는 쟁점. 이제부터 이 쟁점들을 순서대로 살펴보자.

'제국'과 세계헤게모니

주권권력의 변화를 주시하는 네그리와 하트에게서 무엇보다 중요한 '제국' 형성의 단절점은 레닌이 『제국주의론』을 집필하던 제국주의 시대와의 단절이다. 네그리와 하트가 보기에 20세기의 제국주의는 민족국가적 기획의 한계를 보여준다. 제국주의는 제국의 출현을 막아왔을 뿐만 아니라 세계의 탈영토적 통일을 저해해 왔고, 자본의 유동과 상품의 거래를 민족국가와 식민지 사이의 범위 내에 한정시켰으며, 대중을 '인민'의 형태로 민족국가의 틀 속에 묶어 두려한 기획이었다. 그에 비해 '제국'은 민족국가의 기획을 넘어서는 전지구성을 띤다. 그 본격적인 출발은 미국의 출현과 함께 시작됐다. 미국은 주권적 구성에서 제국주의 시대의 민족국가적 주권의 틀과는 다른 개방적·탈영토적 특징을 애초부터 지녔는데 전세계를 분할한 민족국가적 틀의 극복과 정치적 통일성, 초국적 기업네트워크를 중심으로 한 경제의 통합, 자본에 의한 노동의 실질적 포섭과 그에 따른 통제사회 수립을 통해 제국적 틀을 형성했다는 것이다. 따라서 제국은 제국주의적 형태를 띤 자본주의 권력의 종료이자 근대의 종료를 뜻한다 (Hardt and Negri, 2002 : 180).[7]

---

7) 네그리는 이처럼 변화된 상황에서는 더 이상 착취의 국제적 확장가능성을 의미하는 '제국주의'를 말하기가 어렵다고 말한다. 그가 보기에 국가들간의 상대적 우위는 있겠지만 그것은 부차적일 뿐이며, 중요한 것은 미국·유럽·러시아·중국 등의 집합적 자본에 의한 세계의 지배라는 것이다. 그는 이 때문에 '미국 제국주의'를 이야기할 수는 없다고 주장하면서 자본들간의 갈등보다는 통일에 초점을 맞추고 있다(Negri, 2001 : 190).

　　그런데 네그리와 하트의 이런 논리를 20세기 초에 한정하지 않고 조금 더 이전 시점으로 거슬러 올라가 살펴보면 많은 난점이 생기게 된다. 19세기 중엽, 즉 영국 헤게모니가 정점에 있던 시기로 초점을 돌려보자. 19세기 영국 헤게모니의 우위는 단순히 산업혁명이 아니라 자유무역 제국주의라는 전지구적 기획에 뿌리를 두고 있었다. 이 기획의 특징은 강력한 군사력·정치력을 바탕으로 지속한 영토제국주의적 팽창, 전세계를 상업망으로 연결하는 자유무역주의, 금본위제를 바탕으로 한 파운드 스털링의 지배, 식민지에서 공급된 저가의 원료와 값싼 노동력을 영국이라는 세계의 공장에서 가공해 전세계에 판매하는 체계의 수립 등이었다(Arrighi, 1994). 강력한 해군력을 바탕으로 한 군사적 우위는 유럽 내에서 (20세기에 비해 더 오래 지속된) ‘백년 평화’라는 영국의 절대적인 군사적·정치적 우위를 낳았고(Polanyi, 1944), 유럽 바깥에서는 해가 지지 않는 나라라는 대영제국의 번성을 낳았다. 영국의 전지구적 상업망은 세계의 모든 지역을 상호중첩된 복잡한 자본주의의 연결망으로 포섭했는데, 영국의 대외적 팽창은 전지구적 인구이동의 증가와 커뮤니케이션 수단의 발달(철도와 전신)을 동반했다. 여기에 19세기 말 금융세계화가 진행되면서 급속히 증대한 자본수출은 제국의 네트워크 안으로 세계를 더 긴밀하게 포섭시켰다. 이렇듯 전세계를 끌어들이고 민족국가 단위를 넘어서는 지구적 통합성의 새로운 형태는 이미 19세기 영국 헤게모니 아래에서 출현했다. 그렇다면 제국의 계보에 영국을 중심으로 한 19세기의 역사적 경험이 배제되어야 할 이유는 어디에 있는가?[8]

　　20세기 초 제국주의 국가들간의 경쟁은 오히려 이런 영국의 ‘제국적’ 질서가 무너진 결과로 봐야 한다. 다시 말해서 제국주의 국가들간의 경쟁은 1873~96년까지 진행된 장기침체 탓에 전지구적 통합을 이끌어 왔던 영국 헤게모니가 약화되고, 유럽의 후발 국가들이 영국의 영토제국주의적 모델을 본떠 대영제국의 지위를 계승하려는 경쟁을 벌인 결과로 제국주의적 전쟁을 가져온 역사, 즉 새로운 헤게모니(또는 새로운 '제국')로 이행하는 과정의 역사라고 파악해야 한다는 것이다. 물론 네그리와 하트라면 19세기 영국 중심의 자본주의 질서는 '훈육사회'이기 때문에 제국의 기초가 될 생체권력적 역능의 기반을 아직 갖고 있지 못했다는 점을 문제삼을 것이다. 그러나 이런 특징은 20세기적 제국의 특징일 뿐이다. 가령 네그리와 하트가 다른 전거로 삼는 로마제국에도 이 특징이 적용될 수 없다. 게다가 19세기의 영국 헤게모니 시기를 주권권력의 혼합적 구성이라는 로마적 특징이 재현된 시기로 보지 않을 이유도 없다는 점까지 덧붙이면 논란의 여지는 더욱 커진다.

요점은 이렇다. 20세기 초 제국주의 시대와 뚜렷이 단절된 특징을 지닌 20세기의 '제국'을 말하려면, 19세기 대영제국이 정점에 있던 시기와 20세기 미국 중심의 세계 사이에서 볼 수 있는 유사점과 차이점을 먼저 명확히 검토해야 한다. 또한 이를 위해서는 그 중간의 '제국주의 시대'를 어떻게 자리 매김할 것인가가 무엇보다 중요하다. 제국주의를 이해하는 방식은 이론적으로 다양하며, 오랜 논쟁의 역사를 갖고 있기도 하다. 첫번째 이해방식은 제국주의를 자본주의의 새로운 단계로 설정하는 것이다. 힐퍼딩과 홉슨의 논의에서 출발해 금융과두제, 자본수출, 식민지의 분할과 재분할을 둘러싼 충돌 같은 특징을 예로 들어 제국주의를 '자본주의의 최

---

8) 『제국』의 제4부 2장 "유럽의 종말"이라는 절에서 네그리와 하트는 제국주의가 위기를 맞고 미국이 부상하던 시기를 논의하면서 당시 유럽 지식인들의 위기 논의가 '제국적 유럽'이라는 이상의 위기를 반영한다는 논지를 펴고 있다. 여기서 이들이 '제국적 유럽'을 실현되지 않은 이상으로 이해하는지, 아니면 유럽에서 이미 제국과 유사한 특성들이 나타난 바 있는데 그것이 위기에 처한 것이라고 보는지는 분명하지 않다.

고·최후의 단계'로 규정한 레닌이 이에 해당한다. 두번째는 제국주의를 민족국가적 주권권력의 모순이 폭발한 한계점으로 보는 시각이다. 네그리와 하트의 주장이 바로 이것인데, 이런 주장은 레닌의 경제적 단계론을 정치적 단계론으로 바꿔놓은 주장이다. 게다가 이런 주장은 레닌보다는 부하린의 초제국주의론에 대한 정치적 해석으로 읽힐 수도 있다. 세번째는 제국주의를 자본주의의 한 단계가 아니라 자본주의에 내재된 중심과 주변의 불평등 관계(잉여 이전을 포함해)의 경향으로 보는 방식이다. 이것은 하나의 헤게모니체제가 또 다른 헤게모니체제로 이행하는 과정에서 발생한 세계질서의 와해로 20세기 초의 특징을 해석하는 방식인데, 뒤메닐과 레비(본서 6장 참조) 또는 세계체계 분석의 입장이 이렇게 해석될 수 있다. 특히 이런 입장에서 보자면 제국주의적 전쟁이라는 특징은 바로 19세기 영국 헤게모니의 특성에서 연원한다.

19세기와 20세기를 비교해 보는 문제로 되돌아와, 자본주의의 역사 속에 '제국'의 경향이 상존하고 있던 것이 아닌가라는 질문으로 이 문제를 다시 제기해 보자. 이와 관련해서는 자본주의 역사의 기본 구도에 대한 네그리와 하트의 주장을 세계체계 분석의 입장에 서 있는 아리기의 주장과 비교해 해석상의 차이점을 살펴보는 것이 유용하다. 양자는 자본주의의 역사를 파악하는 데 있어서 일견 유사한 구도를 제시하고 있기 때문에 그 비교는 매우 흥미롭다. 네그리와 하트는 민족국가적 주권의 영토주의적 성격과 자본의 탈영토성 사이에서 빚어지는 모순이 자본주의의 역사를 구성한다고 보고 있다. "근대적 주권의 초월성은 자본의 내재성과 충돌한다"(424). 아리기도 어떤 점에서는 이와 유사하게 국가간체계의 영토주의적 특성과 자본의 코스모폴리탄적(즉, 탈영토적) 특성이 빚어내는 모순을 역사적 자본주의의 기본 모순으로 파악하고 있다(Arrighi, 1994 : 33). 그러나 그 다음 단계의 논리전개에서 양자의 차이는 분명해진다. 네그리와 하트는 자본의 탈영토적 특성(물론 그것은 노동의 역능에 대한 수동적 반응으로 나타난다)이 제국의 구성을 추동하는 경향으로 나타난다고 본다. 이와 반면에 아리기는 자본의 탈영토적 경향이 자본주의의 역사에서 제국의 구성을 억제하고, 이를 국가간체계라는 질서 속에 붙잡아 두는 힘으로 작용하는 것으로 본다.

이럴 경우 네그리와 하트가 말하는 제국의 잠재적 가능성은 자본주의의 역사 속에서 작은 것이 더 큰 것으로, 부분적인 것이 더 전면적인 것으로 현실화되는 과정으로 이해된다. 이들의 주장에 따르면 자본 자체에 내재된 탈영토성은 제국적 경향과 공명하기 때문에, 제국의 출현을 억압하거나 이미 출현한 제국을 억압하는 작용은 오직 민족국가와 노동력의 구성 양쪽에서만 나타나게 된다. 즉, 대중의 인민적 구성 또는 노동력의 탈영토성에 대한 민족국가적 억압만이 제국의 출현을 억제할 수 있다는 것이다. 그렇다면 세계화로 민족국가적 기능이 와해되고 있으니 제국의 형성과정은 노동의 구성이건 자본의 경향이건 어떤 측면에서 보더라도 불가역적인 과정으로(그리고 이 과정을 거스르려는 것은 반동적인 것으로) 이해될 수밖에 없다. 이럴 경우 '제국'은 헤게모니와는 다른 것이 된다.

이와 달리, 아리기는 자본의 코스모폴리탄적 경향이 자본주의의 역사에서 제국의 구성을 억압해 왔다고 파악한다. 세계경제로서의 근대 자본주의에 속해 있는 자본에게는 독점경쟁에서 승리해 우세한 지위를 확보하려면 강력한 국가의 지원이 꼭 필요하다.[9] 그렇지만 자본은 이런 국가가

---

9) 이 지원은 군사적·정치적인 동시에 경제적·사회적인 것이다(Arrighi, 1994; Arrighi and Silver, 1999; Taylor, 1996a).

자본축적에 장애가 되거나 축적을 자의적으로 중단시킬 수 있을 만큼 강력해지는 것을, 즉 제국적 형태로 팽창하는 것을 제어한다. 이 때문에 '세력균형'을 특징으로 지니는 독특한 정치질서, 즉 국가간체계가 자본주의의 상부구조로 등장했으며 제국의 구성은 늘 추진되지만 실패해 왔던 것이다. 한편 이 관계는 독특한 형태로 나타난다. (민족국가를 후원자로 업고) 상대적 우위를 획득하기 위해 자본들이 서로 경쟁한 결과, 제국은 아니지만 준(準)제국적인 헤게모니 국가가 등장하게 된 것이다.[10] 그러나 이런 헤게모니는 장기간 지속되지 않으며, 이 때문에 헤게모니 국가는 자본주의 체계 내에서 제국으로 팽창하지 못하게 된다. 이 과정에서 헤게모니의 영토주의적 기반과 자본의 코스모폴리탄적 경향이 서로 모순된다.

아리기는 이 점을 설명하기 위해 헤게모니의 성장국면과 쇠퇴국면을 구분한 뒤 전자를 물질적 팽창으로, 후자를 금융적 팽창으로 부른다. 그의 주장에 따르면 헤게모니는 이윤율이 이자율보다 낮아지는 지점을 지나면서 쇠퇴해 금융적 팽창의 길을 걷게 되는데 그에 따라 헤게모니 국가는 점차 생산상의 우위를 잃게 되고, 코스모폴리탄적(탈영토적) 자본은 금융적 팽창 아래에서 새로운 헤게모니 경합지역으로 투자처를 옮겨 새로운 헤게모니의 부상을 지원하게 된다(Arrighi, 1994 ; Arrighi and Silver, 2001). 미국 헤게모니는 초국적 법인자본 네트워크와 전지구적 군사력 우위를 통해 제국주의 시대의 국가간체계가 빚어낸 모순이 지양된 세계헤게모니가 됐지만, 그것을 가능케 한 물질적 토대가 약화되면서 미국 헤게모니가 형성한 전지구적 통치성에는 균열이 발생하게 된다. 이처럼 세계체계 분석은

---

10) 이런 주장은 자본주의가 시장경제의 상부구조로서 (특히 정치적) 독점이라는 브로델의 주장에 기반하고 있다(Braudel, 1979a ; Wallerstein, 1991b).

제국을 헤게모니와 구분할 뿐만 아니라 자본주의의 속성이 제국적 팽창을 제약하고 민족국가적 분절을 강화한다고 본다. 각 시기 세계헤게모니 경쟁 속에는 늘 제국적 팽창경향이 내재되어 있지만, 그것은 자본의 제약과 과잉팽창의 비용 증대 때문에 늘 상대적 우위 이상으로 뻗어나가지는 못했다. 오늘날 미국이 보여주는 '제국적' 팽창에 대해서도 우리는 똑같이 주장할 수 있을 것이다. 즉, 미국의 제국적 팽창은 과거 제국적 팽창이 봉착한 것과 유사한 모순에 부딪힐 것이라고.[11]

이처럼 네그리·하트와 세계체계 분석 양자의 입장차이는 제국과 헤게모니 국가의 차이라는 측면에서 나타나는데, 특히 20세기 역사에서 냉전이 차지하는 위상을 평가할 때 이 차이가 단적으로 드러난다. 네그리와 하트는 냉전을 제국의 길로 가는 과정에서 탈영토화를 지체시킨 민족국가적 주권형태의 에피소드로 평가하고 있다. 냉전은 제국주의 시대의 종료와 더불어 시효가 만료된 민족국가적 주권형태가 발전주의 기획과 소련식 사회주의라는 기획을 통해 유지되면서 이미 탈영토화하고 있는 대중을 훈육사회의 틀로 묶어두려 했던 에피소드에 불과하다는 것이다(Negri and Hardt, 2000[2001]: 334~336). 따라서 냉전은 제국으로 가는 길의 장애물에 불과했으며, 오히려 냉전이 종료되면서 '제국'은 전면적으로 개화할 수 있었다는 것이 이들의 주장이다. 이 주장은 19세기에 출현한 '제국'의 맹아가 20세기 말 전지구적 사회구조의 변화로 인해 완성된다는 논지에

---

11) '제국'을 바라보는 시각이 이처럼 상이한 탓에 9·11 이후의 변화에 대해서도 네그리·하트와 세계체계 분석가들은 서로 다른 해석을 내놓는다. 네그리와 하트는 9·11 이후 미국이 '제국'에서 이탈해 '제국주의적' 방향으로 나아가고 있다거나(Hardt and Negri, 2002; Negri, 2002[2003]: 204), "미국이 제국의 합법성을 벗어났으며, 이런 시도는 초국적 방식으로 이 제국의 일부를 형성하는 다른 세력에 대항하는 쿠데타"(Negri, 2003)라고까지 말한다. 그러나 월러스틴이나 아리기는 미국이 기존의 국가간체계 논리와는 다른 '제국적' 경향을 강화해 가고 있다고 본다(Wallerstein, 2003b; Arrighi, 2003b).

다는 것이다. 그러나 세계체계 분석은 냉전을 영국 헤게모니 시기의 인도 약탈만큼 중요한 사건으로

제국이냐 세계헤게모니냐?

『제국』과 세계체계 분석은 냉전의 역사적 의미를 평가할 때 단적으로 차이를 드러낸다. 네그리와 하트는 냉전을 제국으로 가는 길의 장애물 정도로만 여긴다. 냉전이 없었다면 제국은 더 빨리 개화할 수 있었다는 것이다. 그러나 세계체계 분석은 냉전을 영국 헤게모니 시기의 인도 약탈만큼 중요한 사건으로 본다. 잘 알려져 있다시피 인도의 식민지화는 영국이 헤게모니 국가가 되는 데 중요한 역할을 했다. 영국은 인도를 약탈해 전쟁부채를 청산했고, 인도를 저가의 원료 공급지로 활용했고, 인도인을 식민지 확장에 필요한 용병으로 동원했고, 인도의 대외 경상수지 흑자를 끌어다가 자국의 상시적 경상수지 적자를 메울 수 있었다. 이런 시각의 연장선상에서 보면 냉전은 미국 헤게모니 형성에 필수 불가결한 요소였다(사진은 1911년 영국의 국왕 조지 5세와 메어리 왕비가 인도 왕자들의 시중을 받으며 인도 식민지에서 영국군을 사열하는 장면이다).

의해 정당화되는 것처럼 보인다. 이렇게 볼 경우 미국 헤게모니가 경제적·정치적 정점에 있던 시기를 지탱하던 가장 핵심적인 요소가 그 시기를 설명하는 데 있어서 주변적인 것으로 배제되고 만다.

이에 반해 아리기에게 냉전은 영국 헤게모니 시기의 인도 약탈만큼 중요한 역사적 사건이다(Arrighi, 2003a). 예컨대 아리기는 냉전이 없었다면 미국 헤게모니가 불가능했을 것이라고 말할 만큼 냉전이 역사적으로 중요한 의미를 지니고 있다고 주장한다(Wallerstein and Hopkins, 1999). 미국 자본주의는 19세기 영국과 달리 그 발전의 특성상 전지구적이지 않았다. 따라서 제2차 세계대전 뒤 미국 자본주의는 전지구적 자본주의를 재생시킬 동력을 충분히 갖추고 있지 않았다. 이런 동력을 갖추기 위해서는 루스벨트에서 시작된 뉴딜정책의 기획이 전지구적으로 확대되어야만 했다. 냉전은 이것이 현실화된 계기였다. 냉전 때문에 미국 헤게모니 아래에서 준제국적 국가간체계의 질서가 수립될 수 있었던 것이다. 즉, 냉전 아래에서 ① 미군의 전지구적 전진배치와 주권제약을 통한 미국의 세계적 정치지배가 가능해졌고, ② 유럽에서의 마샬플랜, 동아시아에서의 일본 부흥, 동아시아 신흥공업경제의 지원을 통한 세계경제 부흥, 그리고 미국 초국적 기업의 세계진출 등이 가능해져 미국 헤게모니의 물적 토대가 형성됐으며, ③ 사회주의의 위협에 맞서는 20세기적 노동의 포섭(서반구의 '복지국가'와 제3세계의 '발전주의 기획')이 추진될 수 있었다. 이처럼 냉전은 미국의 세계지배를 '제국적' 형태보다 헤게모니적 형태로 지탱할 수 있던 중요한 뼈대였다고 할 수 있다.

냉전의 위상을 이렇게 규정한다면, 우리는 탈냉전 시기에 나타난 특징들을 미국 헤게모니의 쇠퇴라는 관점에서 이해할 수 있게 된다. 적어도 세 가지 측면이 이와 관련해 주목된다.

첫째, 냉전체제의 해체로 미군의 주둔과 미국의 군사적 영향력에 대한 세계적 동의가 점점 더 줄어들고 반발은 커지고 있다. 이런 반발은 미국의 동맹국으로 분류되어 왔던 유럽의 틀(가령 NATO)뿐만 아니라, 남반구의 국가들에서도 점점 더 늘어나고 있다. 그러나 오히려 이 때문에 냉전 아래에서보다 더 많은 경찰력과 군사적 개입이 필요한 상황이 빚어졌다. 둘째, 냉전 아래에서 정치적 구도에 따라 전후 복구를 지원하고 지역거점 국가를 만든 결과, 독일과 일본을 중심으로 하는 후발 국가들의 추격이 진행됐다. 이 국가들의 추격속도가 매우 빨라서 미국은 경제적 우위를 제2차 세계대전 뒤 30년도 지속시키지 못했다. 게다가 세계질서를 유지하기 위한 미국의 비용은 계속 늘어왔는데, 미국의 무역적자와 재정적자가 증대됨에 따라 이 비용의 지출은 미국 경제에 점점 더 큰 부담이 되어왔다. 셋째, 냉전의 해체는 노동의 포섭에 대한 정치적 필요성을 줄였으며 그에 따라 복지국가와 발전주의 기획이 해체되기 시작했다. 결국 이 때문에 노동에 대한 안정적 포섭의 기반이 매우 취약해졌다.[12]

세계화와 제국

네그리와 하트는 19세기 말 이후의 미국식 주권권력 형성을 제국의 출발점으로, 20세기 말의 세계화를 제국의 경제적 토대가 완성되어 가는 변화

---

12) 이 점은 냉전에 근거한 20세기 미국 자유주의의 위기(더 넓게는 자유주의 일반의 위기)를 보여주는 것이기도 하다(Wallerstein, 1995a; 1999a). 한편 역사인구학자라는 배경을 가진 토드도 미국 경제가 금융화와 세계생산에 과도하게 의존하고 있으며, 제국적 확장을 이루기에는 (역설적으로) 군사력이 부족하고, 보편적 감정의 후퇴를 겪고 있다는 세 가지 측면에서 미국 헤게모니의 쇠퇴와 미국이 진정한 제국으로 전환하기 어려운 난점을 '제국의 몰락'이라는 표현을 통해 지적하고 있다(Todd, 2003). 이런 토드의 주장은 동시대 미국의 위상에 대한 아리기나 월러스틴의 관점과 유사하다.

로 이해하고 있는 것 같다. 이들은 세계화가 민족국가의 영토적 한계를 와해시켰고, 생산네트워크를 전지구적으로 확산시켰으며, 정보기술혁명을 통해 통제사회를 전지구적으로 확대시켰다고 주장한다. 이런 세계화 아래에서 비물질적 노동의 중심성, 민족국가의 해체, 포스트포드주의, 금융자본의 투기성 강화라는 제국적 특징들이 전면적으로 드러나게 된다는 것이다.[13] 그런데 네그리와 하트의 문제는 이들이 세계화와 금융화를 자본주의의 단계 구분으로 이해하고 있다는 점, 그리고 세계화의 세계적 영향력을 균일적으로 파악하고 있다는 점이다.[14] 이제부터 금융세계화를 둘러싼 이해의 문제와 두 가지의 전지구적 균일화(지역적 동질화와 노동의 동질화)라는 쟁점을 살펴보도록 하자.

1) 금융화의 문제

『제국』은 금융자본의 투기적 성향을 제국의 경제적 토대가 형성된 징후로 파악하고 있다. 『제국』은 자본주의의 역사를 자본의 성격에 따라 세 가지 단계로 나눠 분석하고 있는 것처럼 보인다. 제1단계는 유럽(특히 영국)에 한정된 산업자본주의 단계로서, 공업이 비자본주의적 농업을 자본주의적 형태로 포섭해 일국 단위에서 탈영토화가 진행되는 과정이다. 제2단계는 산업자본주의가 유럽 전체로 확산된 이후, 이것이 다시 세계적으로 팽창하는 독점자본주의 단계이다. 제국주의의 시대라는 특징을 띠는 이 단계

---

13) 네그리와 하트에게 중요한 것은 경제적 측면보다는 생체권력의 출현이라는 정치적 측면이다 (Hardt and Negri, 2002 : 181). 네그리는 제국을 군사·금융·문화·정치·언어의 영역에서 발생하는 주권의 새로운 이행이라고 보며, 이에 작용한 '다중'의 중요한 계기로서 선진국 노동계급의 저항, 반식민지전쟁과 베트남전쟁의 반제국주의, 사회주의권에서 나타난 자유를 향한 요구를 들고 있다(Negri, 2002[2003] : 80).

14) 여기서 제국형성의 기점을 미국의 주권권력이 뉴딜정책을 통해 등장한 1930년대로 볼 것인가, 아니면 세계화가 진행되는 1980년대로 볼 것인가라는 쟁점도 제기된다.

에서는 유럽 자본주의에 의한 비유럽 자본주의의 영토화와 노동자들의 탈영토화가 진행된다. 민족국가적 주권의 틀이 일반화되는 것도 바로 이 독점/제국주의 아래에서이다. 마지막으로 제국이 형성되는 제3단계에서는 정보화에 기초한 전지구적 자본주의로서의 금융자본주의 시대가 열리게 된다. 여기서 자본주의는 외부로 팽창하는 것이 아니라 내부로 팽창하며, 실질적 포섭이 완성된다. 금융자본주의는 화폐자본의 형태로 나타나는 자본의 탈영토성이 극단화된 형태로서, 여기서는 비물질적 노동과 소통적 노동의 중심성이 동시에 부상한다.

이런 단계론에 입각해 네그리와 하트가 보는 세계화의 특성은 일반적인 세계화 찬양자들이 제시하는 특성과 큰 차이가 없다. 게다가 세계화를 설명하는 부분에서 네그리와 하트가 전거로 삼는 저작들이 매우 한정되고 편중되어 있다는 점에서도 그 한계가 엿보인다. 그런데 세계화가 국경의 중요성을 정말로 소멸시켰는가에 대해서는 상당한 이견이 제시되고 있으며(Arrighi, 1994; Hirst and Thompson, 1998; Doremus, et al., 1998), 특히 이와 관련해 오늘날 미국을 중심으로 두드러지게 나타나고 있는 금융화가 네그리와 하트의 생각처럼 하나의 단계구분에 해당하는지 아니면 헤게모니의 국면전환인지를 좀더 살펴볼 필요가 있다.

네그리·하트와 달리 아리기는 금융화를 자본주의의 새로운 단계가 아니라 헤게모니의 국면전환으로 파악하고 있는데, 그의 분석은 앞서 살펴본 헤게모니의 두 국면(물질적 팽창과 금융적 팽창)에 기반하고 있다. 금융적 팽창국면은 장기침체 시기와 금융화를 통해 침체를 반전시켜 일시적으로 이윤율이 다시 상승하는 벨에포크로 다시 나뉜다. 역사적으로 보자면, 영국 헤게모니의 쇠퇴기에는 1873~96년의 장기침체에 뒤이어서 1897~1914년의 벨에포크가 나타난 바가 있고, 미국 헤게모니의 쇠퇴기에는 1967(73)~93년의 장기침체와 그에 뒤이은 벨에포크가 진행되고 있다(Arrighi, 1994 ; Arrighi, 2003a ; Silver and Arrighi, 2003).

금융화를 이해하는 방식의 차이는 세계자본주의가 변해 가는 방향뿐만 아니라 미국의 위상과 관련해 중요한 함의를 지닌다. 현재 금융세계화 아래에서 자본은 미국에 집중되고 있지만 미국 내 신규투자는 늘지 않고 있으며, 오히려 구래의 대형 제조기업 자체가 금융화된 복합기업의 형태로 전환되고(Chesnais, 1997a) 은행차입금을 통한 자사주 매입 등의 방식으로 금융화의 속도가 더욱 가속화되고 있을 뿐이다. 1990년대 들어 미국경제의 이윤율이 상승하는 경향이 뚜렷하게 나타나는 것은 사실이지만, 여기서 이자나 배당 등 금융소득으로 이전되는 부분을 공제하면 이윤율의 유의미한 상승은 관찰되지 않는다(Duménil and Lévy, 2001c). 또한 1995년의 '역플라자협약' 이후 달러강세 속에서 금융화가 더욱 가속화되자 세계의 유휴자본이 미국으로 집중되는 추세가 다시 가속화되어 주식시장의 붐을 일으켰는데, 그에 따른 주목할 만한 결과 중 하나가 외국인이 소유한 미국 내 자산의 지분이 급속히 상승했다는 점이다(Brenner, 2002).

현재의 달러강세와 기축통화로서 달러의 지위는 미국의 정치적·군사적 우위를 통해 보장되고 있고, 이것이 다시 세계의 유휴자본을 미국에 집중시키고 있지만, 이런 상황에서도 미국은 채무를 갚기 위해 새로운 채무를 지는 악순환을 해결하고 있지 못하다. 따라서 미국의 '제국적' 변화에서 관건이 되는 것은 미국이 그 팽창비용을 감당할 만한 경제적 토대를 마련할 수 있는가, 향후 미국의 세계질서 재편에서 제국의 유지비용을 충당하기 위한 '공납체계'가 형성되어 세계적 부가 미국의 재정을 지탱하는 방식으로 환류될 것인가 하는 점이다. 정리하자면, 오늘날의 금융세계화는 쇠퇴하는 미국 헤게모니의 이윤율 하락을 반전시키기 위한 금융적 팽창의 결과로 볼 수 있을 뿐, 생산·유통·금융 전반을 포함하는 생산체제나 축적체제의 새로운 단계적 전환이라고는 볼 수 없다는 것이다.

이처럼 금융화를 헤게모니 쇠퇴에 나타나는 국면적 특징으로 이해하게 되면 다음과 같은 함의를 얻게 된다.

첫째, 금융화의 진행은 헤게모니 국가의 물질적 토대를 약화시킨다. 금융화는 헤게모니의 영토적 토대와 자본의 코스모폴리탄적 성격이 빚어내는 모순을 가속화시킬 뿐이다. 금융화된 자본은 더 높은 이윤율을 확보할 수 있는 지역을 찾아 유동성을 높이거나 규제를 철폐하는 경향이 있는 반면, 헤게모니 국가는 국가간체계의 질서 유지를 위한 정치적·사회적 비용부담을 중단할 수 없기 때문이다. 따라서 헤게모니 국가의 경제적 토대는 더욱 침식되고, 자본의 유출과 금융화도 더욱 촉진될 수밖에 없다. 물론 헤게모니 국가가 정치적·군사적 우위를 유지하는 형태로 벨에포크를 연장하기 위한 반작용을 할 수는 있지만, 이런 개입은 체계에 더 큰 교란을 불러올 수도 있다.

둘째, 헤게모니 국가가 생산에서 우위를 잃고 더욱 더 금융화될수록 새로운 잠재적 생산의 중심지가 나타나 새로운 축적체제의 맹아를 보이면서 생산비용의 우위를 차지할 가능성이 높아진다. 금융적 팽창 아래에서 경제위기는 과잉생산의 위기가 아니라 과잉축적의 위기로 나타나게 되며, 이런 과잉축적의 위기 아래에서 금융화된 자본은 새로운 투자처를 찾아 유동성을 높이는 동시에 그 투기적 성격으로 인해 새로운 생산 중심지의 잠재력조차 교란시키는 요인이 된다.

셋째, 금융화는 헤게모니 국가에서 금융서비스 부문에 종사하는 서비스 부문 노동자의 비중을 높이게 되는데, 이것은 이윤율이 이자율보다 낮아짐에 따라 발생하는 금융적 팽창의 결과이다. 따라서 이런 서비스 분야의 팽창이 새로운 선도산업의 주도로 이어지지 못한다면 세계경제에서 헤게모니 국가가 차지해 왔던 우위는 지속될 수 없고, 다만 벨에포크라는 '화려한 시절'이 잠깐 나타났다가 사라질 뿐이다.

이렇듯 『제국』은 전지구적 시각을 채택하고 있는데도 단계론적인 과도한 일반화 때문에 전지구적 맥락에서 자본주의의 복잡한 현상들을 통일적으로 파악하지 못하는 것으로 보인다. 특히 금융적 팽창의 시기에 미국에서 나타난 특징을 자본주의가 변해 가는 새로운 단계로 과도하게 평가하고 있다. 여기서 미국의 신경제 현상이 벨에포크에 불과한지 아니면 새로운 축적체제의 등장을 보여주는지가 논쟁이 될텐데, 『제국』에는 적어도 이 문제를 분석적으로 바라볼 수 있는 틀이 존재하지 않는다. 이런 점에서 『제국』이 가장 취약한 부분은 '경제적 분석'이라고 할 수 있는데, 무엇보다도 1980년대 이후 미국 중심으로 나타난 금융세계화의 동학을 충분히 분석하지 못한다는 문제를 드러내고 있다.

2) 지역적 동질화라는 문제

금융세계화를 단계구분이 아닌 헤게모니의 국면전환으로 인식하면, 네그리와 하트에게서는 무시되는 금융세계화 아래에서의 세계적 불균등 발전이 쟁점으로 떠오른다.

네그리와 하트는 제국의 형성과 더불어 제1~3세계 식의 지역 구분이 무의미해졌다고 말한다(Negri and Hardt, 2000[2001]: 431~434). 세계화와 더불어 자본과 노동의 이동성이 높아지고 소통네트워크가 발전함에 따라 전세계가 단일한 생산체계로 통합되어 가고 있다는 것이다. 게다가 제3세계에서 제1세계로 이주하는 이주민이 늘어남에 따라 제1세계 내의 제3세계적 특성이 높아지고 있으며, 거꾸로 제1세계의 자본들이 제3세계에 진출해 특권적 부문과 지역을 형성한 뒤 그곳을 초국적 기업의 네트워크 안으로 포섭함에 따라 제3세계 내의 제1세계적 특성까지 나타난다. 결국 어디에서든 소수의 특권적 중심지와 다수의 배제된 착취 지역이 나뉘는 경향이 있으며, 포스트포드주의적 생산의 네트워크는 노동의 이질성을 축소하고 지역별 생산이 특화되는 경향까지 종식시키고 있다.

네그리와 하트의 주장대로 20세기 말에 자본의 탈영토성이 강화된 것은 사실이다. 자본의 이동성 증가는 제1세계의 '중간계급'을 와해시키고 제1세계 내의 제3세계적 특성을 늘리고 있으며, 일부 포섭된 제3세계 지역에서 새로운 특권층이 나타나고 있는 것도 사실이다. 그러나 여기에는 간과하거나 지나치게 과장해서 안 되는 점들이 있다.

첫째, 지역의 동질화를 촉진하는 동력으로 상정된 고도의 유동성과 휘발성을 지닌 자본은 생산자본이 아니라 주로 금융자본이다. 게다가 그 투자형태도 외국인 직접투자(FDI)보다는 신속한 자본이동이 가능한 포트폴리오투자가 중심적이며, 주된 투자 지역도 한정되어 있다. 금융자본은 그 특성상 네트워크(즉, 가상공간) 안에서 활동하고 있으며, 빠른 변신과 이동을 특징으로 보여준다. 그러나 생산의 이전이나 무역의 증가가 그에 비례해 빠른 속도로 증가한 것은 아니다. 이른바 세계화 아래에서 높아진 자본의 유동성은 생산의 지리적 재배치에 의한 것이 아니라, 주로 자본의 과잉축적과 금융자본의 초국적 이동의 규제가 완화된 결과이다. 따라서 세계는 공간적으로 균일화된 것이 아니다. 오히려 금융자본투자가 더욱 소수 지역에 집중되어 생산자본투자에서 배제되는 지역이 늘어나는 투자의 양극화 현상이 더욱 심해지고 있다.

둘째, 네그리와 하트의 주장과는 달리 전지구적 자본이동 현황을 보건대 금융적 팽창국면에서 "낮은 임금과 착취를 보장하는 강한 행정력"

(436)을 갖춘 제3세계 지역으로 자본이 대폭 이동하는 것을 발견할 수 없다. 오히려 금융적 팽창은 자본이 북 → 남에서 북 → 북으로, 심지어는 남 → 북으로 이동하게 만들었다. 1980년대 초 미국에서 볼커가 주도한 '화폐주의 반혁명'은 세계 유휴자본의 이동방향을 극적으로 전환시키면서 금융세계화를 촉진시켰다(Arrighi, 2003a). 라틴아메리카의 외채위기는 자본의 이런 이동방향 전환이 직접적으로 가져온 충격이었다고 할 수 있다. 자본이 북 → 남이 아니라 북 → 북으로 이전되는 것은 제3세계의 저임금이 꼭 자본유치에 유리한 조건은 아니라는 것을 말해준다. 오히려 자본은 제1세계 내에서의 금융적 투자기회 증가, 노동자 보호틀의 와해, 실질임금 인하, 노동시간 연장 등의 조건을 더 선호하는 측면이 있다.

셋째, 기존의 '제3세계' 지역 중에서 중심부의 자본이 집중 투자되고 생산의 재배치가 진행되는 지역은 몇 군데로 한정되어 있다. 특히 1990년대에는 동아시아가 그런 지역으로 떠올랐는데, 외국인 직접투자의 동향을 살펴보면 이 점을 잘 알 수 있다. 예컨대 중국이 새로운 제조업 공장으로 부상하면서 중국을 포함한 동아시아 지역(동남아시아 포함)은 발전도상국으로 향한 외국인 직접투자의 거의 절대적 부분을 차지하고 있다. 외국인 직접투자뿐만 아니라 발전도상국으로 향하는 포트폴리오투자도 동아시아 지역에 집중되어 나타난다(UNCTAD, 2001). 그에 비해 라틴아메리카, 아프리카, 남아시아 등은 점점 더 투자에서 완전히 배제되는 '제4세계'로 몰락하고 있다. 특히 정보기술산업과 관련된 생산과 투자가 동아시아에 집중되어 있는데, 미국의 주식시장과 벤처열풍에 따라 동아시아의 이른바 'IT산업 연쇄'는 빠른 속도로 성장했다(전창환, 2002).

그러나 동아시아의 상황도 1997~98년의 경제위기를 겪은 뒤 변했다. 세계자본의 이동방향이 다시 한번 북 → 남에서 북 → 북으로 바뀌었

고, 그 주된 형태도 초국적 인수·합병이 됐다. 동아시아에 투자되는 자본
도 동남아시아 지역에서 대폭 감소했고, 중국을 제외하면 구조조정을 겪
게 된 국가의 기업들에 대한 초국적 인수·합병 투자비율이 높게 나타났다
(UNCTAD, 2001). 동아시아 이외의 지역, 가령 멕시코(마킬라도라)나 인
도에 투자가 일어난 경우도 초국적 자본이 필요에 따라 극히 일부 지역의
한정된 노동력만을 대상으로 투자한 것뿐이어서 오히려 경제성장과 더불
어 배제되는 층은 증가하고 불균등 발전도 더 심화됐다.

넷째, 중심부와 주변부의 분할이라는 근대 자본주의의 공간적 불평등
분할구조가 상당히 변하긴 했지만 그 자체가 사라지지는 않았다. 자본과
노동의 이동이 일어나긴 했지만, 세계경제에서 중심부와 주변부가 차지하
는 몫이 달라지지는 않은 것이다. "입수할 수 있는 모든 증거에 따르면, 일
인당 국민생산에 의해 측정되는 북–남의 소득격차는 비상하게 유지되고
있다. 1999년경 옛 '제3세계' 나라들의 일인당 평균소득은 옛 '제1세계'
나라들의 4.6%에 불과했는데, 이것은 1960년(4.5%)이나 1980년(4.3%)의
수치와 거의 똑같다"(Arrighi, 2002). 비록 구조조정으로 중심부 국가들 내
노동계급의 지위가 하락하고 외국인 노동자의 대량유입으로 저임금 노동
이 늘긴 했지만, 제3세계에서는 그보다 더 심각하게 '발전주의 기획'이 붕
괴되고 각국이 자본축적의 네트워크 자체에서 배제되는 현상이 나타났다.
따라서 '제3세계'와 '제1세계'의 옛날 격차는 줄어들기는커녕 쌍방의 하
향경향 속에서도 그대로 유지되고 있다고 봐야 할 것이다.

이로부터 우리는 '민족국가'의 정당성이 약화되는 것과 국가구조 일
반이 약화되는 것은 전혀 별개의 문제이며, 오히려 현실에서는 국가구조
의 양극화가 관찰됨을 알 수 있다. 예컨대 한편으로는 민족국가의 역사적
효과성이 점차 사라지고 민족국가에 의존한 사회운동이 힘을 잃어가고 있

지만, 또 한편으로는 자본주의체계의 공간적 불평등 구조가 사라지기는커녕 오히려 소수의 중심부 국가가 강력한 국가기구를 활용해 세계의 부를 더욱 더 자국에 집중시키고 있는 것이다. 바로 여기에서 20세기 초의 유의미한 대중동원 이데올로기였던 민족주의 이데올로기가 진보성과 대중성을 상실하고 있는데도 불구하고 어떤 형태로든 '민족모순'이 잔존하고 있다는 역설이 나타난다. 그리고 이와 동시에 우리는 세계체계가 지니고 있는 계급적 분할과 공간적 분할의 모순을 적절하게 표출하고 극복할 새로운 담론이 필요함을 이 역설에서 새롭게 발견하게 된다.

3) 노동의 동질화라는 문제

네그리와 하트는 지역의 동질화뿐만 아니라 노동의 동질화도 주장하고 있다. 이 주장은 두 가지 근거에서 출발한다. 자본과 노동의 자유로운 이동에 따라 전지구적으로 경제구조나 사회구조의 유사성이 전례 없이 높아졌다는 것이 한 가지 근거이고, 정보과학기술과 소통노동의 발전으로 비물질적 노동이 새로운 노동의 패러다임으로 부상하고 소통네트워크가 중심적 자리를 차지하게 됐다는 것이 또 하나의 근거이다.

그러나 네그리와 하트의 지역적 동질화 테제에 문제가 있었듯이, 노동의 동질화 테제에도 많은 문제가 있다. 첫째로 비물질적 노동의 증가는 금융적 팽창국면과 긴밀한 관계가 있다. 비물질적 노동의 증가는 금융적 팽창의 직접적 수혜자인 금융·보험·부동산·문화산업의 성장과 긴밀한 관련이 있는데, 이런 노동이 집중되는 지역도 금융적 팽창의 중심지인 미국이다. 물론 네그리와 하트는 소통노동과 비물질적 노동이 금융관련 영역뿐만 아니라 생산 영역의 패러다임까지 바꿔놓았다고 주장하지만, 주로 강조하는 것은 금융관련 영역이다. 이 점은 앞서 살펴본 네그리와 하트의

노동의 동질화라는 쟁점

네그리와 하트는 자본과 노동의 자유로운 이동에 따라 전지구적으로 경제구조나 사회구조의 유사성이 전례 없이 높아졌으며, 정보과학기술과 소통노동의 발전으로 비물질적 노동이 새로운 노동의 패러다임으로 부상해 소통네트워크가 중심적 자리를 차지하게 됐다며 '노동의 동질화'라는 테제를 내놓았다. 그러나 비물질적 노동은 금융적 팽창의 중심지인 미국에 주로 집중되고 있을 뿐, 동시대 세계자본주의의 가장 빠른 성장 지역인 동아시아에서는 더디게 성장하고 있다. 네그리와 하트는 동아시아가 이처럼 비물질적 노동으로 동질화되지 않는 이유를 설득력 있게 제시하지 못하고 있다. 동아시아를 단지 미국에 비해 '지체된' 지역으로만 보게 만드는 이런 시각은 미국이나 유럽의 변화를 전지구적 차원에서 과도하게 일반화하려는 미국중심주의 또는 유럽중심주의를 은연중 드러내고 있는 것은 아닐까?

자본주의 단계구분과도 관련된다. 그러나 한 세기 전의 역사를 보더라도, 영국 헤게모니 쇠퇴기에 금융산업이 급성장하고 금융관련 노동이 늘어났다고 해서 20세기의 노동형태가 금융 중심적으로 재편되지는 않았다. 자본의 이동과 생산의 재배치에서 드러난 지역적 제한성은 노동구성의 변화에도 지역적 편차를 낳는다는 점을 다시 지적할 필요도 있다.

둘째, 금융관련 비물질적 노동이 미국을 중심으로 집중되고 있는 반면에 전통적 ‘산업노동자’가 다른 지역, 특히 동아시아에 집중되는 특징이 나타나고 있다. 이것은 금융적 팽창 아래 생산이 재배치되는 주된 대상 지역이 동아시아이기 때문에 나타나는 특징이다. 이 때문에 동아시아는 ‘비물질적 노동’의 성장이 더디게 나타나는데, 네그리와 하트는 이와 관련해 동아시아에 대해 나음과 같이 이야기하고 있다.

> 우리는 이런 이유 때문에 (일본과 동아시아 자본의 주요한 요소들과 같은) 훈육적 생산 모델의 극단적 근대화가 가장 크게, 가장 지적으로 의지해온 산업세력들과 정치세력들이 이런 이행 속에서 매우 심하게 고통받을 세력들이라고 추측한다(Negri and Hardt, 2000[2001] : 365).

이 말은 동아시아가 보여주는 이례성 때문에 동아시아는 낡은 저항전략의 혁신과 새로운 전망의 창출에서 가장 덜 적극적이고 지체될 가능성이 있다는 지적으로는 타당하다. 그리고 이 지역에서 발전주의 기획의 비동시대성이라는 장애가 사회운동의 심각한 문제로 남아 있다는 점도 사실이다. 그러나 위 언급에서 동시대 세계자본주의의 가장 빠른 성장 지역인 동아시아가 비물질적 노동으로 동질화되지 않는 이유를 찾기는 어렵다. 동아시아는 단지 미국에 비해 ‘지체된’ 지역이 아니다. 동아시아 지역이 낡은 패러다임을 벗어나지 못하기 때문에 이런 문제가 생긴다고 보기도 어려운데, 네그리와 하트가 토요타 모델을 비물질적 노동이 등장한 주요 계기로 보고 있기 때문에 더욱 그렇다. 오히려 문제는 이들이 대단히 전지구적 접근법을 취하는 것처럼 보이지만 실제로는 특정 국가를 중심으로 분석한다는 한계를 벗어나지 못하기 때문에 발생하는 듯하다. 여기서 우리는 미국이나 유럽의 변화를 전지구적 차원에서 과도하게 일반화하려는 미국중심주의 또는 유럽중심주의의 혐의를 찾게 된다.

저항운동에 대한 전망

1) 대중운동의 변증법

『제국』은 새로운 저항운동의 잠재력과 가능성을 매우 낙관적으로 평가하고 있다. 물론 네그리와 하트는 현재 다양한 형태로 나타나는 '제국에 대한 저항'이 수평적 연대를 맺고 나타나는 것은 아니며 서로 분절되어 있음을 인정한다. "우리가 대단히 자랑하는 소통 시대에, 투쟁들은 거의 소통할 수 없게 됐다"(93). 그러나 이들은 역설적으로 이런 분절성이 매개성의 상실을 보여주고, 모든 저항이 직접적으로 제국에 대항함을 뜻하는 수직적 저항의 강렬함을 보여준다고 말한다(97). 제국의 성립 자체가 곧 위기일 수밖에 없는 이유는 제국이 탈영토적인 소통적 대중의 역능을 완전히 포섭할 수 없고, 민족국가의 위기가 보여주듯이 매개성이 사라진 뒤 모든 저항이 제국에 직접적인 충격을 가져오기 때문이다. 즉, 투쟁이 "전지구적 수준에서 수직적으로 도약하고 직접적으로 접촉"한다는 것이다(95).

그런데 여기서 문제는 네그리와 하트가 말하는 국제적 프롤레타리아트의 잠재적·가상적 통일이 "투쟁들이 완전히 다름에도 불구하고 모두 자본의 국제적 훈육체제에 대항했기 때문에 중첩되는 투쟁들이 객관적으로 동시에 발생"(349)한 것 이상으로 해석되는 근거가 불명확하다는 것이다. 확실히 오늘날 다양한 운동들이 동시에 발생하고 있는 것은 사실이다. 그러나 그런 운동들간의 통일과 연대의 조건은 오히려 어느 때보다 부족해 보인다. 특히 현실의 운동에서는 낡은 방식과 새로운 방식의 구분이 불분명한 경우가 많다. 네그리와 하트가 중요하게 여기는 '시애틀 전투'의 경우도 상이한 조류의 상이한 주장과 시각이 혼재되어 있었다(Aronowitz, 2000). 그 중에는 이들이 말하는 민족국가적 주권의 틀을 강화하고 노동자들간의 위계화·특권화를 보장받으려는 보수적인 성향의 운동도 포함되어 있으며(Silver and Arrighi, 2000), 자유주의적 지배이데올로기에 적절하게 포섭 이용되는 운동도 존재하고 있었나(Žižek, 2001).[15]

물론 연대의 현실성이 아닌 원인의 유사성, 체계의 와해에 미치는 충격의 공통성, 그리고 시간적 동시발생성에 기초해 운동의 통일가능성을 강조하는 낙관적 견해는 월러스틴의 '반체계운동론'에서도 찾아볼 수 있다(Wallerstein, et al., 1994; 1996). 월러스틴도 네그리·하트와 유사하게 1968년 이후의 새로운 사회운동이 국가를 전략적 중심으로 사고하는 기존의 운동방식에서 벗어나면서 세계체계 자체에 균열을 일으키고 구조적 위기를 불러왔다는 점에서 이 운동들을 하나의 범주로 묶어 파악하고, 그 통일가능성을 높게 봤다. 그러나 이 운동들의 수평적 연결을 어렵게 만드

---

15) 이와 관련해 눈에 띄는 점은 LA폭동이나 이슬람 근본주의운동에 대한 평가와 알카에다/이라크에 대한 평가 사이에서 네그리와 하트가 균형을 잡지 못하고 있다는 점이다. LA폭동이나 이슬람 근본주의운동을 제국에 대한 다중의 저항으로 본 이들의 서술은 자유주의자들의 주된 공격대상이었는데(Wolfe, 2001; Cohen, 2002), 네그리는 자신의 대담집 『귀환』에서 알카에다를 중심으로 하는 이슬람 근본주의나 이라크 등을 "제국권력을 둘러싼 헤게모니 경쟁이 도달한 폭력이자 테러주의"(Negri, 2002[2003]: 203~204)라고 비난하고 있다. 사실 이 두 가지 관점은 모순적으로 보인다.

는 구조적·담론적·역사적 난점을 중요하게 고려하지 않는다는 점에서 월러스틴이나 네그리·하트는 모두 취약점을 보이고 있다.[16]

이와 관련해 네그리와 하트가 낙관론을 드러내는 또 다른 근거를 지적할 수 있다. 이들의 주장에서는 대중의 역능과 자본의 포섭 사이에 (니체주의자가 비판할 만한) 일종의 변증법적 관계가 발견된다. 그러나 대중의 역능이 선차적·주도적·능동적이고, 자본의 포섭은 수동적이라고 주장한다는 점에서 이들의 변증법은 전도된 변증법이라고 할 수 있을 것이다. 더 나아가 이들의 낙관론은 대중의 발전하는 역능을 자본이 완전히 포섭할 수 없으며, 오늘날에는 이런 역능의 발전이 전지구적 단계에 이르렀다는 판단에 기초한 것으로 보인다.

그러나 이런 주장은 비록 전도된 형태이긴 하지만 네그리가 비판하는 차원의 변증법적 구도에 머물러 있는 듯하다. 첫째, 여기서 양항은 거울관계이다. 자본이 부정성으로, 즉 대중의 역능의 부정성으로 파악되고 있는 것이다. 부정의 항은 긍정의 항의 자기전개이며, 거울관계는 일정한 조응 관계를 상정하게 된다. 따라서 둘째로 불가역성이라는 구도를 가져온다. 대중의 역능과 자본의 포섭은 상호발전해 왔으며, 과거로 복귀 불가능하다. 그리고 새로운 대중의 역능은 새로운 자본의 대응을 낳았다. 이렇듯 양항은 상호적이라는 점에서도 불가역적이다. 이들이 낡은 정체성에 의한 대중의 포섭가능성을 크게 우려하지 않는 것도 이런 근거 때문일 것이다. 셋째, 목적론의 문제가 있다. 이들은 목적론적이지 않은 목적론, 결과로서

---

16) 최근 월러스틴은 반체계운동의 수렴에 대한 자신의 낙관론을 자기비판하면서 수렴가능성에 대해 비관적인 전망을 제시하기도 했다(Wallerstein, 2002). 아리기도 최근 각 운동의 이질성과 불균등성이 통일의 큰 장애가 되고 있으며, 반체계운동의 잠재적 통일성만을 강조하는 것은 문제라고 인정한 바 있다(Silver and Arrighi, 2000; Arrighi, 2002).

의 목적론을 제기한다. 그러나 이들의 구도에서 양항의 거울관계와 불가역성은 프롤레타리아트의 궁극적 통일이라는 목적론적 함의를 띤다.

차라리 네그리와 하트가 제시한 노동과 자본의 변증법은 알튀세르가 말한 모순의 과잉결정(기원의 불균등성)으로 파악되는 것이 더 타당할 것이다(Althusser, 1978). 노동은 자본의 기울상이 아니며, 자본도 노동의 거울상이 아니다. 노동의 정세적 통일로서 프롤레타리아트가 형성되는 경향은 자본구성의 전환을 낳지만, 이것이 노동 영역에서의 불가역성을 뜻하지는 않는다. 노동은 자본의 통일성 앞에서 분할된 형태로, 다양한 시간대를 포함하는 잡종적 형태로 분산되어 존재한다. 그리고 노동계급 내부에 존재하는 분할과 근대 자본주의의 적대를 자본에서 연역해 해명할 수도 없다. 노동과 자본이라는 양항의 기원이 불균등하기 때문에 노동의 구성과 자본의 전환을 역사적으로 해명할 필요가 있는 것이다. 즉, 노동의 승리를 향한 역사는 보장되어 있지 않다. 바로 이 때문에 대중분할의 역사적 조건, 이데올로기의 역사적 존재형태, 분열되어 있는 운동들이 교통할 수 있는 역사적 조건을 분석하는 것이 필요한 것이다.[17]

2) 이데올로기론의 문제

네그리와 하트는 새로운 운동의 직접적 통일을 낙관하면서도, 공통의 개념과 새로운 정치이론을 개발할 필요성을 주장한다(Negri, 2002[2003]: 96). 그렇다면 이 양자의 관계는 무엇이며, 이런 공통의 언어와 개념이 차

---

17) 알튀세르를 계승하는 발리바르는 정치의 자율성으로서의 해방과 정치의 타율성으로서의 변혁, 그리고 양자의 연결을 위한 윤리적 기반으로서의 '시민성'(civilité)이라는 쟁점을 제기한다(Balibar, 2002). 네그리의 문제점 중 하나는 정치의 자율성을 위한 조건으로서의 정치의 타율성을 사고하는 데 핵심이 되는 '정치경제학비판'이 취약하며, 정치의 자율성이 가능해지는 조건에 대해서도 논의가 부족하다는 점이다.

지하는 위상이나 토픽적 공간의 배치는 무엇일까? 저항의 직접성과 공통의 개념이라는 이론의 매개, 특히 조직을 매개로 한 대중의 이데올로기화된 이론 사이의 관계라는 쟁점이 바로 여기서 제기된다.[18]

앞서 언급했듯이 제국에 맞서 낡은 형태와 새로운 형태가 혼합된 잡종적 형태를 띠는 동시에 고립·분산된 형태로 분출되는 다양한 반란이 낡은 정체성에 사로잡힐 가능성이 높다는 것은 부정할 수 없다. 우리는 종교근본주의, 네트워크 형태의 '테러조직', 각종 분리주의의 경험 등에서 그런 모습을 볼 수 있다. 그리고 자유주의적 지배이데올로기에 끊임없이 포섭되는 (노동운동뿐만 아니라) 생태운동, 여성운동, 탈식민주의운동에 대해서도 그런 지적은 여전히 유효하다(Žižek, 2001). 민족국가적 틀을 동원하는 저항운동들도 이런 딜레마를 겪고 있다. 따라서 반란에 대한 포섭이 단기적이고 효과도 제한적일 뿐이기 때문에 대중의 역능을 장악할 수 없다고 주장하는 것과, 개별적 일탈을 넘어서서 보편성의 연대가 형성될 조건이 형성됐다고 주장하는 것은 완전히 별개의 문제이다.[19]

이런 문제는 네그리와 하트에게서 이데올로기의 문제설정이 빠져 있기 때문에 생기는 것으로 보이는데, 이 점은 다른 우회로를 통해서도 확인될 수 있다. 단적으로 프랑스혁명에 대한 이들의 평가가 그것이다. 이들은 미국 사회의 '새로움'과 이례성, 그리고 '단절'에 대해서 매우 많은 부분을 할애해 논의하고 있으면서도, 프랑스혁명이 가져온 근대세계의 단절에

---

18) 이론과 이데올로기의 토픽적 관계에 대해서는 알튀세르를 참조하라(Althusser, 1978).
19) 파시즘의 경험을 예로 들어보자. 네그리와 하트는 파시즘이라는 기획이 민족국가적 주권기획의 극단이기 때문에 제국주의 시대의 종료와 더불어 사라진 것처럼 평가하고 있다. 그러나 파시즘이 과거와 동일한 형태로 현재에 재생되기는 어렵다 하더라도, 근대 자본주의체계의 위기가 그 체계의 바로 핵심에서 파시즘적 심성구조를 형성해내지 않을 것이라고 판단할 이유는 전혀 없는 것으로 보인다(백승욱, 2003a).

대중운동의 다양성과 연대의 현실성

네그리와 하트는 오늘날 다양한 형태로 나타나는 '제국에 대한 저항'이 수평적 연대를 맺고 나타나는 것은 아니며 서로 분절되어 있음을 인정하면서도, 오히려 "투쟁들이 완전히 다름에도 불구하고 모두 자본의 국제적 훈육체제에 대항했기 때문에 중첩되는 투쟁들이 객관적으로 동시에 발생"한다는 낙관적인 주장을 제시한다. 그러나 제국에 맞서 낡은 형태와 새로운 형태가 혼합된 잡종적 형태를 띠는 동시에 고립·분산된 형태로 분출되는 다양한 반란은 낡은 정체성에 사로잡힐 가능성이 높지 않을까? 새로운 보편성이 연대할 조건이 이데올로기적·조직적으로 담보되지 못하고 있는 동시대 저항운동의 세계지형은 과연 낙관적인 것일까? 대중의 반란이 이데올로기적 전복과 결합되는 지점을 고민하는 '이데올로기의 문제설정'이 빠져 있는 네그리와 하트에게서는 이런 의문이 공백으로 남아 있는 듯하다.

대해서는 언급하고 있지 않다(아이티혁명에 영향을 끼쳤다는 정도의 언급밖에 없다). 논의의 대상이 20세기 제국이기 때문에 이런 문제가 생기는 것만은 아닌 것 같다. 오히려 이들에게 프랑스혁명은 근대적 주권형태, 즉 민족국가적 주권형태를 정착시키고 '인민'을 훈육하는 제도적 조건이 완성된 계기 이상의 의미는 없는 것으로 보인다.

사실, 19세기 말 유럽의 위기에 대해 서술하는 많은 사상가들에게 미국의 '대중민주주의'는 매우 중요한 의제였다(Negri, 2002[2003]: 477~479). 네그리와 하트가 말하듯이 훈육사회로부터 통치사회로 이행하는 과정에서 미국이 보여주는 위험한 모습과 새로움이 논의의 주된 대상이었을 것이다. 그리고 이런 논의는 대중적 욕망에 초점을 맞추는 '생기론적' 함의를 적잖이 지니고 있다. 이처럼 미국의 등장에 따른 근대세계의 단절을 파악하려는 사람들을 우리는 '미국론자'라고 부를 수 있을 것이다.[20]

이에 반해 '프랑스론자'라고 할 만한 사람들, 즉 프랑스혁명이 가져온 단절을 강조하는 사람들은 상이한 관심을 보여준다. '프랑스론자'에게 핵심이 되는 것은 프랑스혁명을 통해 나타난 근대 정치이데올로기의 단절에 대한 강조인데, 이와 관련해서는 네그리와 하트보다 월러스틴이 우리

---

20) 이런 점에서 발라크리쉬난은 『제국』의 결론이 미국 자유주의의 신화를 새롭게 각색해 제시할 뿐이라고 비판하고 있다(Balakrishnan, 2000). 네그리의 대담집 『귀환』에서도 이 점을 재확인할 수 있다. "알카에다의 흉악한 광기조차 '제국'의 내부에 속해 있다. …… 나는 알카에다, 이슬람 근본주의운동, 반미운동에 조금도 공감하지 않는다. …… 나는 오히려 쌍둥이 빌딩에 향수를 느끼기조차 한다. 왜냐하면 이 빌딩은 맨해튼에 일하러 온 사람들에게는 희망의 상징이고, 진보와 노동의 상징이기도 했기 때문이다. 나는 이 빌딩을 파괴하고, 거기서 일하던 수천 명의 목숨을 앗아간 테러를 증오한다. 나는 관용과 다문화성을 파괴하고, 우리가 미국 역사에 결부시키려 했던 이종혼교(異種混交)의 꿈, 그리고 신세계의 희망(새로운 뉴욕)을 파괴하는 테러를 증오한다. 그러나 나는 복수를 외치는 국가의 테러도 마찬가지로 증오한다. …… 이런 국가테러는 테러를 실천함으로써 테러를 배양하는 것이고, 그 사실을 정치적으로 사고하지 않으려고 거부하는 것이다. …… 미국은 예전에는 이런 나라가 아니었다. 그러나 이제 미국 정부는 무시무시한 것이 되어버렸다고 생각한다"(Negri, 2002[2003]: 204~205).

에게 이야기해 주는 것이 더 많다. 월러스틴은 프랑스혁명을 전지구적 차원에서 일어난 이데올로기 혁명으로 본다. 자유주의라는 불완전한 지배이데올로기가 대중의 욕망을 포섭하지 않을 수 없기는 하지만, 대중을 포섭하려는 바로 그 이유 때문에 이데올로기의 균열이 끊임없이 발생할 수밖에 없는 '역사적 봉합'의 출발점이 프랑스혁명이라는 것이다(Wallerstein, 1989; 1991b). 프랑스혁명의 권리선언에서 나타난 '보편적 연대의 가능성'이라는 담론은 근대 자본주의의 이데올로기를 전복하는 출발점이었다(Balibar, 1990b).[21] 이데올로기의 문제설정에서는 대중의 반란이 이데올로기적 전복과 결합되는 지점을 고민하는 것이 핵심이다. 그런 점에서 새로운 보편성이 연대할 조건이 이데올로기적·조직적으로 담보되지 못하고 있는 동시대 저항운동의 세계지형은 꼭 낙관적인 것만은 아니다.

이와 관련해 네그리와 하트를 비판하면서 지젝이 차라리 '레닌으로 돌아가자'라고 주장한 것은 매우 시사적이다.

오늘날 '레닌주의'의 핵심 교훈은 다음과 같다. 당이라는 조직형태 없는 정치는 정치 없는 정치이며, 따라서 '새로운 사회운동'(아주 적절한 명명이다)만을 원하는 사람에게는 지롱드 타협주의자에게 던진 자코뱅파의 대답과 똑같은 대답을 들려줄 수밖에 없다. "당신들은 혁명 없는 혁명을 원하고 있다"(Žižek, 2001 : 198).

다른 사람이 말했다면 매우 시대착오적으로 들렸을 이 구절을 통해 지젝이 제기하는 것은 당형태를 복원하자는 것이 아니다. 오히려 지젝은

---

21) 월러스틴도 발리바르의 평등-자유 테제를 수용한다(Wallerstein, 1999a〔2001〕: 137).

"이런 반란에 보편적인 정치적 요구의 형태를 제공할 조직적 구조를 어떻게 만들어낼 것인가"(197)를 묻는다. 지젝이 제기하는 바는 "헤게모니적·이데올로기적 좌표를 의문시하는 작업"(194)으로, 달리 말하면 이데올로기의 문제설정이라고 할 수 있다. 즉, 어떻게 다양한 형태로 분출되는 반란이 지배이데올로기의 전복을 가져오는 새로운 '보편성'으로 결집될 것인가를 질문하는 것이다. 반란의 객관적 현실과 지배이데올로기의 전복 및 새로운 보편성의 건설은 전혀 별개의 문제이기 때문이다.

정치의 과잉, 경제의 과소

지금까지 우리는 네그리와 하트가 제기한 문제들에 대해 세계체계 분석의 관점을 원용해 몇 가지 쟁점을 제기해 봤다. 물론 이들이 제기한 모든 쟁점을 다룬 것은 아니지만, 현재의 변화를 올바로 이해하는 데 필요한 몇몇 중요한 전제는 모두 다뤄 봤다. 미국의 세계전략 변화와 관련해 어느 때보다 '제국'이라는 용어가 많이 등장하는 오늘날, 『제국』은 역설적으로 '제국' 자체를 설명하는 데 어려움을 겪고 있는 것으로 보인다. 세계체계 분석의 시각에서 보자면 헤게모니는 상승국면과 쇠퇴국면이 나뉘고 그 교체를 생각할 수 있지만, 네그리와 하트는 '제국'을 불가역적인 역사의 마지막 자리로 제시하는 듯하다. 9·11 이후 미국의 세계전략 변화를 금융세계화와 연결짓지 못하고 제국에서의 일탈로만 보는 것이야말로 이들의 문제점을 단적으로 드러내는 것이다. 따라서 오히려 미국 헤게모니의 쇠퇴에 대한 반작용으로서 나타나는 제국적 경향을 세계체계 분석의 시각에서 관찰하고, 그 경향이 딛고 서 있는 물질적 기초의 취약함을 발견하는 편이 더욱 더 적절한 이론적 전략일 것으로 보인다.

네그리와 하트가 던진 질문과 대답이 제 의미를 갖으려면 이들이 제기한 쟁점을 전환하고 보충하는 것이 필요하다. 『제국』은 푸코에서 들뢰즈로 이어지는 미시정치적 분석의 시야를 제국의 주권적 구성이라는 관점과 접합해 근대 자본주의의 역사적 전환방향을 분석하려고 했다. 그런데 이 기획의 취약점은 그 중간허리, 즉 제국의 물질적 토대를 이루며 자본에 의한 사회적 포섭의 형태를 변화시키는 '경제'에 있다.[22] 20세기 자본주의의 역사, 특히 1980년대 말 이후 진행되는 금융세계화의 동학과 영향력을 적절히 분석하지 않은 채 이 두 고리를 연결하기란 어려워 보이며, 어떤 점에서는 연결 자체가 불가능한 시도로 보이기도 한다. 이 빈 공간을 네그리의 '주체의 목적론'이 메우게 되면서, 현존하는 대중의 분할과 이데올로기적 조건을 분석하는 대신에 과도한 일반화와 대중저항의 전망에 대한 낙관론이 등장하게 된다. 『제국』은 진정한 국제주의의 회복 없이는 운동의 재생도 자본주의의 극복도 없음을 강조하면서 지속적인 문제제기의 장으로 남겠지만, 이들이 제기한 문제에 대한 대답을 찾기 위해서는 그 한계를 넘어서는 시도가 필요할 것이다.

---

22) 아리기는 브레너의 『붐앤버블』을 비판적으로 독해하며 그의 주된 결점 중 하나를 '경제의 과잉과 정치의 과소'로 지적한 바 있다(Arrighi, 2003a). 이에 대칭적으로, 아리기가 제기한 『제국』 비판의 핵심은 '정치의 과잉과 경제의 과소'로 정리될 수도 있다.

제3부

최근의 위기와 전망

6. 21세기 전환기 미국 제국주의의 경제학[*]

제라르 뒤메닐·도미니크 레비

21세기 초 미국 경제의 상황을 비교해 평가하기란 쉽지 않다. 한편으로는 2000년대 초 세계경제에 대한 미국의 지배력과 정치적·군사적 우월성은 1970년대 말보다 훨씬 더 강력해 보인다. 그러나 2000년 말 성장률의 급감, 뒤이은 경기후퇴, 주식시장의 붕괴는 1990년대 말에 비해 새롭지만 미국에게 덜 유리한 과정이 진행되고 있음을 시사한다. 훨씬 더 중요한 문제는 미국 경제의 불균형(특히 외채, 그리고 가계와 국가의 채무)이 커지면서 미국이 무적의 지도력을 유지할 능력이 있느냐는 의심이 제기되고 있다는 점이다. 문제를 매우 단순화한다면, 질문은 이렇다. 2000년대 초 미국 경제는 강하다고 할 수 있는가 아니면 약하다고 할 수 있는가?

이런 평가는 미국 제국주의의 국제전략이 드러내는 오만불손함을 검토하는 데 중요하다. 이 오만불손함은 신자유주의의 4반세기 이후 미국의 힘이 굳건해졌다는 것을 보여주는가? 우연의 일치는 아니겠지만, 자본주

---

[*] Copyright © 2004 Gérard Duménil and Dominique Lévy, "The Economics of U.S. Imperialism at the Turn of the 21st Century", *Review of International Political Economy*, Vol. 11, No. 4, October, 2004, pp.657~676. 뒤메닐은 프랑스 파리 10대학 경제학과 교수이며, 레비는 CEPREMAP 소장이다.

의 현재 국면에서는 유럽의 상대적 퇴보, 일본의 불경기, 국제자본에 대한 개방 이후 주변부 국가들의 잇따른 위기가 나타나고 있다. 그게 아니라면, 이 오만불손함은 '단순한' 경제적 기초만으로 지구를 통치할 수 있는 능력이 쇠퇴한 데 대한 반작용인가? 이 글에서 주장하려는 핵심 명제는, 세기 전환기의 미국 경제가 어떤 면에서는 강하고 또 다른 면에서는 취약해 보이면서 국내적·국제적으로 모호한 상황에 처해 있기 때문에 이런 불확실성과 그에 상응한 여러 해석이 나타나고 있다는 것이다.

● 어떤 점에서 미국 경제의 세계지배력은 매우 강력하다. 다른 국가에 대한 미국의 비(非)금융 초국적 기업의 장악력도 확고하다. 아마도 미국 금융 기관의 권력은 그 어느 때보다도 클 것이다. 그리고 세계에서 엄청난 소득이 점점 더 유입되어 미국 자본의 수익에 기여한다. 이런 측면에서 미국 제국주의는 실로 매우 좋은 상태에 있다.

● 문제는 뚜렷해진 미국 '내부'의 궤적과 그 궤적이 대외 불균형에 끼친 결과에 있다. 세계경제에 대한 제국적 지배의 지속과 강화는 미국 내 저축의 부단한 감소(증가하는 소비성향의 표현)와 동시에 발생했는데 이것은 최고 부유층 가계의 소득과 부가 증가한 결과이며, 신자유주의의 근본적인 특징이기도 하다. 이런 변동의 결과로 미국의 소비력은 상품 수입에 완전히 의존하게 될 정도에 이르렀으며, 외국인의 금융투자에 새로운 기회를 열어줬다. 이런 외국 자본 역시 미국에서 상당한 소득을 끌어내어 수익을 얻어야만 한다.

미국 경제의 이 두 측면, 즉 외국에 대한 지배력과 그에 대한 의존 사이의 인과관계가 어떻게 맺어져 있는지 입증하기란 분명히 어려운 일인데, 사실상 그 관계는 상호적이다.

그 메커니즘이 어떻든 간에, 21세기 초 미국 경제가 제국주의의 전통적 속성인 상품과 자본의 수출을 이제는 그보다 더 커진 상품과 자본의 수입이라는 대칭적 운동과 결합하고 있다는 것은 명백하다. 그러나 1980년대 초 이래로 제국주의의 진로는 당대의 여러 신자유주의적 특징에 깊은 영향을 받았는데, 이 다양한 요소를 분리하는 것은 힘든 일이다.

1절은 **제국주의**나 **신자유주의** 같이 자본주의의 현재 단계를 분석하는 데 유용한 몇몇 기본 용어를 소개한다. 그리고 이어지는 네 절은 위에서 소묘한 분석을 상세히 다룬다. 먼저 2절은 다른 국가들에서 소득을 얻어내는 미국 경제의 능력, 미국 내 자본소득이 점점 더 세계의 나머지 국가들에서 유출되는 소득에 의존한다는 점을 설명한다. 3절은 미국에 대한 외국인투자와 비교해 미국의 해외투자의 주요 특징, 즉 투자의 구성과 수익률을 검토한다. 미국 제국주의는 이 측면에서 매우 탁월한 성과를 보여주는 듯하다. 4절은 미국과 다른 국가들간의 소득 흐름(**유입**과 **유출**), 그리고 세계의 나머지 국가들에서 미국이 보유한 금융자산과 외국인이 보유한 미국 내 금융자산에 대해 다룬다. 전지구적으로 볼 때 분석의 결과는 미국의 순국제투자가 점점 더 악화되고 있음을 보여준다. 5절은 이런 악화가 신자유주의의 '국내적' 궤적, 특히 최고 부유층 가계의 증가하는 소비성향 때문이라고 설명한다. 이처럼 지난 수십 년간 미국 자본주의의 기본 모순은 이런 신자유주의의 특징 때문에 생긴 것이지, 미국의 제국주의적 역량 때문에 생긴 것은 아니다.

제국주의 경제학을 다루는 이 연구는 동시대 자본주의의 또 다른 주요 측면들, 특히 1980년대 초 이후 자명해진 기술변동과 이윤율의 새로운 추세는 다루지 않는다. 신자유주의의 기본 특징에 대해서는 매우 간략하게만 언급할 것이다(Duménil and Lévy, 2001 ; 2004a ; 2004b).

21세기 전환기의 자본주의 : 신자유주의, 제국주의, 미국 헤게모니

1970년대에서 1980년대로 넘어가면서 자본주의는 **신자유주의**라고 부르는 새로운 국면에 돌입했다. 실로 (국민적·국제적) 자유시장을 옹호하고 그에 조응해 경제문제에 관한 국가의 불개입으로서의 신자유주의 이데올로기를 말하는 것이 가능하지만, 신자유주의는 근본적으로 자본주의의 새로운 단계를 규정한다. 이 새로운 단계의 주된 구성요소는 자유시장, 특히 전지구적 자유무역의 강요, 고용과 해고에 대한 기업의 자유, 그리고 자유로운 국제적 자본순환과 관련된다. 그러나 넓은 의미에서[1] 국가 개입이 감소됐다는 뜻은 아니다. 어떤 점에서, 특히 통화정책에서 국가기구의 권력은 증대됐다. 모든 국가에서 국가는 신자유주의의 질서를 부과하는 주체이다.[2] 국제적으로 국제통화기금(IMF) 같은 기구들은 전세계에 신자유주의 질서를 부과하는 준(準)국가적 역할을 수행한다. 모든 곳에서 노동자와 경영진에게 주주의 이익을 위한 새로운 규율이 부과됐으며, 대부자의 이익을 위해 〔실질〕이자율이 상승됐다.

  신자유주의는 대공황과 제2차 세계대전 뒤 수십 년간 부분적으로 억제된 지배계급의 권력과 소득이 재확립된, 사실상 새로운 사회적 세력배

---

1) 맑스주의적 분석에서는 그 안에서 지배계급의 권력이 표출되고 그 권력이 강화되는 제도들의 집합이 곧 국가이다. 명시적으로 정부의 일부로 언급되지 않는 제도들 역시 이런 계급권력의 행사에 참여한다. 예를 들어 독립적인 중앙은행이 그런 사례이다.
2) 주요 자본주의 국가들에서 이와 같은 과정이 전개된 상황에 대한 분석으로는 헬레이너의 연구(Helleiner, 1994)를 참조하라.

치이다. 전후에는 부가 소수 부유층에게 집중되는 현상과 소득분배의 불평등이 상당히 감소했다(Piketty and Saez, 2003; Wolff, 1996). 1970년대의 구조적 위기 동안 이자율은 인플레이션율을 거의 상회하지 못했고, 기업의 배당금 지불도 낮았으며, 주식시장도 침체되어 최고 부유층의 소득과 부는 더욱 침식됐다. 1980년대 초 신자유주의는 이 계급의 상대적 쇠퇴양상을 반전시켰다. 이런 점에서 신자유주의는 특히 미국에서 전면적 승리를 거뒀다. 전지구적 실업과 비참함이라는 엄청난 대가를 치러서.

생산수단에 대한 소유와 경영이 분리된 체계에서 자본주의적인 소유는 증권(주식, 채권, 어음 등) 보유로 표현되며, 자본가의 권력은 대체로 그들의 금융기관(금융지주회사, 투자회사 등)으로 이전된다. 이런 두 가지 이유 때문에 지배계급의 지배는 유난히 **금융적** 성격을 띤다. 우리는 자본소유자 상층과 그들의 금융기관을 **금융**이라고 정의한다(Duménil and Lévy, 2004a : Ch. 23). 금융은 금융산업과 반드시 구별되어야 한다. 금융의 권력과 통제력은 금융적이건 비금융적이건 모든 경제 부문에 미친다. 금융자본과 산업자본을 구별하는 것은 어느 정도 타당하지만, 위에서 정의한 금융의 방패 아래에서 경제관계들의 넓은 통합이 이뤄지기 때문에 그런 구별은 그리 중요하지 않다.

우리는 '제국주의'를 자본주의의 특정 단계를 뜻하는 것으로 보지 않으며, 자본주의의 초기 단계 때부터 (특히 무역 분야에서) 꾸준히 이어져온 특징 중의 하나로 본다. 제국주의 자체는 여러 다양한 단계를 거치지만, 제국주의를 규정하는 공통적·지속적 특징은 가장 선진적인 지배적 국가들이 세계의 덜 발전되고 취약한 지역에서 경제적 이득을 취한다는 점이다. 제국주의 국가들의 폭력은 발전 수준이 매우 다른 국가들에게 서로 상업적 국경을 개방하라고 요구하는 것처럼 단순한 경제적 강제로 나타나거나 모든 범주의 직접적 폭력으로 동시에 나타나는데, 이 양자는 분리하기 어려울 만큼 뒤엉켜 나타난다.

제국주의가 꼭 제국주의의 또 다른 형태인 식민주의처럼 다른 국가에 대한 노골적 지배를 뜻하는 것은 아니다. 오히려 지배국가가 피지배국가의 정부에 압력을 행사해 자국의 이익에 유리한 경제관계를 발전시키도록 하는 것이 더 중요하다. 이는 모든 수단, 즉 해당 지역 지배계급과의 협력, 기존 정부의 전복, 또는 전쟁을 통해 달성될 수 있다. 이런 지배는 상황에 따라 이른바 '민주주의'나 독재 어느 것과도 양립할 수 있다.[3] 실제로 지배하는 국가에서든 지배받는 국가에서든 국가는 중요하다.

제국주의는 어느 한 국가가 아니라 여러 국가들간의 문제이다. 따라서 제국주의가 각 단계에서 보여주는 주된 특징은 국가들이 맺는 관계의 성격에 따라 규정된다. 이 국가들은 서로 대치하기도 하며, 하나의 블록을 형성해 전세계의 각 지역을 통제하기도 한다. 21세기 초의 국제적 형세를 보건대, 모든 주요 자본주의 국가들은 제국주의적으로 주변부와 관계를 맺고 있다. 제국주의 국가들은 여전히 경합하고 있지만, 과거와 달리 전쟁을 통한 노골적 대결이라는 특징이 두드러지게 나타나지는 않고 있다. 미국은 다른 제국주의 국가들 사이에서 헤게모니적 지위를 차지하고 있다. 따라서 제국주의는 반드시 쌍층체계로 이해되어야만 한다. 즉, 일련의 제국주의 국가들이 다른 국가들을 지배하며, 이 제국주의 집단의 우두머리 국가가 다른 제국주의 국가들을 지배한다. 사실 문제가 되는 것은 더 강력한 국가가 덜 강력한 국가를 지배하는 완전한 계서제이다.

---

3) 민주주의에서 지배계급의 다양한 분파들은 자시들의 내적 모순을 어느 정도 표출할 수 있다. 게다가 계급권력은 사회적 타협, 전형적으로 중간계급과의 사회적 타협에 의존한다. 물론 그렇다고 해서 국가의 계급적 성격이 바뀌는 것은 아니다.

세계화의 와중에도 개별 국가들간의 괴리는 중요한 문제로 남아 있다. 현재 거대한 법인기업들이 여러 국가에 설립되어 있기는 하지만, 이 법인기업들은 소유와 경영의 측면에서 특정한 국가에 매우 긴밀히 연계되어 있기 때문에 '다국적'이라기보다는 '초국적'이다. 각 국가는 국내적으로나 대외적으로 여전히 자국의 이익을 증진하는 데 몰두하고 있으며, 특히 미국이 그렇다. 앞으로 살펴볼 것이지만 각국 '거시경제'의 특징은 매우 상이하다(유럽과 미국에서 거시적 제약은 서로 다른데, 이 점이 중요한 결과를 낳는다). 게다가 지배계급은 기본적으로 특정한 국가에 근거하고 있다. 그들이 세계 도처에, 특히 조세의 천국에 자신들의 투자자산을 분산시키려고 할 때조차도 사정은 마찬가지이다.

전체적으로 동시대 자본주의의 단계는 자본가계급의 소득과 부의 회복을 목표로 삼는 새로운 과정의 결과라는 점에서 **신자유주의적**이며, 세계의 나머지 국가들을 지속적으로 (또는 점증적으로) 압박한다는 점에서 제국주의적이며, 제국주의 국가들 사이에서 미국이 지배적인 지위를 차지하고 있다는 점에서 미국 헤게모니 아래에 있다는 특징이 있다.

세계 다른 국가들에서 소득을 퍼오기

미국 경제가 다른 국가에서 얻는 이득은 일련의 메커니즘 전체가 낳은 산물이다. 예를 들어, 자주 강조되는 것은 에너지를 포함한 원자재 가격에 대한 상시적 압력이다. 법인기업에 의한 미국의 해외 직접투자(USDIA) 이외에도 미국의 경제주체들(가계, 법인기업, 연금, 뮤추얼펀드)이 세계의 나머지 국가들에서 금융투자(정부채권, 회사채, 상업어음 등), 즉 포트폴리오투자를 보유하고 있다는 것은 잘 알려져 있다.[4] 다른 더 간접적인 메커니즘 역시 작동하는데, 미국 내에서 기술변화의 조건을 혁신하고 개선하는 역량을 자극하는 다른 국가로부터의 '두뇌 유출'이 그런 것이다. 이 절에서는 이런 메커니즘들의 일부를 다룰 것인데, 일련의 자료들 덕택에 그 영향을 다소 직접적으로 평가할 수 있다.

먼저 미국 기업의 이윤을 살펴보자. 국민계정체계*를 보면 미국 초국적 기업의 해외자회사가 얻은 이윤을 구분할 수 있다. 이런 이윤은 해외에 유보이윤으로 남을 수도 있으며, 이자나 배당의 형태로 모기업으로 이전될 수도 있다. 분명히 이런 범주의 이윤은 세계의 다른 지역에서 발생한 것으로 분류할 수 있다. 우리는 이런 첫번째 범주를 미국 해외 직접투자에서 거둔 이윤(**미국 해외 직접투자 이윤**)이라고 표시한다.

다른 이윤은 대부분 미국 내에서의 생산활동에서 얻은 것이지만, 두 가지 측면에서 전적으로 그런 것은 아니다. 첫째, 이런 이윤은 낮은 투입물 가격(특히 원자재)에서 생기는 〔잉여〕이전 때문에 발생한다.[5] 둘째, 국내에 있는 미국 기업 역시 다른 국가에서의 포트폴리오투자를 통해 현금의 이자나 배당을 얻는다. 이것도 세계의 나머지에서 발생한 이윤이지만,

---

4) 미경제분석국(Bureau of Economic Analysis)에 따르면, "미국 해외 직접투자의 정의는 미국 투자자가 해외기업의 최소 10%의 소유권을 보유했을 때이다. 직접투자자는 미국 모회사라고 알려져 있으며, 미국이 소유한 해외기업은 해외자회사라고 알려져 있다". 포트폴리오투자는 해외 직접투자가 아닌 모든 해외투자를 말하는데 현금이나 당좌계정의 형태를 띤 통화를 제외한 증권, 은행대부, 무역신용, 정기예금 등을 포함한다.

* National Accounting Framework. 국민경제 전체를 종합적으로 분석하기 위해 모든 경제주체들의 경제활동 결과, 그리고 국민경제 전체의 자산과 부채 상황을 정리한 회계기준과 체계. 1968년 UN이 국제적으로 통일된 국민통계를 작성하기 위해 마련했다. 기업의 재무제표에 비견되는 국민계정체계는 ① 생산활동으로 발생한 국민소득이 어떻게 분배되는지를 다룬 국민소득통계, ② 생산과정에서 상품의 투입·산출 내역을 분석한 산업연관표, ③ 실물과 금융의 양 측면에서 자금의 흐름을 기록한 자금순환표, ④ 국제수지표 등 일정 기간의 흐름을 나타낸 플로계정, ⑤ 일정 시점에서 국민경제가 갖고 있는 실물·금융자산·부채를 모두 기록한 국민대차대조표 등 5개를 종합·정리한 것이다.

5) 이 혜택의 일부는 소비자에게도 돌아가 저렴한 가격으로 수입품을 구입할 수도 있다.

불행하게도 이런 이윤 부분을 구분하는 것은 불가능하다. 우리는 이런 이윤 범주를 비-미국 해외 직접투자 이윤 또는 (NIPA[6]의 분류법에 따라) **국내 이윤**이라고 부르긴 하지만, 여기에는 국내에서 얻은 이윤과 해외에서 얻은 이윤이 섞여 있다.

참고로 2000년의 경우, 미국 해외 직접투자 이윤의 상대적 규모는 국내 이윤의 53%로서 놀랄 정도이다. 이는 미국 기업의 이윤에서 세계의 다른 국가들로부터 얻는 소득의 범주가 다른 이윤의 절반에 이를 만큼 극적으로 중요함을 보여준다. 국내 이윤의 일부가 해외에서 얻은 이윤을 포함한다는 사실을 알고 있기 때문에, 우리는 이제 세계의 다른 국가들에서 유입되는 이윤 획득의 영향이 얼마나 되는지 이해할 수 있게 된다.

〈그림 1〉은 1952년 이후 국내 이윤에 대한 미국 해외 직접투자 이윤 비율의 윤곽을 보여준다. 그림은 제2차 세계대전 뒤 꾸준한 상승을 드러낸다. 이런 성장은 점진적인 세계화를 반영하며, 1980년대 초에 급격한 변화가 발견되지는 않는다. 세계화는 신자유주의 이전부터 시작됐고, 신자유주의의 출현으로 가속화되지도 않았다. 우리가 이후 계속 주장할 것처럼 오히려 그 반대이다.

이제 세계의 나머지에서 얻는 모든 경로의 **총금융소득** 흐름을 생각해보자. 이 흐름은 모든 미국 해외 직접투자 이윤, 그리고 기업뿐만 아니라 가계나 기금 같은 다른 경제주체들이 포트폴리오투자를 통해 얻은 모든 소득을 포함한다. 국내 이윤에 대한 총자본소득 흐름의 비율은 2000년에 100%였다. 이 수치는 미국에서 자본의 보상이 해외로부터의 소득 흐름에 얼마나 의존하는가를 다른 방식으로 훨씬 더 놀랍게 보여준다.

---

6) 미경제분석국의 국민소득 및 생산계정(National Income and Product Accounts).

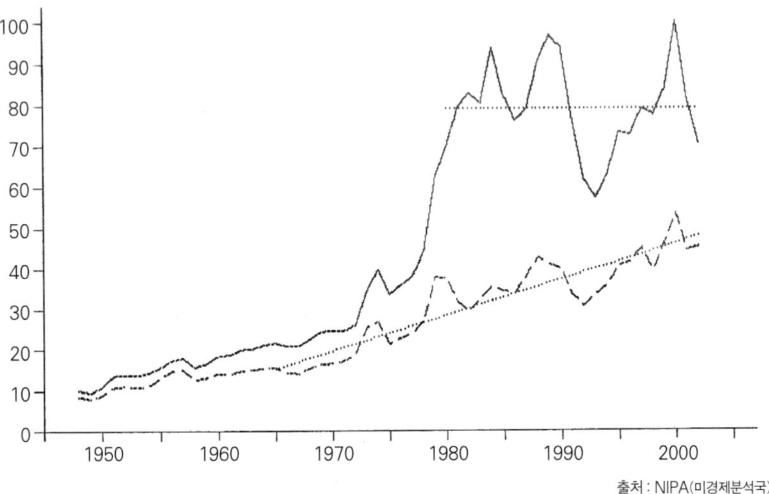

※분모인 국내 이윤은 미국 기업의 세금공제 뒤 이윤에서 해외투자를 통해 얻은 이윤을 제외한 것이다. 분자는 각각 미국 해외 직접투자 이윤(미국 초국적 기업의 자회사가 얻은 이윤) 또는 미국의 모든 경제주체들이 세계의 나머지 지역에서의 투자로 얻은 모든 범주의 총자본 흐름으로, 우리가 '자본소득'이라고 표시하는 것이다.

이 비율의 역사적 윤곽은 제국주의와 신자유주의의 관계에 대해 많은 것을 말해준다. 〈그림 1〉은 1948년 이후 국내 이윤에 대한 총자본소득 흐름의 비율 변화를 보여준다. 그 비율은 10%에서 시작해 1970년대 말까지 쭉 상승해 1978년 45%에 달하고, 신자유주의의 20여 년 동안 80%까지 급상승해 안정상태를 형성하고 있다.[7] 쉽게 추측할 수 있듯이, 더 많은 배당소득이 이를 보충하긴 했지만, 1979년 이자율 상승이 이런 증가의 주된 원인이었다. 신자유주의는 해외에서 들어오는 금융소득의 흐름을 엄청나게 증대시켰는데, 이것이 신자유주의 시대 제국주의의 주된 특징이다.

헤게모니의 양상

미국과 다른 국가들간의 관계는 분명히 상호적이다. 미국의 경제주체들도 해외투자자에게 금융소득을 지불한다. 그런데 이것은 미국으로 들어오는 금융소득 흐름을 유지하고 증가시키는 것의 중요성을 더해줄 뿐이다. 특히 유럽과 일본 같은 주요 자본주의 국가들의 경우에 그렇다.

이번 절의 조사대상은 세계 나머지 국가들의 해외투자 중 특정 측면, 즉 이 국가들이 미국에서 수행한 투자로 한정한다. 이 조사의 목적은 미국 이외의 국가들이 미국에 한 투자와 미국이 해외에 한 투자의 차이를 강조하기 위해서인데, 여기에서 강력한 비대칭성이 분명해진다(이 비대칭성은 미국에게 유리하다). 이런 측면에서 미국은 나머지 지역에서 거대한 소득 흐름을 끌어들이고 있는데, 그것도 매우 효과적으로 끌어들이고 있다. 이것은 곧 미국이 차지하는 헤게모니적 지위의 또 다른 표현이다.

미국과 다른 국가의 첫번째 차이는 다른 금융적 투자에 대한 직접투자 비율이다. 이 비율은 각각 50%와 20%로서(1952~2002년 평균), 미국이 다른 국가들보다 두드러지게 크다. 제2차 세계대전 이후 미국은 대규모 해외 직접투자를 꾸준히 수행하는 국가였다. 두번째 차이는 투자수익률과 관련된다. 어떤 유형의 해외투자이건 간에 외국인이 미국에 투자할 때보다 미국은 훨씬 더 높은 투자수익률을 얻고 있다(다른 국가가 제3의 국가에 투자해서 얻는 수익에 관해서는 다루지 않는다는 점을 기억하라).

---

7) 국내 이윤 시계열은 경기 순환에 따라 변동한다(국내 이윤은 미국에서 경제활동이 강력할 때 급격히 상승한다). 이런 이유로, 국내 이윤의 시계열은 어느 정도 조정되어 평탄해졌다. 그러므로 〈그림 1〉의 변수에서 분명히 드러나는 진폭은 이자율의 진폭을 반영한다. 2000년의 100%는 가장 높이 도달한 비율이었다.

〈그림 2〉 미국의 해외 투자자산 수익률과 외국의 미국 내 투자자산 수익률(%), 1960~2002년

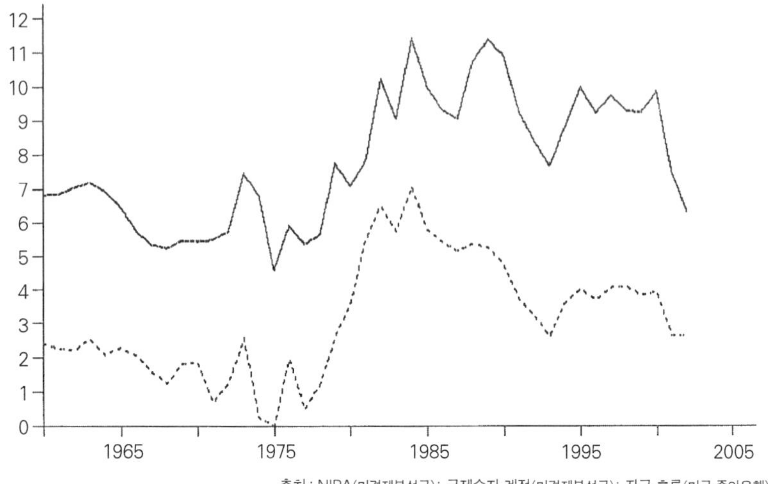

※변수들은 인플레이션에 따른 부채의 가치저하를 고려해 수정됐다.[8] 자본소득과 자본손실의 시계열은 가용하지 않아 여기서 고려에 넣지 않았다.

〈그림 2〉는 미국의 해외 투자자산과 외국의 미국 내 투자자산의 '실질수익률'을 보여준다. 실질수익률은 인플레이션에 따른 부채의 가치저하를 고려해 수정한, 투자자산의 저량(stocks)에 대한 소득 흐름의 비율을 뜻한다. 다음의 내용을 주목하자.

● 우선 미국의 해외 투자자산 수익률을 살펴보자. 첫번째 주목할 것은 인플레이션에 따른 부채의 가치저하를 고려해 수정한 실질수익률이 상당하

---

8) 인플레이션은 채무의 실질가치를 하락시킨다. 이 때문에 차입자에게 유리하게 대부자에게서 소득이 이전된다. 이 이전액은 미국이나 여타 세계의 채무를 인플레이션율로 나눈 값과 같다. 이것이 자산수익에 추가된다. 직접투자에 대해서는 이런 수정을 가하지 않았다.

며, 전 기간 동안 평균 약 7.8%였다는 사실이다. 두번째는 1980년대 초의 약진이다. 1980년 이전과 이후로 나눈 두 하위 시기에 평균수익률은 각각 6.2%와 9.3%이다.

● 유사한 계단식 유형이 미국에 대한 외국인투자의 수익률에서도 분명히 드러난다. 다만 1990년대에 수익률이 훨씬 더 감소했다. 그러나 가장 놀라운 점은 두 수익률간의 차이이다. 여전히 두 차례 하위 시기의 수익률이 구분되는데 수익률은 각각 1.8%와 4.5%로서(미국의 6.2%, 9.3%와 비교해 보라), 이 수치는 미국보다 평균 4.7% 낮다.

● 두 수익률간의 차이가 신자유주의와 함께 등장하지 않았고, 미국 헤게모니에서 불변의 특징처럼 보인다는 점에 주목하라. 반면 1980년 이후 두 수익률의 상승은 모두 신자유주의 20여 년의 특징, 즉 높은 실질이자율 및 배당소득과 일치한다.

수익률 분석에서 〈그림 2〉의 주요 두 구성요소인 직접투자와 포트폴리오투자를 구별하는 것은 흥미롭다. 여기서도 미국 경제와 나머지 세계 사이의 관계에 강력한 비대칭성이 존재한다.

● 역시 인플레이션에 따른 부채의 가치저하를 조정한 뒤 미국과 외국의 포트폴리오투자 수익률은 신자유주의 이전 시기(1960~80년)에 매우 낮아서, 미국과 외국의 평균수익률은 각각 1.5%와 0.9%였다. 양자는 갑자기 9.7%와 6.1%로 상승했다(1981~85년 평균). 그러나 이 범주의 투자수익률은 미국의 경우 폭이 더 적긴 했지만 점차 감소했다. 1981~2003년 동안 수익률의 평균격차는 약 4.4%에 달했다.

● 신자유주의에 앞서서 미국 해외 직접투자의 수익률은 9.9%에 달했다 (1960~80년 평균). 같은 기간 외국인의 미국 내 직접투자(FDIUS) 수익률은 그보다 낮아서 6.9%였다. 외국인의 미국 내 직접투자 수익률이 1980년 이후 (2002년까지) 평균 2.8%로 붕괴한 반면, 미국 해외 직접투자의 수익률은 유지됐다. (1981~2002년 동안의) 평균격차는 6.4%였다 (Mataloni, 2000).[9]

미국은 자본을 세계의 다른 지역으로 수출하는 동시에 다른 지역에서 자본을 수입하는 **체계**의 중심에 있다. 맑스의 용법에 따르면, 미국 제국주의의 주된 특징은 대부업자와 대립하며[10] 다른 국가의 자본소유자를 대신해 국제적인 '적극적 자본가' 역할을 한다는 데 있다.[11]

이와 대칭적으로 다른 국가들의 자본가는 미국 경제에 대해 상당 정도 **대부자본가**로서 행동한다. 다른 국가의 경제주체들은 자신들의 투자자산이 국가적 위험이나 제약에서 보호받기를 원할 수도 있다. 이들의 이런 동기가 드러나는 전형적인 사례는 산유국이나 라틴아메리카의 부유층이 미국의 증권을 보유하거나, 외국의 중앙은행이 외환보유고를 위해 미재무부 증권에 투자함으로써 '대부자본 국가'로 행동하는 것이다. 이와 같은 투자는 위험이 없고 유동성이 있는 것으로 여겨지지만, 상대적으로 낮은 수익률로 보상된다.

---

9) 마탈로니는 자신의 논문 서두에서 이렇게 말했다. "외국 소유의 미국 기업에 관한 장기적 문제는 그 기업의 수익률이 왜 미국 기업보다 항상 낮으냐는 것이다. 미경제분석국과 다른 이들의 이전 연구는 이 문제를 조사했다."
10) 맑스는 주식소유자를 종종 대부자와 함께 취급했다.
11) 이 메커니즘이 이전 제국주의 단계에서 어느 정도의 중요성을 차지했는지 측정해 보는 것도 흥미로울 것이다.

해외유출의 보복

앞선 두 절의 관점에서 보면, 미국은 세계 나머지 지역과의 관계에서 해외 소득 흐름을 짜내는 거대한 능력을 향유하고 있는 국가라는 이미지를 보이고 있다. 외국인이 미국에 투자할 때, 그들은 효율성이 떨어지는 투자자처럼 보인다. 이번 절은 위에서 다룬 투자〔직접투자〕수익이 아니라 나머지 세계에서 미국으로 유입되는 금융소득 흐름의 총합과 그 역의 경우를 검토한 뒤, 투자자산의 저량을 검토한다. 이런 분석은 미국의 국제적 지위가 점차 악화되고 있음을 보여줄 것이다.

이미 〈그림 1〉은 미국 기업의 국내 이윤에 대비해 해외로부터의 금융소득 총유입을 비교함으로써, 그 유입량의 규모와 그것이 신자유주의에서 급격히 상승했다는 것을 보여준 바 있다. 〈그림 3〉은 금융소득 유입액을 미국의 총생산(국내순생산〔NDP〕)과 비교하고 있긴 하지만, 동일한 정보를 제공한다. 이 그림은 2000년의 유입액이 NDP의 4% 이상이라는 것을 보여준다. 이 그림이 〈그림 1〉보다 덜 인상적일지도 모르겠다. 그러나 이윤은 한 국가가 거둔 총생산의 '작은' 부분일 뿐이라는 점을 명심해야 한다.[12] 〈그림 3〉은 국내순생산에서 차지하는 유출액의 비중이 증가하고 있다는 것도 보여주고 있다.

3개의 하위 시기를 나눠 볼 수 있다. 1946~72년 동안 두 비율은 다소 점진적으로 상승했는데, 1972년에 유입은 0.5% 이하에서 1.3%로 상승했고 유출은 0.6%로 상승했다. 격차는 서서히 벌어지고 있었다. 1973~79

---

12) 2000년의 세금공제 후 국내 법인기업 이윤은 미국 법인기업 순생산의 7.1%였다. 그리고 미국 법인기업 순생산은 미국 국내순생산의 단지 61.6%일 뿐이었다.

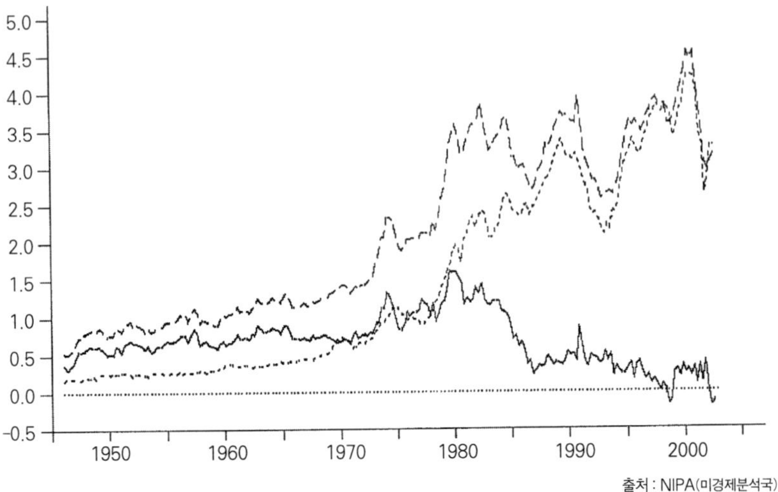

※순소득의 양의 부호는 미국이 다른 국가들에게 지불한 것보다 더 많은 소득을 얻었음을 뜻한다.

년은 중간 시기로 보인다. 유입은 2.7%로 급격히 상승했고 유출은 단지 1.5%만 상승해, 결국 격차는 더 커졌다. 그러나 이런 유입의 증대는 다음 20여 년간의 높은 수치에 비하면 왜소한 것이었다. 1979년의 갑작스러운 이자율 상승 이후 신자유주의의 20여 년 동안, 국내순생산 대비 유입의 비율은 3% 이상 급상승해 안정상태에 이르렀고, 그 주변에서 변동하기 시작했다(이 점은 〈그림 1〉에서도 제시된 바 있다). 유출을 보면, 세번째 시기인 1980~2002년은 안정기가 아니라 지속적인 성장기라고 할 수 있다. 금융 소득의 유출은 계속해서 상승했고, 점차 국내순생산의 큰 부분을 차지하게 됐다(2000년에 최대치인 4.0%에 도달했다).

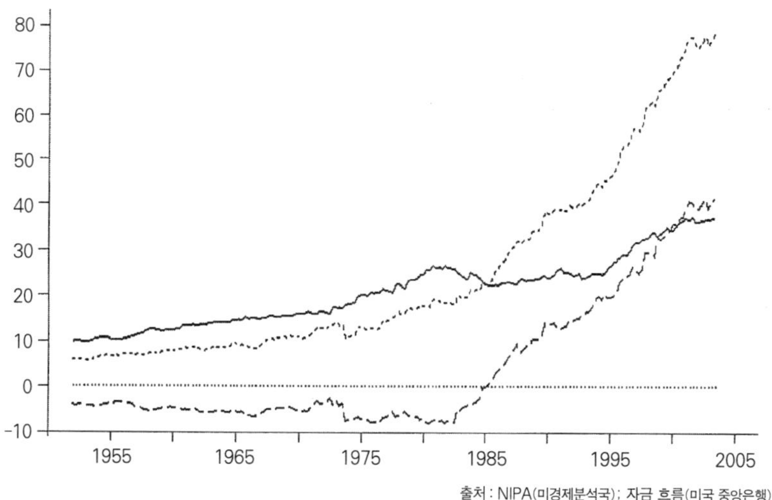

※외국 순투자자산의 양의 값은 외국인이 미국에서 보유한 재산이 미국이 다른 국가에 보유한 재산
보다 더 많다는 것을 뜻한다.

〈그림 3〉의 세번째 선은 유입과 유출 사이의 격차, 즉 미국으로의 순
유입을 나타낸다. 이런 순유입은 1973~80년 동안 상승했다. 여기에서 분
명히 드러나는 것은 1980년에 이 상승추세가 중단된 이후 하강추세가 명
백해져 1.3%에서 0%로, 또는 2002년 이후부터 심지어 음의 값으로 떨어
지는 등 새로운 전개가 이뤄졌다는 것이다. 2002년 이후로 어떤 분기에는
미국이 외국에서 얻은 것보다 더 많은 소득을 외국인에게 지불했다!

이 감소는 미국 경제의 대외 순국제투자가 명백히 악화된 것으로 해
석될 수 있다. 이제 이 문제에 초점을 맞춰보자. 〈그림 4〉는 미국의 경제주
체들이 세계의 다른 국가들에서 보유한 총투자자산 저량을 국내순생산 대

비 비율로 보여준다. 1952~79년 동안 이런 투자자산은 국내순생산의 약 10%였다. 그 뒤로 이 수치는 1990년대 말까지 18% 주변에서 변동했다. 1995~2003년 말 동안에 이 비율은 18%에서 약 30%로 치솟았는데, 이것은 해외금융투자의 새로운 물결이 일어난 신호였다. 두번째 곡선은 외국의 미국 내 투자자산의 변화를 보여준다. 1952년 외국의 미국 내 투자자산은 국내순생산의 5%에 달했으나, 미국이 보유한 자산보다 적었다. 그러나 이 수치는 꾸준히 상승해 1985년에는 외국의 미국 내 투자자산 비율과 미국의 해외 투자자산 비율이 20%로 똑같아졌다. 마지막으로 신자유주의의 20여 년 동안, 외국의 미국 내 투자자산은 점차 증가해 2003년에는 70%에 이르렀다.

두 비율의 차이, 즉 미국에 대한 다른 국가들의 순투자자산 저량 역시 〈그림 4〉에서 볼 수 있다. 이 순투자자산 저량은 1985년까지 음의 값이었는데, 이것은 미국의 해외 투자자산이 외국의 미국 내 투자자산보다 더 많다는 것을 뜻한다. 그러나 1980년대 초부터 미국의 순국제투자는 악화됐다. 2003년 초 이 수치는 미국 NDP의 36%에 달했다. 비록 이 투자자산에 주식 같은 다른 요소의 투자자산이 포함되어 있긴 하지만, 신자유주의의 20여 년 동안 그처럼 심각하게 악화된 원인을 세계 다른 국가들에 대한 미국 부채의 증가에서 찾을 수 있다.

〈그림 4〉의 총투자자산 저량에서 외국인의 미국 내 직접투자와 미국 해외 직접투자의 저량(〈그림 5〉)을 가려내는 것은 흥미롭다. 첫번째로 이야기할 수 있는 것은 이미 언급한 대로 직접투자는 총투자자산의 제한된 일부만 대표한다는 것이다(〈그림 5〉와 〈그림 4〉의 수직축 값은 뚜렷이 구별된다). 외국인의 미국 내 직접투자와 미국 해외 직접투자는 전반적으로 명백히 증가하는 추세이다. 그러나 그림에서 볼 수 있듯이 미국 해외 직접투

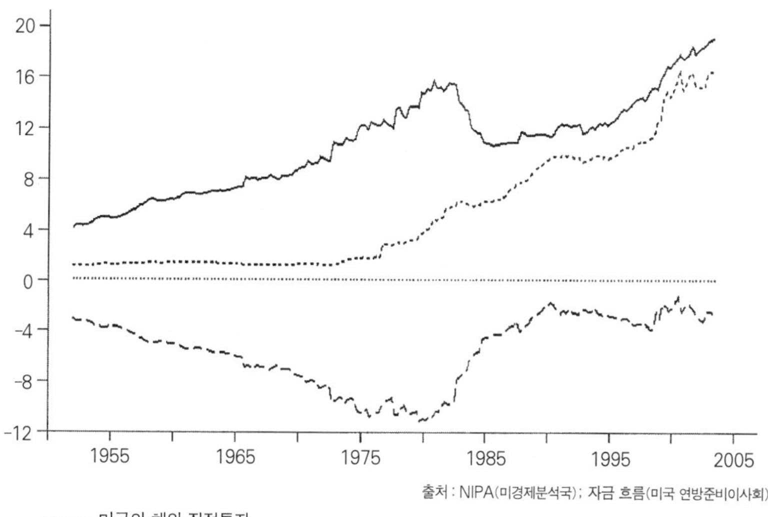

자의 확대는 국내순생산에서 차지하는 비율 측면에서뿐만 아니라 (불변달러 가치로 측정한) 절대 액수에서도 1980년대 초에 상당히 둔화했다. 미국 해외 직접투자에 관한 한, 신자유주의는 세계화를 가속시키지 않고 오히려 감속시켰다. 반대로 다른 국가들은 1972년 이후 미국 내 직접투자를 상당히 증대시켰고, 이 두 액수는 1980년대 말에 사실상 똑같아졌다. 결국 1952년부터 1980년까지 미국 국내순생산의 11%까지 증가했던 미국의 해외 순직접투자 저량은 〈그림 5〉의 세번째 선이 보여주듯이 갑자기 하락해 1990년 이래로 이 수준에서 다소 고정되어 있다.

외국의 직접투자 따라잡기는 3절에서 설명한 수익의 하락과 병행됐다. 결국 미국이 해외투자에서 벌어들인 소득은 미국 내에 투자한 세계 다른 국가들에게 지불한 소득보다 줄곧 더 컸다(제2차 세계대전 이후로 4배 ~5배였다). 이 점은 미국 경제의 구조적 특징이지, 신자유주의의 종별적 특징은 아니다. 〈그림 3〉과 〈그림 4〉를 비교해 보면, 2002년에 세계적으로 모든 종류의 투자에 관해 다른 국가에 대한 미국의 순국제투자 저량은 두 드러진 음의 값인데 반해서, 금융소득의 순흐름은 음의 수가 아니라 '단 지' 0이었다는 것이 드러난다. 〈그림 2〉에서 살펴봤듯이, 이것은 미국 투 자자산이 상대적으로 높은 수익률을 거둔 결과로서만 가능하다.

이런 관측들은 오늘날 미국 제국주의의 핵심 메커니즘을 보여준다. 미국은 지난 20여 년 동안 매우 효율적으로 세계의 다른 국가들에서 소득 을 퍼왔다. 미국의 순국제투자가 악화된 적이 없었다고, 예컨대 미국의 순 국제투자가 계속 0이었다고 가정한다면, 미국과 외국이 금융투자로 얻는 수익률의 차이 때문에 미국이 다른 국가에서 획득하는 소득은 어마어마했 을 것이고, 신자유주의적 세계화는 이 소득을 극적으로 증가시켰을 것이 다(즉, 국내순생산에 대비한 미국과 외국 경제주체들의 투자자산이 모두 증대 됐을 것이다). 그러나 미국은 자본의 순수입국이 됐다. 여기에서 금융투자 수익률의 차이가 결정적이다. 만약 미국이 외국인에게 동일한 수익률로 지불했다면, 2003년에 세계 다른 국가들을 향한 금융소득의 순흐름은 세 금공제 뒤의 미국 국내 총이윤과 거의 같았을 것이다! 물론 이런 상황이 전혀 찾아오지 않았다는 것은 두말할 필요도 없을 것이다.

신자유주의-신제국주의적 소비열

이번 절에서는 미국의 순국제투자가 점차 악화된 원인과 외국인투자가 미 국의 소비와 축적에 끼친 영향을 검토해 보자.

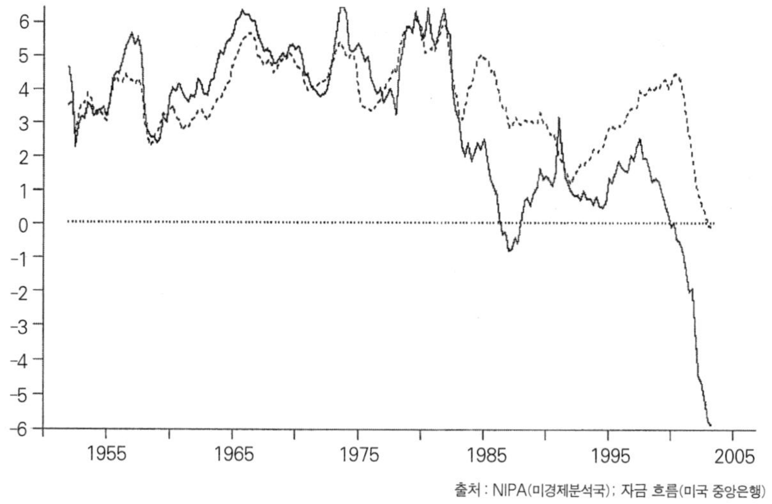

〈그림 6〉은 미국 경제 전체의 저축률 윤곽을 보여준다. 여기서 이 비율의 분자인 저축은 모든 기업에서의 고정자본투자(사적 부문의 국내 고정자본투자 중 비주거용 투자)라기보다는 총소득에서 모든 상품과 서비스에 대한 지출을 뺀 부분을 말한다. 분모는 국내순생산이다. 여기서 제2차 세계대전 이후 1980년대 초까지(1952~79년) 저축률이 평균 약 4.5% 정도에서 오르내렸음을 알 수 있다. 그 이후 저축률은 1% 정도로 급작스레 하락했고, 경기침체기에는 그 이하로 떨어졌다. 이 사실은 미국 경제의 작동 방식이 신자유주의의 20여 년 동안 철저하고 급속하게 변환됐다는 것을 드러내 준다. 〈그림 6〉은 고정투자율도 보여준다. 이 고정투자율은 신자유주의의 20여 년 동안 저축률만큼 심하게 줄어들지는 않았지만, 1952~79

년 기간의 평균 4.1%에서 평균 3.5%로 적지 않게 감소했다. 저축과 투자의 차이는 경상수지와 같으며, 세계의 다른 국가들에 대한 미국의 순국제투자의 변화량(net position)과 같다. 이것들은 회계 항등식들이다.[13]

저축률 감소는 가계와 정부의 행위가 결합된 효과이다. 〈그림 7〉은 가계와 정부의 저축률을 보여준다. 신자유주의 이전 시기와 지난 세기의 마지막 시기를 비교해 보면 대조가 아주 뚜렷하다. 1952~82년 사이에 가계저축률은 6%에서 8%로 증가했다. 그 뒤로 2000년대 초에 하락하기 시작해 2% 정도로 떨어졌다.[14] 제2차 세계대전 이후 거의 예외 없이 정부의 저축은 음의 값(적자)이었다. 그러나 1980년대 초에 적자는 엄청나게 증가해 국내순생산의 6%에 달했다. 이 점이 〈그림 6〉에서 관찰된 1980년대 초의 급속한 저축률 감소를 설명해 준다. 이런 적자는 실질이자율의 상승, 대대적인 군비 지출(레이건의 '별들의 전쟁'), 세율 인하, 저성장(취약한 세입) 등이 결합된 결과이다. 이 추세는 1990년대 말 호황기에 극적으로 역전되어 경기후퇴 전까지 이어졌다.

1980년대 중반 이후 가계저축률이 지속적으로 감소된 것은 수수께끼이다. 연방준비이사회의 연구는 소득 상위 20% 가계의 저축성향만이 감소했다는 것을 보여준다(Maki and Palumbo, 2001). 이처럼 신자유주의

---

13) GDP(국내총생산)는 미국 내 총생산의 가치액이다. 그것은 소비, 실물투자, 수출의 합계에서 수입을 뺀 것이다. GNP(국민총생산)는 GDP에 세계의 다른 국가들에서 얻은 소득의 순흐름을 더한 것으로, 곧 총소득이다. GNP＝소비＋실물투자(고정자본투자＋재고변동)＋수출-수입＋외국으로부터의 소득-외국에 지불하는 소득. 그리고 저축은 총소득과 소비의 차이이다. 따라서, 저축＝GNP-소비＝실물투자＋수출-수입＋외국으로부터의 소득-외국에 지불하는 소득. 따라서 (원조와 같은 일방적 이전을 제외한다면) 다음과 같은 식을 얻을 수 있다. 저축＝실물투자＋경상수지.

14) 가계 자체와 (비법인 부문에서의) 자영업자의 행위를 구분하는 것은 어렵다. 그러나 가계와 비법인 부문을 함께 고려할 때 비슷한 윤곽〔저축률 감소〕을 관찰할 수 있다.

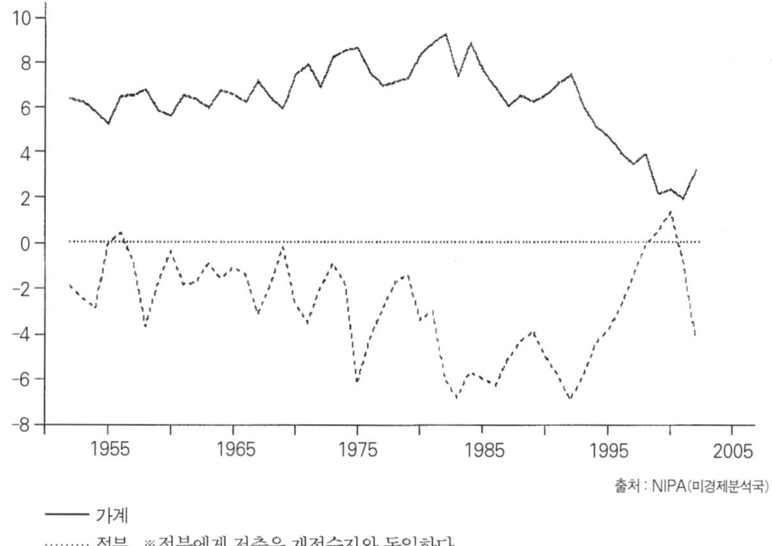

덕택에 소득이 가장 증가한 집단은 더 많이 지출하기 시작했다. 이런 지출의 수요는 실제 소비를 목적으로 한 것인데, 주택구입을 위한 소비보다 훨씬 더 컸다. 최고 부유층 가계의 소비성향 증가는 미국 저축률 감소와 이에 상응한 지속적인 대외 적자의 주된 원인으로 보인다.

미국 거시경제 악화에 상위계급이 어떤 책임이 있는지도 수수께끼이다. 위에서 언급한 연구는 널리 인용되지만 이 수수께끼에 의문을 제기하지는 않았다. 특히 앨런 그린스펀은 1999년 1월 20일의 증언에서 이렇게 언급했다. "우리는 최근 저축률 하락의 전적인 또는 대부분의 이유가 엄청난 자본이득을 얻은 상위소득층 때문이라는 증거를 갖고 있다. 이 점은 부의 효과가 실제로 중요하게 작동해 왔다는 것을 보여준다." 소득이 많은 가계가 전통적으로 저축의 많은 부분을 차지했기 때문에, 거대한 하락폭을 고려하면 이런 발견도 하찮은 것이다. 한 가지 분명한 것은, 미국 거시경제 궤적의 지속불가능성이라는 이 논문의 주된 요점은 저축률 하락의 기원에 대한 이런 진술에 의존하지 않는다는 것이다.

만약 미국의 지배력이 없었다면, 이런 소비열은 불가능했거나 미국의 낮은 축적율과 달러하락 탓에 미국 경제의 상대적 쇠퇴로 직결됐을 것이다. 그러나 미국은 다른 국가에 비해 아주 특이한 거시경제 상황을 향유하고 있다. 미국은 경상수지의 제약을 받지 않는다. 외국인들은 미국 국제수지의 불균형 증가에 개의치 않은 채 달러 지불을 받아들이고, 미국 경제에 투자할 달러를 보유한다. 2002년 초까지 환율은 영향을 받지 않았다(실제로 달러는 다른 통화에 대해 상승하고 있었다). 커다란 수요가 수입을 자극하고, 국내 공급능력에 압력을 가했기〔즉, 공급능력을 증가시켰기〕 때문에, 인플레이션의 가능성은 감소했다. 미국의 통화정책은 너무 엄격할 필요가 없는데, 유럽의 상황과 뚜렷이 대비되는 것이 바로 이 점이다.

외국인들이 미국에 투자하기 위해 미국 경상수지 적자에서 이끌어낸 달러구매력을 계속 사용한다고 가정하더라도, 장기적으로 볼 때 이런 궤적의 영속화를 가능케 하는 메커니즘 역시 모순적이다. 문제는 (사실상 수익률이 상대적으로 낮더라도) 이런 외국인의 투자에 보상이 있어야 한다는 것이다. 그리하여 세계 다른 국가들로 금융소득이 유출되는데, 이것은 미국 자본 소유자들의 전체 소득이 점차 감소해간다는 것을 뜻한다. 이것은 이례적인 고소비 때문에 치러야 하는 대가이다.

외국인들이 점점 더 미국에 투자하기를 꺼리게 된다면, 가령 유로 지역으로 투자를 이전하게 된다면, 미국이 외국인투자를 유치하기 위해 높은 이자율을 지불하면서 누려온 '부정적 리스크 프리미엄'을 잃는 결과가 생겨날지도 모른다. 그리고 이 때문에 발생할 초과비용은 세계 다른 지역으로 흘러 들어가는 소득 흐름을 극적일 만큼 증가시킬 것이고, 거시경제의 궤적을 더욱 더 악화시킬 것이다.

이후의 전망

확실히 미국 경제의 기초 체력을 의심할 여지는 없다. 아직까지 미국은 효율적인 제국주의 국가로서, 나머지 세계를 지배하고 있으니까. 그렇지만 미국이 점점 더 외국자산에 종속되고 있기 때문에 장기적으로 미국의 우위에 문제가 생길 것이라는 점도 분명하다.

앞 절에서 설명한 메커니즘은 신자유주의 시대의 미국 제국주의가 맞닥뜨린 모순을 설명해 주는데, 그 장기적 과정은 다음과 같다.

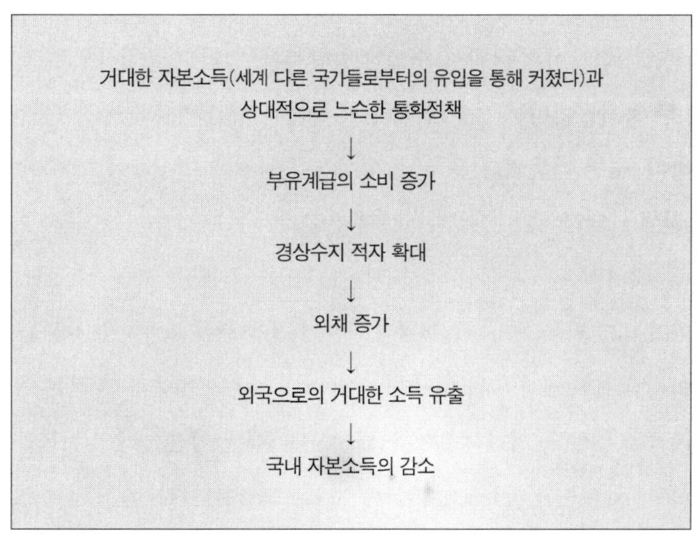

만약 이런 고리가 무한정 연장된다면, 미국의 자본가계급은 점차 소득과 부를 빼앗길 것이다. 이것은 저축하지 않는 계급에게 발생할 수밖에

없는 논리적 결과이다. 미국 자체의 힘이 침식되리라는 것도 확실하다. 그러나 미국 자본주의의 미래가 이렇게 될 것 같지는 않은데, 이 말은 곧 새로운 궤적이 추진될 것이라는 뜻이다.

위의 고리에서 문제가 되는 것은 신자유주의이지, 상처입지 않은 국가의 제국주의적 역량이 아니라는 점을 상기하라. 이런 이유 때문에 우리는 훨씬 눈부신 전개와 무관하게 미국 경제와 사회가 새로운 국면, 즉 신자유주의의 새로운 단계나 신자유주의를 넘어서는 새로운 단계로 진입해야 할 것이라고 주장한다. 또한 우리는 신자유주의와 제국주의가 구분되는 두 가지 현상이며, 사실상 제국주의는 신자유주의보다 더 오래 살아남을 수도 있다는 사실을 반드시 염두에 둬야 한다(미국은 이른바 케인즈주의적 타협의 시기에도 이미 제국주의적이었다).

이런 새로운 방향에서 찾아내야 할 핵심적인 요소가 부유층 가계의 지출 축소, 국내 시장을 향한 수요의 방향전환, 그리고 국내적으로 조달되는 더 큰 축적률이라는 점은 명백하다. 확실히 이런 경로를 설정하는 것은 가능하다. 물론 다음과 같은 다수의 목표를 동시에 추구해야 하기 때문에 그런 길에 도달하기가 어렵긴 하겠지만 말이다.

● 기업 내의 이윤 유지는 부유층 가계의 소득을 줄이고 투자에 자금을 조달하는 직접적 방식이 될 것이다. 이것은 더 낮은 이자율과 더 적은 배당금 지급을 뜻한다. 따라서 이것은 제2차 세계대전 이전 양상의 자본주의를 복원시킨다는 신자유주의의 근본 목표와 모순된다.

● 달러하락은 국제수지의 문제를 해결하려는 수단이지만, 이것은 미국의 금융적 지배나 효율적 제국주의 권력으로서의 역량과 모순된다. 또 다른

수단으로서 무역장벽도 가능하겠지만, 이것은 외국이 보복할 것이 분명하기 때문에 세계적 지배의 양상과 어울리지 않는다.

이런 궤적을 향해 나아가는 변화에서 거시경제는 계속 제약요인으로 남을 것이다. 가계의 소비를 자극하는 것은 경제활동을 유지하는(경기후퇴나 더 극적인 위기를 회피하는) 핵심적인 요소이다. (늘 임박해 있는 심판의 날이라기보다는) 구조조정을 늘 위협하고 방해하는 요소로서 위기를 논의하는 것이 적절한 것도 바로 이 지점이다.

결국 국내적·국제적 정치세력의 상호작용에 의해 결과가 결정될 것이다. 국내적으로는 자본소득의 흐름, 특히 연금 기금에서 이득을 얻는 중간계급과의 '신자유주의적 타협'이 깨질 수 있는데, 이 경우에는 민중계급에 대한 압력이 증대될 가능성이 매우 높아질 것이다. 그렇다면 지배계급이 신자유주의 아래에서 역사적으로 추구해 왔던 목표는 전통적인 '민주주의적' 규칙과는 점점 더 거리를 두는 방식에 의해서만 지속될 수 있을 것이다. 특히 신자유주의와 절연하는 근본적 변화가 수행('투쟁'이 뜻하는 바가 바로 이것이다)될 수 없다면 말이다. 국제적으로도 이와 유사한 대결이 진행 중인데, 우리는 여기서 민중과 정부의 주도권이 아직 온건할지언정 점차 커지고 있는 것을 볼 수 있다. 따라서 예견이 가능한 주된 요소는 세계 다른 국가들에게 더 압력을 행사하려는 시도가 될 것이다.[15]

---

15) 우리는 기술과 수익성의 새로운 추세 같은 다른 메커니즘들은 다루지 않았다. 비록 이번 연구의 지평을 넘어서지만, 이런 문제도 중요한 역할을 할 것이다. 특히 1980년대 중반 이후 이윤율 상승추세가 지속될지 중단될지가 결정적인 문제가 될 것이다.

7. 남과 북의 노동자*

비버리 J. 실버·지오반니 아리기

20세기 마지막 수십 년 동안 벌어진 가장 놀랄 만한 변화의 하나는 세계프롤레타리아트가 수적으로 크게 팽창하던 시기에 노동계급의 의식과 조직이 급격하게 쇠락했다는 점이다. 더욱 더 놀라운 점은 그것이 전지구적 자본주의의 깊고 심각한 위기에 뒤이어 나타났다는 것이다. 양적으로 증가한 세계프롤레타리아트의 계급의식이 1970년대 자본주의의 위기 때문에 하락하기보다 고양될 것이라고 기대했던 것은 터무니없는 일이 아니었다. 그러나 1980~90년대에 들어와 자본주의의 위기는 오히려 노동의 위기로 돌아섰고, 이전 세기에 형성되어 공고해진 노동계급의 모든 조직들은 파괴되거나 근본적인 변화를 겪게 됐다.

이 글의 목적은 세계적 규모의 자본주의 발전의 불균등성과 노동계급 형성과정 사이의 연관성을 부각시키되, 이것을 최근의 위기 이전부터 현재까지에 걸쳐서 검토해 보려는 것이다. 우리는 기존에 널리 알려진 견해

---

* Copyright © 2000 Beverly J. Silver and Giovanni Arrighi, "Workers North and South", *Working Classes, Global Realities : Socialist Register 2001*, Leo Panitch and Colin Leys, eds., London : Merlin Press, 2000, pp.51~74. 실버와 아리기는 둘 다 미국 존스홉킨스 대학의 사회학과 교수이다.

와 달리, 이른바 남북의 분할이 (20세기 내내 그랬듯이) 여전히 세계프롤레타리아트의 동질적 조건을 형성하는 데 주된 장애물이 되고 있다고 주장한다. 최근 등장한 위기의 특징, 즉 산업활동이 북에서 남으로 두드러지게 재배치되고 있다는 특징에도 불구하고, 노동계급의 형성조건은 꾸준히 확대되고 있는 남북격차에 따라 철저히 규정되고 있다. 남북격차란 상대적으로 소수인 서구 국가들이 전세계 인구의 대다수를 차지하는 다른 국가들에 비해 더 많은 부와 지위 그리고 권력을 누리고 있는 격차를 말한다. 사회주의 정치학을 유의미하게 재구성하려고 한다면, 이런 격차의 극복을 이론과 실천의 핵심적 관심으로 삼아야 한다.

세계노동운동의 흥망

20세기의 세계노동운동에 대한 기본적 사실은 다음의 6가지 명제로 요약될 수 있다.

(1) 세계사에서 노동자들의 반란은 항상 상수로 존재했다. 그러나 노동운동이 세계정치에서 뚜렷이 중요한 영향력을 행사할 수 있게 된 것은 20세기뿐이었다. 노동운동은 1873~96년의 대공황 시기에 형성되기 시작했으며, 그 뒤 반세기 이상에 걸쳐 진행된 세계자본주의의 지배적 전략과 구조 그리고 작동방식의 근본적 구조조정과정에서 성장하며 그런 힘을 얻게 됐다. 이 근본적 구조조정과정은 졸버그가 '노동친화적' 국제체제라고 부른 미국 헤게모니의 확립과 함께 진행됐다(Zolberg, 1995 : 28~38). 분명한 것은 미국 헤게모니의 확립(예컨대 완전고용을 선호하는 거시경제정책) 아래 제도를 갖춘 '노동친화적' 개혁이 추진되면서, 전후의 사회적 협약보다 더 심원한 사회변혁을 추구했던 노동운동 진영은 모두 가차없이

노동운동과 파업

세계사에서 노동자들의 반란은 항상 상수로 존재했지만, 노동운동이 세계정치에서 뚜렷이 중요한 영향력을 행사할 수 있게 된 것은 20세기뿐이었다. 대량생산체제에 의해 얻게 된 전략적 지위를 활용하는 데 초점을 맞추느냐, 아니면 직접적으로 국가권력을 장악해 자신들의 통제 아래 국가를 급속히 산업화·근대화하는 데 초점을 맞추느냐에 따라 서로 상이한 경로를 밟아나가긴 했지만, 모든 노동운동이 공통적으로 활용했던 전술은 파업이었다. 특히 초창기의 미국 노동운동은 1877년의 철도노조 파업(버지니아), 1894년의 풀먼노조 파업(시카고), 1913년과 1927년의 광산노조 파업(콜로라도), 1936년의 제너럴모터스노조 파업(미시건) 같은 일련의 투쟁을 거치며 다양한 파업전술을 선보였다(사진은 1934년 미니애폴리스에서 발생한 전미트럭운전사조합의 파업 모습이다).

탄압을 받았다는 점이다. 그런데도 불구하고 미국 헤게모니 아래에서 진행된 개혁들을 살펴보면, 영국 헤게모니 시기의 특징이던 전지구적 조절이라는 자유방임주의 모델에 비해 중요한 변화가 생겼음을 알 수 있다(Silver and Slater, 1999 : 202~207).

(2) 세계자본주의에 이런 변화를 일으킨 노동운동은 뚜렷이 구별되는 두 가지 경로로 발전했으며, 이 두 경로는 점점 더 갈라졌다. 하나는 주로 ‘사회적’이었던 운동 경로였다. 이 경로는 생산의 지점에 자리잡았으며, 대량생산 덕택에 전략적 지위를 얻게 된 노동자의 위력적인 권력을 투쟁의 주된 무기로 삼았다. 그 뿌리는 19세기 말 영국에 있지만, 이념형이라고 부를 만한 것은 미국에서 발견할 수 있다. 또 하나는 주로 ‘정치적’이었던 운동 경로였다. 이 경로는 정당의 관료적 구조에 자리잡았으며, 국가권력을 장악해 자신들의 통제 아래 국가를 급속히 산업화·근대화하는 것을 투쟁의 주된 무기로 삼았다. 그 뿌리는 유럽, 특히 독일에서 찾을 수 있지만 이념형은 소련이었다(Arrighi and Silver, 1984 : 183~216).

(3) 이 두 가지 경로를 따라 노동운동의 힘이 커진 것은 자본주의 선도국가들간의 제국주의적 갈등이 격화되던 시기였다. 20세기 초 자본주의의 ‘중심부’ 국가에서 노동소요의 시대적 특성을 규정한 것은 양차대전이었다. 세계대전은 노동소요와 혁명의 거대한 물결을 야기한 국내외 갈등이라는 ‘악순환’의 일부였다. 양차대전 모두 유사한 패턴을 보이고 있다. 노동운동의 전투성은 전쟁 직전 뚜렷이 상승했다가 전시에 일시적으로 침체된 뒤, 전쟁 직후에 폭발했다(Silver, 1995b : 160~161). 러시아혁명이 발발한 것은 제1차 세계대전 중 노동자의 전투성이 고양됐을 때였으며, 공산주의 세계가 동유럽·중국·북한·베트남으로 확산된 것도 제2차 세계대전 직후였다. 미국이 후원하는 노동친화적 국제체제가 확립된 것은

중심부 자본주의 국가에서 제2차 세계대전 이후 노동소요가 폭발한데다 주변부 국가에서는 공산주의 혁명이 전파된 것이 복합적으로 작용한 결과였다(Silver, 1995b : 158~185; Silver and Slater, 1999).

(4) 제국주의 국가들간의 갈등이 부유한 국가에서 노동소요를 폭발시키고, 가난한 국가에서 공산주의 혁명이 확산되는 데 유리한 환경을 창출한 것만은 아니다. 그에 못지 않게 이 갈등이 수많은 '서구에 대한 반란'에 유리한 환경을 창출했다는 점도 중요하다. 배러클라우는 이 반란을 "새로운 시대의 도래를 알리는 확실한 표지"로 평가했다(Barraclough, 1967 : 158~185). 선진국에 적용되던 생활기준과 근로기준을 식민지까지 확대 적용할 것을 요구하던 제3세계 노동자들의 투쟁을 포함해, 노동자들의 투쟁은 반란에서 주된 역할을 했다(Cooper, 1996). 그러나 이런 권리의 확장에 드는 비용이 너무 비싸다는 것은 식민권력과 새로 등장한 헤게모니 권력 모두에게 분명해졌다. 그리하여, 제2차 세계대전 말에 나타난 '노동친화적' 국제체제는 식민지와 반식민지 세계에서 형성되고 있던 (또는 재형성되고 있던) 민족들을 아우르려 하지 않았다. 고도의 대량소비와 완전고용(복지국가의 시금석)은 '저발전' 경제에 적용될 수 없다는 것이었다. 그 대신에 소련과 직접 경쟁하던 미국이 이 민족들에게 약속해줬던 것은 '민족자결주의'(거대하게 확장된 국가간체계에서의 법률적 주권)와 '발전'(자본주의 중심부 국가의 부의 기준을 따라잡을 수 있도록 하는 지원)이었다(Silver and Slater, 1999 : 208~211). 이 민족들은 "근대 과학기술의 지식을 더 광범하고 왕성하게 적용"하면, 트루먼의 말대로 세계적인 '공정거래'를 얻을 수 있다는 약속을 받았다(Escobar, 1995).

(5) 미국 헤게모니 아래 수립된 (부유한 국가에서의) '노동친화적'이고 (가난한 국가에서의) '발전친화적'인 국제체제는 제1차 세계대전 발발

이후 세계자본주의의 안정성을 뒤흔든 다중적 위기를 저지하는 데 꽤 성공을 거뒀다. 20여 년(이른바 자본주의의 황금기라 부르는 1950~60년대) 동안 중심부 국가의 노동소요와 더 주변적인 국가의 공산주의 혁명은 봉쇄됐다. 맥코믹에 따르면, 이 시기는 "세계자본주의 역사상 경제성장이 계속 지속되면서 수익성도 가장 높던 시기였다"(McCormick, 1989). 이 말이 맞든 틀리든 간에, 이 자본주의의 황금기는 과거 세계무역과 생산이 급속하게 성장했던 시대와 마찬가지로 과잉축적의 일반적 위기로 치닫게 됐다. 이 위기가 이전의 위기와 다른 점이 있다면, 더 많은 몫을 원하는 (노동자를 포함한) 종속적 사회집단의 투쟁이 위기의 결과로 나타났다기보다는 위기를 가속화하는 동인이었다는 점이다. 과거 위기의 동인은 격화된 자본가들산의 경생이었나. 이런 경생의 격화가 다시 사회직 길등을 격화시켰다. 이와 달리 1960년대 말~70년대 초에는 경쟁의 격화에 앞선 사회적 갈등의 폭발이 위기를 촉진시킨 요인이었다(Brenner, 1998; Silver and Slater, 1999 : 214~216; Arrighi and Silver, 1999 : 282~286).

(6) 1970년대 자본주의의 심원한 위기는 무엇보다 미국 헤게모니 아래 확립된 세계자본주의가 '전지구적 뉴딜체계', 즉 월러스틴이 지적했듯이 "(상대적으로 일인당 요구는 적지만 인구는 많은) 제3세계와 (상대적으로 인구는 적지만 일인당 요구는 큰) 서구 노동계급의 결합된 요구"를 수용하겠다는 약속을 이행하지 못한 무능력을 보여준 사건이었다(Wallerstein, 1995b : 25). 1970년대 내내 이 결합된 요구는 자본의 수익성을 저하시키는 상당한 압력이었다. 미국은 이 압력에 대해 느슨한 화폐정책으로 대응하려 했지만, 결국 자국에서 인플레이션을 상승시키고 세계금융시장에서 미국 달러를 약화시키게 될 뿐이었다. 이 위기가 그나마 부분적으로라도 해결된 것은 미국의 정책이 급격히 전환된 1979~82년의 시기뿐이었다.

이 급격한 전환이란 앞서 30년 동안 지속됐던 노동친화적이고 발전친화적인 국제체제를 청산하고 19세기 말~20세기 초의 자유방임주의적 자본주의를 연상케 하는 자본친화적 국제체제를 도입한 것을 말한다(Arrighi and Silver, 2000). 이 새로운 체제 아래서 자본주의의 위기는 부유한 국가의 경우에는 조직화된 노동의 위기와 복지국가의 위기로, 가난한 국가의 경우에는 공산주의의 위기와 발전주의 국가의 위기로 신속히 전화됐다. 소련 공산주의의 붕괴는 이런 이중적 위기의 에피소드일 뿐이다.

세계화, 노동권 그리고 발전

소련 중심의 제2세계가 무너지기 3년 전, 해리스는 '전지구적 제조업체계'의 출현으로 제3세계 개념은 몹시 낡은 것이 될 것이라고 말했다.

> 상호의존적이고 상호작용하는 전지구적 제조업체계라는 생각은 세계가 민족국가들로 이뤄져 있다거나 더 발전한 제1세계, 덜 발전한 제3세계, 중앙계획적 제2세계의 국가군으로 이뤄져 있다는 이전 견해와 배치된다. 이와 같은 견해는 제조업 제품과 원료를 교환한다는 특징을 지닌 낡은 경제와 어느 정도 연관성이 있다. 그러나 이를 대체하는 새로운 세계는 더 복잡해 제1세계와 제3세계, 가진 자와 못 가진 자, 부유한 국가와 가난한 국가, 공업국과 비공업국이라는 식으로 단순히 구분될 수 없다(Harris, 1987 : 200~202).

산업활동의 공간적 조정 때문에 "제1세계와 제3세계, 가진 자와 못 가진 자, 부유한 국가와 가난한 국가, 공업국과 비공업국"이라는, 실제 또는 가상의 양극화된 세계구조가 근본적으로 변화하고 있다는 해리스의 주장은 세계화를 설명하는 일부 박식한 학자들 사이에서 힘을 얻고 있다(Hoogvelt, 1997 : xii, 145 ; Held, et al., 1999 : 8, 177, 186~187). 이런 견해에 따르면 양극화의 경향은 여전히 지속되지만, 그것은 남반부와 북반부, 제1세계와 제3세계 사이에서가 아니라 각각의 내부에서 진행되고 있다. 호오펠트의 말에 따르자면, "중심부-주변부는 지리적 관계가 아니라 사회적 관계가 되고 있다"(Hoogvelt, 1997 : 145).

우리는 이 말이 뜻하는 바가 무엇인지 정확히 알 수 없는데, 그도 그럴 것이 우리가 이해하기에 '중심부-주변부'는 항상 사회적 관계였기 때문이다. '중심부-주변부'란 명목상으로 동일한 사회계급에 속하지만(주요하게는 세계부르주아지 노는 세계프롤레타리아트), 실실적으로는 사원에 대한 불균등한 권한 때문에 서로 분리될 수밖에 없는 집단들간의 관계를 말한다. 역사적으로 볼 때 정치지리학이 중심부-주변부라는 계서제에서 중요한 위치결정 요인이었다고 해서, 그와 같은 계서제가 전혀 '사회적'이지 않았다는 뜻은 아니다. 다만 세계적 규모의 계급정치에서 (제1~3세계, 남-북, 동-서 같은 범주로 요약할 수 있는) 정치지리학이 본질적으로 중요한 차원이 된다는 것일 뿐이다. 이런 관점에서 보자면, 호오펠트(그리고 해리스)의 주장은 오늘날에 들어와 계급정치가 그 이전의 모든(또는 대부분의) 지정학적 제약과 결정에서 해방됐다고 말하는 것이나 마찬가지라고 해석될 수 있을 뿐이다.

이런 주장의 정치적 함의는 '시애틀 전투'와 WTO를 좌초시킨 논란과 갈등에서 생생하게 드러난다. 『네이션』의 사설은 시애틀에 대해 '새로운 정치의 이정표'(유럽에서는 꽤 두드러지지만 미국에서는 아직까지 '좌파의 공상'일 뿐인 '전설의 적녹동맹' 정치)라는 찬사를 보냈다.

노동운동과 환경운동의 분열, 세대간의 분열은 다만 잠시 잊혀진 것이 아니었다. 그것은 완전히 극복됐다. 전후 베이비붐 세대는 자신들이 게으름뱅이라고 비판하던 세대들의 지성, 규율, 상상력에 감탄했다. 노동운동은 민족주의를 버리고 국제주의와 연대라는 새로운 언어를 받아들였다(Nation, 1999 : 3).

이 새로운 정치의 최대 성과는 결국 WTO 회담을 파탄시킨 것이다.

미국의 안건에 대한 지지가 클린턴의 본토에서 무너지는 것을 보고, 미국과 다른 의견을 지닌 나라의 무역장관들은 회의장에서 미국의 일방주의에 동조해야 할 압력을 덜 느꼈다(또 다른 요인으로는 미국의 반[反]덤핑법에 대한 불만, 그리고 곧 철회되긴 했지만 협정에 노동권을 포함시키자는 클린턴의 요구를 들 수 있다. 일상적으로 노동자를 착취하고 환경을 파괴하는 많은 제3세계의 대표자들은 후자에 반발했다)(Nation, 1999 : 4).

시애틀 전투에 대한 이런 해석은 세계적 규모에서 일어나는 계급투쟁을 남-북이라는 차원을 중심으로 이해하려는 생각이 (실천적 목적은 있을지 모르지만) 현실성이 떨어진다는 해리스나 호오펠트의 주장과 암묵적으로 일치한다. 이런 관점에서 볼 때, 제3세계의 엘리트들과 초국적 기업은 노동자를 착취하고 환경을 파괴하는 데 긴밀한 동맹관계를 맺었다고 할 수 있다. 이와 동시에 WTO는 이 동맹의 핵심적 수단이 되어 노동착취와 환경파괴를 증가시키는 세계적인 경쟁을 격화시키는 역할을 맡는다. 사태를 이런 식으로 보게 되면, 새로 태어난 미국 적녹동맹의 WTO 반대 투쟁은 제3세계 노동자와의 국제적 연대가 된다.

그러나 이것이 시애틀 전투와 WTO 좌초에 대한 유일한 해석은 아니다. 실제로 완전히 다른 견해, 예컨대 무역자유화의 심화 때문에 남반부와 북반부의 분열이 더욱 커진 것이 WTO 좌초의 주된 원인이라는 견해를 뒷받침해 주는 수많은 증거들이 있다. 이런 견해에 따르면 WTO 좌초의 씨앗은 시애틀 전투가 있기 몇 주 전 제네바에서 뿌려졌다.

발전도상국들은 WTO 설립 뒤 5년이 지났는데도 그들에게 약속된 혜택이 돌아오지 않자 불만의 목소리를 높였다. 그들은 몇몇 규약을 변경하자는 요구를 포함해 수십 개의 제안을 제출했다. 대부분 이 제안들은 기각됐다. 그 대신 주요 경제국들은 투자, 경쟁, 정부 조달, 근로기준, 환경기준 같은 새로운 분야들을 도입함으로써 WTO의 힘을 상화하려는 자신들의 제안을 밀어붙였다. 일반적으로 발전도상국들은 이 새로운 의제에 대해 반대했는데, 왜냐하면 이 의제가 통과될 경우에는 발전도상국의 시장이 부유한 국가의 대기업에 대폭 개방되거나, 부유한 국가들이 새로운 보호주의 수단을 얻게 될 것이었기 때문이다(Khor, 1999 : 4).

선진국들이 사적으로 개최한 시애틀 모임에서 제3세계의 대표자들이 배제되자 이런 동요는 더욱 커졌다. 핀네간이 말하듯이, "가난한 국가의 지도자들은 종종 열강의 하수인으로 묘사되고, 자국 노동자들을 가장 싼 값에 세계시장에 내놓는 데(그리고 기업의 세계화에 부합하는 수많은 거래를 받아들인 대가로 자국의 공기와 물을 오염시키고, 천연자원을 남용하는 데) 동의했지만, 사실상 대부분의 경우에 경제적 재식민지화를 우려하는 복잡한 국내 정치세력들에게 무엇인가 대답을 해야만 했다"(Finnegan, 2000 : 46). 핀네간에 따르면, 가난한 국가의 대표자들이 보여준 반란은 "거리에서

WTO 명령권에 제기한 근본적 질문들의 반향이었다"(47). 그렇지만 시애틀에서는 근본적인 분열도 드러났다. 제3세계의 대표자들은 시위대들의 국제주의적인 수사 이면에서 미국이 가난한 국가로부터 더 많은 양보를 얻어내기 위해 언제든 이용하려는 민족적-보호주의적 의제를 찾아낼 수 있었다. 실제로 "클린턴 대통령은(그는 사람들에게 '당신들의 나라에서 더 많은 것을 얻어내라'고 촉구했다) 시애틀에서 벌어진 강력한 시위 때문에 각국 무역장관들이 환경문제와 노동권·인권문제를 의제로 다루게 되기를 희망했다"(Eagan, 1999 : iv, 5). 〔1999년〕 11월 30일 벌어진 대규모 시위 바로 한 달 전 AFL-CIO의 존 스위니 위원장은 재계 지도자의 모임에 참석해 WTO 회담에서 클린턴 행정부가 상정할 의제에 동의를 표하는 비준서에 서명했는데(Moody, 1999 : 1), 이 사실은 위의 해석을 입증하는 또 다른 증거이다.

요컨대 대치구도를 바라보는 근본적으로 서로 다른 두 가지 이미지가 WTO를 좌초시키는 힘이 될 수 있었던 것이다. 한편으로 거리에서 시위를 벌인 노동운동과 환경운동의 느슨한 동맹은 자신들의 적수가 WTO를 도구 삼아 세계적 규모의 심각한 노동착취와 환경파괴를 통해 이윤을 늘리려는 초국적 기업과 제3세계 엘리트들의 동맹이라고 생각했다. AFL-CIO 국제사업위원회 위원장 마추르의 말을 빌리자면, "분할선은 남반부와 북반부 사이에 있는 것이 아니라, 만국의 노동자와 자본·정부의 대연합 사이에"(Mazur, 2000 : 92) 놓여 있었다. 다른 한편으로 새로운 라운드의 무역자유화를 시작하려는 미국의 시도를 격퇴시킨 제3세계 대표들은 자신들의 적수가 특히 미국의 정부와 노동·환경단체 동맹이라고 생각했다. 생어의 말에 따르면 미국 정부와 노동·환경단체 동맹의 목표는 "근로·환경의 기준을 높여 제3세계의 생산물을 배격하거나, 적어도 발전도

시애틀 전투의 성과와 한계

1999년 11월 30일, 미국 시애틀에서 열린 제3차 WTO 각료회의는 세계화에 반대하는 5만여 명에 달하는 시위대의 격렬한 항의에 의해 결국 결렬됐다. 1970년대 베트남 반전투쟁 이후 미국에서 발생한 '최대의 투쟁'이라고 평가받는 이 시애틀 전투에는 미국 최대의 산별노조 AFL-CIO뿐만 아니라 전세계 각지의 환경운동, 농민운동, NGO, 그리고 각종 좌파단체 등도 참여했다. 그러나 시애틀 전투는 WTO를 바라보는 시각차이가 불거지는 계기가 되기도 했다. 이른바 적녹동맹은 자신들의 적수가 WTO를 도구 삼아 노동을 착취하고 환경을 파괴하는 초국적 기업과 제3세계 엘리트들이라고 생각했다. 그러나 제3세계 대표들은 자신들의 적수가 근로·환경기준을 높여 제3세계의 생산물을 배격하거나 발전도상국의 생산비용을 증가시키려 하는 미국의 정부와 노동·환경단체 동맹이라고 생각했다.

상국의 생산비용을 증가시켜 제3세계의 경쟁조건을 대등하게 만들려는 것이었다"(Sanger, 1999 : 14).

가난한 국가들은 근본적으로 근로기준과 환경기준 향상에 반대한다고 보는 이런 관점을 반박하면서, 그레이더는 언론이 다음과 같은 점을 경시했다고 비판했다.

AFL-CIO는 노동자들이 빈번히 폭력적 탄압을 받는 최빈국의 자주적 노조운동 단체를 포함해 전세계 100개 이상의 노총들이 요구한 사항을 수렴했다. 이 노총들은 국제적 보호가 없다면 자신들의 활동이 절망적인 쳇바퀴에 갇히게 된다는 것을 알고 있었다. 먹이 사슬에서 그들 아래에 있는 인근 빈곤국이 노동자들을 희생시켜 일자리를 얻으려고 함에 따라 그들의 임금과 노동조건이 나빠질 것이기 때문이다(Greider, 1999 : 5).

물론 이 말은 남북 노동자의 근본적인 계급이해가 통일되어 남북 갈등이 사라졌다는 해리스와 호오펠트의 주장을 반복하는 것이다. 이에 덧붙여 그레이더는 또 다른 측면에서 북반부의 자본과 남반부의 엘리트 사이에 이해관계가 근본적으로 통일됐다고 봤는데, 이와 관련해 그는 미디어도 다음과 같은 점을 무시했다고 비판한다.

인도·브라질·파키스탄은 홀로 세를 얻을 수 없게 되자, 대형 초국적 기업과 함께 반대세력을 형성했다. 공산당 간부가 노동자를 통제하고 길들이는 중국에서 보잉사가 자주적 노동조합이라는 이념을 지지하겠는가? …… 물론 아닐 것이다. 중국, 멕시코, 그밖에 수많은 저임금 국가의 생산현장에서 실제로 임금을 결정하는 것은 정부이지 자유시장 경쟁이나 단체협상이 아니다. 기업은 이런 방식을 좋아한다. 물론 이들 정부도 마찬가지이다(5).

이런 글은 '시애틀 전투'가 초국적 기업과 제3세계 엘리트의 동맹에 대항해 벌어진 잠재적으로 새롭게 태어나고 있는 세계프롤레타리아트의 투쟁이라는 시각을 견지하면서도, 시애틀 전투의 이면에 밀접히 연관된 두 가지의 쟁점이 놓여 있음에 주목하고 있다. 첫번째 쟁점은 어떤 메커니즘이 노동권을 가장 잘 방어할 수 있는가 하는 점이다. 두번째 쟁점은 어떤 메커니즘을 통해 세계무역과 생산의 비용·이득을 최소한이나마 공정하게 배분할 수 있을까 하는 점이다. 이하에서는 이 각각의 쟁점에 대해서 간단히 살펴보겠다.

노동권과 바닥을 향한 경주 : 신화와 현실

위의 인용문에서 그레이더가 말했듯이, 미국의 적녹동맹이 WTO 회담의 내용에 빈곤국의 근로기준 향상을 포함시켜야 한다고 요구한 것은 주로 두 가지 가정에 근거하고 있다. 첫째, 국제적 차원의 보호가 없다면 남반부의 노동자들은 "절망적인 쳇바퀴에 갇히게 된다 …… 왜냐하면 먹이사슬에서 그들 아래에 있는 인근 빈곤국이 노동자들을 희생시켜 일자리를 얻으려고 함에 따라 그들의 임금과 노동조건이 악화될 것이기 때문이다". 둘째, 남반부의 정부들은 임금과 노동조건을 자유시장 경쟁이나 단체교섭을 통해 얻을 수 있는 것보다도 낮은 수준에 묶어두기 때문이다.

이런 가정이 어느 정도 진실을 담고 있다는 것은 의심할 바 없다. 그렇지만 이 두 가지 가정은 '세계화' 이전과 '세계화' 진행 시기에 세계적 규모로 발생한 노자관계의 중요한 경향을 간과하고 있다. 첫째, 부유한 국가에서 가난한 국가로 산업활동이 재배치되자 명백한 '바닥을 향한 경주'가 발생하기보다는 저임금 투자 지역에서 빈번하게 강력한 노동운동이 출현하게 됐다. 제3세계의 특정 지역(예컨대 브라질, 남아프리카공화국, 남한)이 값싸고 유순한 노동력을 제공하는 것처럼 보였기 때문에 법인기업은 처음에 이 지역들에 매력을 느꼈지만, 뒤이어 자본집약적인 대량생산산업이 성장하자 매우 강력한 힘을 지닌 새롭고 전투적인 노동계급이 출현했다(Silver, 1995b : 182). 특히 이 경향은 자동차산업 같은 이른바 포드주의 방식의 선도산업에서 잘 드러나며(Silver, 1997), 여건이 그만 못한 전자산업 같은 곳에서도 관찰된다(Cowie, 1999).

이런 노동운동은 임금인상과 노동조건 개선, 그리고 노동권의 강화에 성공했을 뿐만 아니라 종종 민주화운동에서도 주도적 역할을 했다(Seidman, 1995; Collier, 1999 : Ch. 4). 게다가 노동운동의 전투성은 민주주의를 옹호하는 엘리트들이 제시하는 수준을 넘어서는 사회변혁의 의제를 제기한다. 그래서 반복되는 패턴이 발견된다. 노동억압체제가 급속한 산업화와 프롤레타리트화('경제기적')의 조건을 만들어낸 반면, 산업화와 프롤레타리트화 자체는 결국 이 체제를 허무는 과정을 촉발했다(Silver, 1990; 1992). 이런 경우에 대부분 국제연대는 없었다. 노동억압체제에서의 해방은 일반적으로 해당 지역의 노동자 투쟁을 통해 달성됐다. 활발한 연대운동이 벌어지던 곳(가령 남아프리카공화국)에서도 국제연대보다는 해당 국가 대중들의 전투성이 변혁에 결정적인 역할을 했다.

그렇다고 세계노동자들이 모두 잘 나간다는 뜻은 아니다. 남반부의 소수 프롤레타리아트가 "산업화 때문에 역량이 강화됐다" 하더라도, 노동억압체제의 청산을 통해 획득한 노동자의 상당한 자유가 늘 그에 상응하는 복지로 전화된 것은 아니었다. 최근 민주주의가 확산됨과 동시에 발전주의친화적 체제가 해체되고 노동비친화적 국제체제가 부활했기 때문이다. 이런 상황에서 민주정부들은 생활수준을 좌우하는 사회경제정책들을 결정할 때, "유권자를 설득해야 할 뿐만 아니라, 마찬가지로 적어도 IMF의 눈치를 살펴야 한다"(Markoff, 1996 : 132~135).

북반부의 노동자들을 살펴보면, 전반적으로 이들의 노동조건과 생활조건이 절대적으로 심각하게 악화됐는지는 불확실하다. 그러나 빈부격차는 빠르게 벌어졌으며, 부와 소득의 계서제에서 맨 밑바닥에 놓인 사람들의 조건은 그대로였거나 더 나빠졌다. 서유럽의 경우, 1980년 이후 발생한 노동조건과 생활조건 악화의 주요 형태는 (오직 이것만은 아니지만) 대량실업(특히 청년실업)이었다. 미국에서는 지난 20년 동안 국민소득 중 (노동자에게 귀속되는 부분보다) 이윤에 귀속되는 부분이 더 증가해, 1960~70년대에 노동자들이 얻어낸 성과를 무로 돌렸다. 그리고 1990년대 말의 장기 경제호황에도 불구하고, 평균실질임금은 30년 전보다 낮았다(Pollin, 2000 : Table 5 ; Uchitelle, 1999 : 4).

이처럼 세계노동자들이 모두 잘 지내지는 못하고 있다 하더라도, 지난 20~30년 동안 발생한 노동조건과 생활조건 악화의 이유가 (그런 것이 있다 해도) 주로 제3세계 엘리트들의 억압이나 북에서 남으로 산업활동이 재배치된 것 때문이라고 볼 수는 없다. 한편으로 이 시기는 국제환경이 점점 노동비친화적이 되어 가는 와중에 민족국가 수준에서 잇따라 민주화의 물결이 일어난 시기로 특징지을 수 있다. 다른 한편으로 산업활동 재배치가 지금 진행되고 있는 세계자본주의 구조조정의 주된 추세였다면, 우리는 일반적으로 노동의 구조적 힘이 커지는 것을 쉽게 목격했을 것이며, 오늘날 세계노동의 위기를 말하지 않아도 좋았을지 모른다(Arrighi and

Silver, 1984). 그러나 우리가 그런 위기에 대해 말하고 있다면, 그것은 (최근의 기술발전 덕택에 더 신속한 재배치가 가능해지긴 했지만) 저소득 국가로의 산업활동의 공간적 재배치가 지난 20~30년 동안 자본주의 구조조정의 가장 근본적 측면이 아니기 때문이다.

우리가 다른 곳에서 길게 주장했듯이(Arrighi, 1994; Arrighi and Silver, 1999), 이런 구조조정의 주요 측면은 세계적 규모의 자본주의 축적과정이 물질적 팽창에서 금융적 팽창으로 바뀐 데 있다. 이런 변화는 자본의 자본주의적 축적에서 일탈이 아니라 정상적 전개과정이다. 자본주의 세계경제는 최초 개시점인 600년 전부터 오늘날까지 늘 물질적 팽창과 금융적 팽창이라는 두 국면을 교차하면서 팽창해 왔다. 물질적 팽창국면에는 점점 더 많은 화폐자본이 무역과 산업에 투자됐다. 금융적 팽창국면에는 점점 더 많은 자본이 화폐형태로 복귀해 대부·차입·투기에 투입됐다. 이런 패턴이 16세기·18세기·19세기에 반복됐다고 지적하면서 브로델이 말했듯이, "이런 시기를 거쳐온 모든 자본주의적 발전은 금융적 팽창단계에 도달하게 되면, 어떤 의미에서 자본주의의 성숙을 선언하는 것처럼 보인다. 이것은 가을의 표지이다"(Braudel, 1979c[1997]: 342).

브로델이 쓰고 있듯이, 1950~60년대의 세계무역과 생산의 거대한 팽창은 자신의 성숙기를 선언하고 1970~80년대의 금융적 팽창으로 전환하기 시작했다. 1970년대의 금융적 팽창은 고소득 국가에서 저소득 국가로의 자본 이동이 팽창한 것과 관련 있으며, 여러모로 이 팽창에 기여했다. 1980년대에는 초국적 대부와 차입이 계속 기하급수적으로 증가했다. 국제은행 대출누적액은 1980년 전체 OECD 국가 전체 GDP의 4%에서 1991년 44%로 증가했다(Economist, 1992). 그러나 고소득 국가에서 저소득 국가로 향한 자본 이동은 급격히 수축되어, 1981년에는 거의 400억 달러의 순유입이 있다가 1988년에는 거의 400억 달러의 순유출이 발생했다(UNDP, 1992). 즉, 중심부의 무역과 생산에서 철수한 자본의 최종적·특권적 행선지는 저소득 국가가 아니라, 오히려 고소득 국가들을 서로 연결한 금융투기 지역과 네트워크였다. 1980년대에 세계노동의 위기를 촉발한 것은 생산의 재배치가 아니라 바로 이런 자본의 철수였다.

1950~60년대 세계무역과 생산의 급속한 팽창 때문에 생긴 과잉축적의 위기에 대한 자본가들의 자생적 반응은 세계노동의 위기, 그리고 이른바 자본의 금융화를 향한 잠재적 경향이 나타난 이유를 부분적으로 설명할 뿐이다. 1979년에서 1982년 사이 미국이 세계자본을 확보하기 위해 공세적인 경쟁을 개시하면서 나타난 정부정책의 변화(화폐공급이 급격히 수축하고, 이자율이 높아지고, 부자들에게 더 낮은 세금이 부과되고, 자본주의 기업활동에 사실상 무제한으로 행동의 자유를 허용한 것) 역시 핵심적이었다. 이런 정부정책의 변화는 유동적 자본을 얻으려는 국가들간의 격렬한 경쟁을 촉발하고 지속시켰는데, 이것이 1980~90년대에 자본을 무역과 생산에서 금융중개 거래와 투기로 대대적으로 재배치시키는 수요조건을 창출했다(Arrighi and Silver, 2000).

지난 20년 동안 북반부와 남반부의 노동자들이 겪어온 노동조건과 생활조건의 악화 원인은 북에서 남으로 산업활동이 비교적 소규모로 재배치됐기 때문이 아니라 이런 〔금융적〕 재배치 때문이었다. 더욱 중요한 점은 자본이 세계적 차원에서 금융활동으로 재배치된 혜택이 남반부와 북반부에 매우 불평등하게 돌아갔다는 것이다. 남반부와 북반부의 산업활동 재배치를 분석의 근거로 삼는 이들이 잊고 있는 점은 1980~90년대 자본의 주된 이동방향이 북반부에서 남반부가 아니라 남반부에서 북반부였다는 점(또는 전체적으로 북 내부에서만 이동했다는 점)이다. 이런 측면에서 중요한 것은 미국이 1950~60년대에는 세계유동성과 외국인투자의 주요 원천이었다가, 1980~90년대가 되면 주요 채무국이자 최대 외국인투자 유입국으로 바뀌게 됐다는 점이다.

이 변화는 남북관계 그리고 노자관계의 전지구적 맥락을 근본적으로 변화시켰을 뿐만 아니라, 특히 남반부가 북반부의 부의 기준을 따라 잡으려는 전지구적 맥락도 변화시켰다. 해리스와 호오펠트의 주장과 달리 중심부-주변부라는 관계의 지정학적 차원은 더욱 두드러졌고, 세계적 규모의 노자관계를 제약하고 틀 짓는 영향력을 계속 유지하고 있다. 이로써 우리는 앞서 세계무역과 생산에서 발생한 비용과 이득의 국가들간 배분문제에 관한 그레이더의 인용에서 제기된 두번째 주제로 나아간다.

의문의 죽음에 빠진 제3세계

우리는 정치적·이데올로기적 세력으로서의 제3세계가 1980년대에 붕괴했다는 해리스, 호오펠트, 그레이더 등의 명시적 혹은 암묵적 주장에는 이의가 없다. 그러나 제3세계의 붕괴가 경제적 기회를 균등하게 만들었는지는 의문이다. 왜냐하면 해리스와 다른 많은 이들이 '발전'의 액면가치로 간주하는 산업설비의 확산과정은 실제로 제3세계 인구 대부분을 제1세계와 갈라놓는 거대한 소득격차와 더불어 나타났기 때문이다. 제3세계는 급속한 산업팽창에도 불구하고 대개 세계경제의 부가가치 계서제에서 상승하는 데 실패했기 때문에 제2세계와 함께 붕괴된 것이다.

제3세계가 빠르게 산업화되고 세계정치에서 유례 없는 힘과 영향력을 행사하고 있을 때에 갑자기 붕괴했다는 것은 '의문'이다. 제3세계는 무엇보다 정치적·이데올로기적 구성체였다. 아시아와 아프리카 민중들의 민족자결을 위한 투쟁과 세계헤게모니 쟁탈을 위한 미소간의 투쟁과정에서 탄생한 '제3세계'는 베트남전쟁과 그 이후로 자신의 힘과 영향력이 커져 가는 것을 경험했다. 부분적으로는 베트남전쟁에서 미국이 기울인 군사적 노력과 관련되지만, 당시의 경제상황도 제3세계에 유리해 보였다. 제3세계의 천연자원과 풍부하고 값싼 노동에 대한 수요도 대단히 컸다. 자국에서는 수익성 있는 투자처를 찾을 수 없던 선진국의 은행가들이 (제2세계와) 제3세계 정부의 접견대기실에 줄서서 기다리며 과잉자본을 헐값에 앞다퉈 제공했다. 무역조건은 제1세계에 매우 불리하게 바뀌었고, 제1세계와 제3세계간의 소득격차도 줄어드는 것처럼 보였다.

그러나 1979년의 오일쇼크 직후, 전세계 국민들이 곧 평등한 경제적 기회를 누릴 것이라고 기대하는(또는 두려워하는) 것은 시기상조임이 분명해졌다. 냉전을 새롭게 확대하기 위해, 그리고 자국 선거에서 세금을 감면해 유권자의 표를 '매수'하기 위해 자금이 필요했던 미국은 전세계의 화폐시장에서 유동적 자본을 유치하기 위한 경쟁에 나섰다. 바로 이 때문에 제3세계와 제2세계 국가에 대한 자금공급이 갑자기 중단됐으며, 세계구매력은 크게 위축됐다.

무역조건은 1970년대에 제1세계에 불리하게 바뀌었던 것만큼이나 빠르고 급격하게 이번에는 제1세계 국가들에게 유리하게 바뀌었으며, 제1세계와 여타 세계 사이의 소득격차는 그 어느 때보다 더 벌어졌다. 1982년부터는 제1세계 은행가들이 더 이상 제3세계 국가들에게 풍부한 자본을 빌려가라고 구걸하지 않았다. 오히려 점점 통합되고 경쟁이 심해지는 세계경제에서 살아남기 위해 제3세계 국가들이 제1세계 정부와 은행에게 신용을 제공해달라고 애걸했다. 설상가상으로 제3세계는 곧이어 제2세계와 유동적 자본을 획득하기 위한 치열한 경쟁에 봉착했다.

제3세계와 시애틀 전투의 교훈

확실히 1980년대 이래로 정치적·이데올로기적 세력으로서의 제3세계는 무너졌다. 그러나 제3세계의 이런 몰락은 제3세계 국가 특유의 결점보다는 현존하는 국가들간의 부의 계서제를 지탱하는 전지구적 자본주의체계의 법칙적 경향과 관련 있다. 대처-레이건이 주도한 반혁명이 투쟁의 장소를 금융투기라는 무대로 옮김으로써 제3세계를 완전히 혼란에 빠뜨렸던 것이다. 시애틀 전투를 통해 북반부의 노동자들과 제3세계 엘리트들은 복지국가와 발전국가의 해체가 주로 북반부의 자본에게만 이익이 된다는 점을 깨달은 동시에 그 해체가 전지구적 뉴딜체계라는 못 다 이룬 약속을 달성하는 데도 거의 도움이 안 된다는 점을 깨닫게 된 것 같지만, 아직까지는 여전히 기존의 세계질서 속에서 자신들의 특수이익을 추구하는 데 더 매달리는 것처럼 보인다.

그나마 남아 있던 제3세계의 유대는 고도금융이라는 무대 위에서 해체되어, 이제 유동적 자본을 얻기 위한 치열한 경쟁만이 남게 됐다. 대처-레이건이 주도한 반혁명의 진정한 중요성이 바로 이것이다. 반혁명은 투쟁의 장소를 금융투기라는 무대로 옮김으로써 (제2세계와) 제3세계를 완전히 혼란에 빠뜨렸고, 제1세계(특히 미국)를 부활시켰다. 이것만이 제1세계가 다시 우세를 차지하게 된 유일한 요인은 아니었다. 예컨대 군사적인 면을 보면, 포클랜드·말비나스전쟁은 노동집약적 전쟁에서 자본집약적 전쟁으로 전쟁의 지형을 바꿔놓았으며, 만약 제3세계가 자본집약적 지형에서 벌어진 전쟁에 말려든다면 미국에게 베트남전쟁의 패배를 안겨준 제반의 불리함이 사라질 것이라는 점을 보여줬다. 이 교훈의 정당성을 가장 극적으로 입증한 것이 걸프전쟁이었는데, 이보다 덜 극적이기는 하지만 1999년 유고슬라비아전쟁에서도 그 정당성은 다시 입증됐다. 그러나 제1세계가 앵글로-아메리카의 지휘 아래 제3세계와 제2세계를 파멸시키면서 휘두른 가장 결정적인 무기는 군사적·산업적 무기가 아니라 경제적·금융적 무기였다. 제3세계는 정치적·이데올로기적 힘을 경제적·금융적 힘으로 전환시킬 능력이 없음이 쉽게 드러냈다.

이 무능력은 제3세계 국가 특유의 결점과는 무관하다. 오히려 이 무능력은 현존하는 국가들간의 부의 계서제를 지탱하는 전지구적 자본주의 체계의 법칙적 경향과 관련 있다. 전지구적 부의 계층화가 지속된다는 것은 1938~79년 시기에 대한 일련의 연구에서 증명됐다(Arrighi and Drangel, 1986; Korzeniewicz and Martin, 1994; Arrighi and Silver, 2000). 특별히 세 가지 점이 주목할 만하다. 첫째, 1인당 GNP 로그값에 따라 전세계 인구를 분류하면 세 개의 층(저소득층, 중간소득층, 고소득층)으로 밀집하는 경향이 있으며, 각 층의 사이에서 빈도수가 낮아지는 구분선이 발견된다. 둘째, 빈도수가 낮아지는 구분선을 가로질러 두 개의 층을 넘나드는 국가의 상향 이동이 단기적으로(10년 또는 20년 동안) 일어나지만 이런 국가들이 장기적으로(30년 또는 40년 동안) 상향 이동을 유지하는 경우는 극히 드물었다. 다른 시각에서 접근한 이스터리 등의 연구도 이 점을 발견했다(Easterly, et al., 1993). 결국 극소수 국가만이 저소득층에서 중간소득층으로(대만과 남한), 또는 중간소득층에서 고소득층으로(일본, 이탈리아, 최근의 싱가포르와 홍콩) 상향 이동을 공고화하는 데 성공했다. 게다가 이처럼 몇몇 국가가 상향 이동하긴 했지만, 저소득 국가층의 인구가 빠르게 늘어났기 때문에 세 층의 상대적 인구 규모는 대체로 변하지 않았다. 마지막으로, 1960년대부터 고소득층 국가와 다른 두 층(특히, 중간소득층) 국가들간의 산업화 수준격차가 상당히 줄어들었다. 그러나 1970년대에는 이 경향과 더불어 상위층과 하위층간의 소득격차가 감소한데 반해, 1980~90년대의 경우에는 산업화의 격차가 지속적으로 감소했지만 소득 격차는 대폭 확대됐다. 1997년에 중간소득층 국가의 1인당 GNP는 2,465 달러로, 고소득층 국가의 12.5%에 불과했다. 이와 달리 저소득층 국가의 1인당 GNP는 466달러로, 고소득층 국가의 2.4%일 뿐이었다(Arrighi and Silver, 2000).

이런 경향에서 확인되는 발전의 이미지는 중하위소득 국가들이 부유한 국가가 지닌 '근대성'의 여러 측면(특히 산업화)을 국내에 도입함으로써 세계경제의 부가가치 계서제에서 상승하려 하는 경쟁의 이미지이다. 그러나 이런 시도가 모든 곳에서 일어나기 때문에 근대화의 노력이 일반화됨에 따라 자원은 더욱 희소해지고, 이 희소해진 자원을 둘러싼 국가들간의 경쟁이 촉발되어 결국 그들의 목적은 대개 실패하게 됐다. 게다가 흔히 이런 경쟁에서는 고소득층 국가가 저소득층 국가보다 꼭대기에 올라서

기에 더 좋은 위치에 있다. 그리하여 모든 국가가 고소득 국가의 근대성을 내부화하면 고소득 국가의 국민적 부의 기준을 따라 잡을 수 있을 것이라는 생각은 환상임이 드러났다. 즉, 산업화 시도의 확산은 한창 산업화 중이던 중간소득 국가와 저소득 국가의 경제활동을 고도화시키기는커녕 세계경제의 부가가치 계서제에서 산업활동이 악화되어 가는 결과를 초래했다(Arrighi and Drangel, 1986; Arrighi and Silver, 2000).

해러드와 히르쉬의 용어를 빌리자면, 전세계 소득 불평등의 이런 불안정성은 '과점적 부'(수혜자가 노력하는 강도나 효율성과는 무관하게 아무리 열심히 효과적으로 노력하더라도 결코 모든 사람이 누릴 수는 없는 일종의 장기소득)로 개념화될 수 있다(Harrod, 1958; Hirsch, 1976). 1980년대의 수많은 정치적 혼란, 그리고 이와 관련된 갖가지 발전주의 시도의 위기가 발생한 이유는 근대화를 통해 과점적 부를 얻어보려 했던 중간소득 국가와 저소득 국가가 산업화의 혜택은 거의 누리지 못하고 그 비용만을 고스란히 떠 안게 되면서 좌초했기 때문이라고 할 수 있다(Arrighi, 1990a; Silver, 1990; Arrighi, 1991).

이런 관점에서 볼 때 중심부 자본이 금융중개 거래와 투기로 '퇴각'한 것은 북반부의 노동자들과 제3세계(그리고 제2세계) 국가들이 파이의 몫을 훨씬 더 많이 요구한 데 대한 반작용이자, 산업활동의 경쟁 압력이 강화된 데 대한 반작용이었다. 앞서 말했듯이, 이와 같은 중심부 자본의 퇴각은 자생적 시장의 힘이 스스로 작동한 결과는 아니었다. 오히려 이 모든 것은 미국 정부의 지시와 보조를 받아 움직이는 시장의 힘이 불러온 결과였다. 복지국가와 발전국가라는 이데올로기와 실천이 동시에 청산되자 1970년대 자본의 위기는 1980~90년대 노동의 위기와 제3세계(그리고 제2세계)의 위기로 전화됐다.

제3세계 엘리트들은 미국의 발전주의 기획 청산에 따른 수동적 희생물은 아니었다. 적어도 이들 중 일부 분파는 이 청산작업을 수행한 새로운 워싱턴 컨센서스의 강력한 지지자들이었다(Taylor, 1997). 이런 점에서 제3세계 엘리트들은 무역과 자본이동의 자유화를 촉진해 왔던 사회세력에 속한다고 할 수 있다.

그러나 북반부의 노동자들도 복지국가의 청산에서 이와 유사한 역할을 수행했다고 말할 수 있다. 요컨대 미국의 공화당에 힘을 보태 뉴딜정책을 역전시키고, 세계의 유동적 자본을 유치하기 위한 국가들간의 경쟁을 증폭시킨 것은 바로 미국 노동계급의 크게 변화된 투표성향이었다(이른바 레이건식 민주당원). 그리고 경쟁이 증폭되자 북반부의 나라들(특히 미국)에서 조직화된 노동자들은 (특히 빈곤국과의) 자본 유치를 위한 국가들간의 경쟁에서 자국이 승리할 수 있도록 자국 정부를 지지했으며, 그에 따라 경쟁의 압력은 다른 나라 노동자들에게 전가됐다. '자기보호' 노력이 놀라운 일은 아니지만, 북반부의 노동자들은 자신들의 '국제주의적' 신뢰성을 높이기 위해서는 그 어떤 일도 하지 않았다.

물론 이와 같은 '자기보호' 노력이 북반부의 노동자들에게만 한정되어 있다는 말은 아니다(짐바브웨 상품의 수입에 대해 남아프리카공화국 방직노동조합이 보여준 보호주의적 자세에 관해서는 본드의 글[Bond, et al., 2000]을 참조하라). 그렇지만 발전국가와 복지국가가 붕괴된 주요 책임이 남반부의 노동자들에게만 있다고 하기는 어렵다. 실제로는 오히려 1980년대(Walton and Ragin, 1990 : 876~878)에 남반부의 노동자들이 광범위하고 거대하게 수행한 반-IMF 항의물결 덕택에 1995년의 파리(Krishnan, 1996)나 1999년의 시애틀을 강타한 '반격' 훨씬 이전에도 이런 전환의 속도가 둔화된 바 있다.

요약하면 제3세계 엘리트들과 북반부 노동자들은 레이건-대처가 주도한 반혁명의 성공에 어느 정도 기여했다. 반혁명이 성공한 주요 이유는 복지국가와 발전국가가 전지구적 뉴딜체계라는 약속을 지키는 데 한계를 보였기 때문이다. 그러나 이 한계를 넘으려면 발전국가와 복지국가를 유지하기보다 청산해야 한다고 미국의 지배집단이 북반부 노동자들과 제3세계 엘리트들을 설득한 것도 반혁명이 성공한 이유 중의 하나였다.

시애틀 전투의 중요성은 이 전투를 통해 북반부 노동자들과 제3세계 엘리트들이 복지국가와 발전국가의 해체가 주로 북반부의 자본에게만 이익이 된다는 점을 깨달은 동시에 그 해체가 전지구적 뉴딜체계라는 아직 못 다 이룬 약속을 달성하는 데도 거의 또는 전혀 도움이 안 된다는 점을 깨닫게 된 것 같다는 데 있다. 이런 동시적 각성은 전지구적 경쟁의 법칙을 제멋대로 정하는, 돌이킬 수 없게 부상하고 있는 미국 일방주의의 한계와 모순을 극적으로 보여주는 긍정적인 결과를 낳았다. 그러나 이런 성과가 미국 주도의 세계화보다 더 평등한 대안을 구성할 수 있는 자본-노동의 관계와 중심부-주변부의 관계를 전망해 주는 토대 위에서 획득됐거나 그런 전망으로 발전해 간 것은 아니다. 그와 반대로, 북반부의 노동자들과 남반부의 엘리트들은 자신들의 이해관계가 수렴될 수 있는 대안적 세계질서를 구상하는 데 힘을 합치기보다는, 현존하는 세계질서 속에서 아직까지 자신들의 특수이익을 추구하는 데 더 매달려 온 듯하다.

중국 신드롬

자본의 권리에 대한 일반적 보호와 북반부와 남반부 사이의 세계화 비용·이득의 배분이라는 쟁점이 시애틀 전투의 배후를 구성했던 유일한 쟁점은 아니었다. 어느 정도 앞의 두 쟁점을 포괄하는 세번째 쟁점이 있었다. 중국의 WTO 가입이라는 쟁점이 그것이다. 비록 중국의 가입이 당시 WTO 회담의 안건은 아니었지만, 여러 정황으로 볼 때 이 문제는 많은 시위대들이 마음 속에 품고 있던 가장 중요한 쟁점이었다.

시애틀에서 차기 사업을 토론할 때 네이더 그룹의 조직책인 마이크 달런은 "중국, 우리가 너에게 간다"라고 외쳤다. "논란의 여지는 없다. 다음 사업은 중국이다." AFL-CIO가 후원하는 경제정책연구소의 소장 제프 폭스는 중국이 너무 크기 때문에 중국이 WTO에 가입한다면 노동기준과 환경기준을 확정하기 불가능할 것이라고 말했다. AFL-CIO의 데니스 미첼은 "중국의 가입 여부를 정하는 투표는 세계화에 관한 우리의 관심을 보여주는 대용물이 될 것"이라고 말했다(Cockburn, 2000 : 9).

콕번은 "중국 대중에게 열악한 노동조건과 저임금을 강요하는 중국 엘리트들이 있다"고 인정했지만, 중국을 증오하는 서구의 진보주의자들을 보면 마음이 불편하다고 말했다. 그는 이들을 보면 20세기가 어떻게 시작됐는지 떠오른다고 말했다. "서구 열강들의 군대는 베이징의 대사관들을 포위한 의화단을 쳐부쉈고, 서태후의 이화원을 약탈했으며, 이 시기 중국의 식민지 착취를 중단하기 위해 싸운 민족주의자들의 영웅적 투쟁을 괴멸시켰다." 그 이후 100년간 중국은 아시아·아프리카의 최빈국들이 서구에 맞서 벌인 무수한 반란의 일부가 됐던 일련의 혁명을 겪었다. 토지와 부는 재분배됐고, 산업기반은 내수를 진작시키는 방향으로 건설됐으며, 가난한 국가들이 수출해야 할 상품에 대한 공정 가격이 매겨졌다.

서구 열강들은 의화단을 좋아하지 않았듯이 이런 일을 좋아하지 않았다. …… 그들은 결코 너그러워지지 않았고 용서하지도 않았다. 수십 년 동안 여러 혁명들은 해상봉쇄, 상품보이콧, 통상금지, 경제적 사보타지 등 다양한 도발을 겪었다. …… 중국의 '국가통제 시스템'을 '시장왜곡'이라고 공공연히 비난하는 경제정책연구소의 진보적 지식인들은 아직도 쿠바봉쇄를 관리해 오는 집단에 속해 있다. 자유주의적인 수많은 NGO 단체들은 본성적으로 개입주의자들이다. 소말리아의 붕괴와 코소보의 악몽은 어느 정도 그들이 벌인 쇼이다. …… 이런 제국주의 세기말에 우리는 …… 황화〔Yellow Peril; 동양인의 세력신장이나 저임금 노동력의 유입에 대한 서양인의 두려움〕캠페인에 부화뇌동할 필요가 없다(9).

확실히 지난 150년 동안 중국을 상대한 서구 제국주의 열강들의 기록은 중국을 증오하는 서구 진보세력에 대해 마음이 편치 않은 충분한 이유가 된다. 그렇지만 앞서 언급한 '보편적 노동권'과 '위대한 분배정의'라는 쟁점에 직접적으로 관련된 두 개의 더 깊은 이유가 있다. 하나는 중국 노동계급이 세계노동운동에서 차지하는 위상과 관련 있고, 또 다른 하나는 중국이 세계경제에서 차지하는 위상과 관련 있다.

20세기 중국과 북반부·서구 노동운동의 역사적 기록을 보면, 중국의 노동계급을 억압과 착취에서 해방시키려면 북반부가 중국의 지배엘리트에게 압력을 가해야 한다는 시애틀 시위대의 주장은 지지를 얻을 수 없다. 기록에 따르면 중국 노동계급의 전투성은 누구에게도 뒤지지 않을 수 있으며, 실제로 뒤지지 않았다. 1920년대 중국의 폭발적 노동소요는 당시 중국과 프롤레타리아트화 수준이 비슷했던 그 어떤 나라보다도 가장 폭발적이었다(Silver, Arrighi and Dubofsky, 1995 ; Selden, 1995a). 이런 폭발은 서구의 지원을 등에 업은 국민당체제에 의해 피로 물들었다. 그러나 이 경험 때문에 중국 공산당의 정책은 근본적으로 새롭게 재조직됐으며, 모

중국 신드롬, 또 다른 황화?

시애틀 전투에서 다분히 경제적 민족주의 성향을 드러냈던 AFL-CIO 중심의 미국 노동운동은 중국의 노동계급을 억압과 착취에서 해방시키려면 북반부가 중국의 지배엘리트에게 압력을 가해야 한다고 주장했다. 그러나 중국 노동계급의 전투성은 누구에게도 뒤지지 않는다. 게다가 역사적으로 북반부·서구(특히 미국)의 조직화된 노동자들은 중국 노동계급의 투쟁을 거의 또는 조금도 지지하지 않았다. 실제로 1890년대 내내 그리고 20세기 접어들면서, AFL은 줄곧 공공연한 인종주의의 어투로 중국인과 다른 동양인에 반대하는 포격을 퍼부었다. 그렇다면 중국의 WTO 가입을 저지하려 했던 이들의 주장은 의화단을 유혈 진압했던 옛 제국주의자들의 주장이 그랬듯이, 성장하는 중국(그리고 중국의 노동계급)에 대한 또 다른 황화의 표현이 아니었을까?(사진은 1899년 부청멸양(扶淸滅洋)을 외치며 배외운동을 벌였던 의화단의 모습이다).

든 가용한 지표로 측정했을 때 이전의 그 어떤 체제보다도 노동계급의 조건이 더욱 더 개선된 체제를 가져왔다(Selden, 1995a ; 1995b).

한편 북반부·서구(특히 미국)의 조직화된 노동자들은 중국 노동계급의 투쟁을 별로 지지하지 않았다. 1920년대 중국 노동운동에 대한 국민당의 억압을 지원한 서구는 대개 별다른 비난을 받지 않았으며, AFL-CIO는 미국이 주도한 중국 공산당에 대한 포위, 상품보이콧, 통상금지를 전폭적으로 지지했다. 19~20세기 초 미국에서 발생한 최대 파업 중 일부는 미국 노동시장에서 중국 노동자들을 배척한다는 목표를 표방하기도 했으며, AFL은 적극적으로 반(反)중국인 정서를 부채질한 적도 있었다는 것을 잊어서는 안 된다. 1905년의 어느 연설에서, 사무엘 곰퍼스는 청중들(아마도 백인)에게 "백인이라면 흑인, 중국인, 일본인 등이 사신의 생활수준을 파괴하도록 내버려두지 않을 것이다"(Saxton, 1971 : 273)라고 말했다.

1890년대 내내 그리고 20세기 접어들면서, AFL은 줄곧 공공연한 인종주의의 어투로 중국인과 다른 동양인에 반대하는 포격을 퍼부었다. 그리하여, (1893년의) AFL 총회에서는 다음과 같은 결의가 제출됐다. 중국인이 가져온 것이라곤 "더러움, 악, 질병뿐이다. 중국인의 생활수준을 더 높게 향상시키려는 노력은 무익하다고 판명됐다". 중국인은 "태평양 연안에 살고 있는 우리 국민의 생활"을 너무나 악화시키고 있기 때문에 비난받아 마땅하며, "그 사정을 자세히 기록해 출판한다면, 정당한 분노를 지닌 미국 국민이 이들을 지구상에서 쓸어버릴 것이다"(271).

이 모든 것에 비춰볼 때, 무엇보다 국제적인 노동자 연대 때문에 미국 노동자들이 중국을 WTO에서 배척하려 한다는 주장을 신뢰하려면 20세기의 중국과 세계노동운동사의 가장 기본적인 사실을 완전히 잊어버려야 할 것이다. (의화단 반란부터 1920년대의 대규모 파업물결과 1949년 혁명을 거쳐) 20세기 내내 중국 노동계급은 가난, 불안정, 억압에서 해방되기 위해 무엇보다 국내 동맹에 의존해야 했다. 그런데 왜 갑자기 중국의 노동계급이 스스로의 해방을 진전시킬 수 없게 되어, 20세기 내내 문제를 해결했다기보다는 문제를 일으킨 북반부 노동조직의 도움을 구해야 하는가? 물론 미국이 WTO 가입 조건으로 중국에서 얻어낸 양보 때문에 WTO에 가입하는 것보다 배제되는 것이 중국 노동자들에게 이득이 될 수도 있다. 그러나 설령 그렇더라도, 무슨 근거로 중국 노동자들이 중국을 배척하려는 미국 노동자들의 주장을 국제적 연대로 해석해야 하는가? 그들에게는 20세기 초 중국인 이주노동자를 배척하려 한 미국 노동자들의 행위와 세기 말 중국 노동자들의 생산물을 배척하려는 미국 노동자들의 행위가 근본적으로 연결되어 있다는 것을 알 만한 수많은 근거가 있지 않을까?

AFL-CIO가 2000년 4월 워싱턴에서 반(反)IMF/세계은행 시위를 공식적으로 승인했으면서도, 미국과 중국의 정상적인 무역관계를 저지하는 운동에 정치적 역량을 집중하기로 했다는 사실은 미국 노동운동이 선보인 새로운 국제주의의 깊이와 성실성을 의심케 만드는 가장 최근의 근거이다 (Finnegan, 2000 : 49). IMF의 구조조정과 외채정책이 중국의 수출보다 훨씬 더 전세계 노동자들에게 (노동시장 경쟁의 강화를 통해 북반부 노동자들에게 끼치는 간접적 영향을 포함해) 부정적인 영향을 끼치고 있다는 것은 분명하다. 그런데도 중국에 대한 강박이 두드러지는 것이다.

이것은 두번째 쟁점, 곧 전지구적 분배정의의 문제로 우리를 이끈다. 이 쟁점을 염두에 둔다면, 가까운 미래에 빈곤국 중 서구가 지배하는 전지구적 부의 계서제를 전복할 기회를 지닌 나라로 떠오르는 것은 중국뿐인

듯한 이 시점에서 서구 진보주의자들이 일제히 중국을 증오한다는 사실은 특히 당혹스럽다. 1980년대 신자유주의의 반혁명이 초래한 제2세계와 제3세계의 황폐화에서 탈출한 빈곤국은 중국만이 아니다. 몇몇 다른 국가들은 중국보다 훨씬 더 성과가 좋았다. 특히 남한·대만·홍콩·싱가포르가 두드러졌다. 그러나 이들은 소규모 국가이며, 다 합해도 전세계 인구에서 차지하는 비중이 미미하고, 이 국가들이 전지구적 부의 계서제에서 상향 이동하더라도 위계 자체가 바뀌지는 않는다. 이와 달리 전세계 인구의 약 1/5를 보유하고 있고 저소득 국가 총인구의 1/3을 차지하고 있는 중국의 경우에는 얼마 안 되는 경제성장만으로도 전지구적 부의 계서제의 피라미드 구조를 전복시킬 위협이 된다, 이 위협은 단지 통계적으로만 그런 것이 아니라 경제적·정치적·문화적으로도 그렇다.

중국의 빠른 성장이 천연자원의 절대적 또는 상대적 희소성의 문제를 특별히 첨예하게 만든다는 것을 부인할 수는 없다. 부가 과점되어 있던 전후 세계는 전세계 인구 대부분을 서구의 대중소비 기준에서 배제해 이 문제를 조절해 왔다. 더 큰 분배정의가 달성될 세계에서는 미국이 후원하는 대중소비 모델보다 덜 낭비적인 새로운 발전 모델이 필요할 것이다. 불행히도 중국의 지배엘리트들이 (서구의 엘리트들처럼) 그런 대안 모델을 고안할 필요성을 인식하고 있다고 할 만한 조짐은 없다.

그렇다면 서구의 일부 진보주의자들이 주장하듯이 직접적·간접적으로 중국의 향후 경제발전을 훼방하는 것은 도덕적으로 옹호될 수 없을 뿐만 아니라 문제의 잘못된 해결책이 될 가능성이 높다. 도덕적으로 옹호될 수 없다고 말하는 이유는 서구의 부유한 국가들 일반, 특히 미국이야말로 자국과 해외에서 세계의 주요 천연자원들을 오염시키고 파괴해 왔던 주범이고, 앞으로도 계속 그럴 것이기 때문이다. 그리고 잘못된 해결책이 될 것 같다는 이유는 가난한 국가와 부유한 국가 사이에서 점점 더 거대하게 커지고 있는 생활수준의 격차야말로 중·하위소득 국가의 엘리트들이 부유한 국가의 소비규범과 생태파괴적 관행을 채택하게 된 가장 중요한 동력이었기 때문이다.

금세기에 중국이 제기하고 있고, 앞으로도 계속 제기할 도전 때문에 서구의 진보주의자들은 다음의 두 가지 주된 이유에서 중국의 경제발전을 두려워하고 훼방놓기보다는 환영해야 한다. 하나의 이유는 중국의 경제발전이야말로 유럽 식민제국주의가 만들어내고 미국 헤게모니 아래 공고화된 극단적으로 불평등한 세계가 결국 더 정의롭고 평등한 세계로 대체될 것이라는 희망의 전조이기 때문이다. 그리고 또 다른 이유는 이런 발전이 지속되면 중국에서 곧 강력한 노동운동이 나타나 자기해방을 향한 중국 노동계급의 '대장정'을 진전시킬 수 있을 것이기 때문이다. 실제로 그런 노동운동이 출현할 조짐은 중국의 산업화·프롤레타리화와 더불어 증가해 왔다(Solinger, 1999 : 284~286; Kynge, 2000). 세계사회에서 중국 노동계급의 규모와 중요성이 커져 가는 것을 고려할 때, 강력한 중국 노동운동은 세계노동운동 전체를 고무하는 데 중요한 영향을 끼칠 것이다.

노동의 새로운 국제주의를 위한 투쟁

'세계노동운동의 문제와 전망'이라는 주제로 열린 포럼의 논문에서 클로슨은 "대부분의 노동자들과 상당수 노동조합들"의 보호주의 전략을 정치적 퇴보로 기각해버리고 있다며 좌파 학자들을 힐책했다(Clawson, 1998 : 7~8). 클로슨은 보호주의 전략이 인종주의나 외국인 혐오증과 잠재적으로 친화력이 있다는 (따라서 심각한 위험이 있다는) 점을 인정하면서도, "노동자들의 주장에도 중요한 진실이 담겨 있으며 우리는 이 점을 진지하게 받아들여야 한다"라고 주장하고 있다.

> 자본의 국제주의가 가져온 충격을 제한하려는 시도로서 보호주의는 거의 항상 인종주의(가령 반일감정)와 이주자에 대한 적대적 태도('그들'이 '우리' 일자리를 빼앗고 있다. 우리는 '그들'을 쫓아내야 한다)를 불러일으켰다. 그러나 보호주의는 고삐 풀린 시장이 경제를 좌우해서는 안 되며, 이윤 추구를 제한할 필요가 있고, 비용-이득 분석보다 인간의 필요를 우선하기 위해 노동자와 환경을 보호할 수 있는 수단들을 찾아내야 한다는 주장이기도 하다(8).

클로슨은 이에 덧붙여 "고삐 풀린 시장으로부터의 일정한 보호와 계획화에 근거해 세워진 지역공동체의 필요성을 인정하는" 국제적 노동연대에 대한 일반 이론이 필요하며, 이와 동시에 국제적 노동연대를 수용하고 인종주의와 외국인 혐오증을 거부해야 한다고 지적한다. 과연 어떻게 그런 균형을 찾아낼 수 있을까?

이 글에서 우리는 노동의 위기가 발생한 원인이 산업재배치나 '세계화'와 결부된 다른 현상들 때문이 아니라, 생산과 무역에서 금융과 투기로 거대한 자본투자의 이동이 발생했기 때문이라고 주장했다. 또한 우리는 현재 진행 중인 자본의 금융화가 전례 없는 것이 아닐 뿐더러, 가장 가까운 유사 사례인 19세기 말~20세기 초의 시기는 두 번의 세계대전, 제국주의, 그리고 파시즘으로 귀결됐다고 주장했다. 과거와 현재의 금융적 팽창 모두 국가들 사이에서나 국가 내부에서 끔찍한 부의 양극화를 초래했으며, 기존의 생활양식과 생계양식을 급속히 불안정하게 바꿔버렸다. 민족적·보호주의적 반동은 강렬해졌고, 인종주의와 외국인 혐오증의 냄새를 풍기게 됐다(Polanyi, 1944; Silver and Slater, 1999).

알다시피 노동운동은 민족적 보호주의와 제국주의의 성장에 기껏해야 모호한 역할을 해왔을 뿐이다. E. H. 카는 제1차 세계대전 전야에 벌어진 제2인터내셔널의 붕괴를 언급하며 이렇게 적고 있다.

> 민족은 중간계급의 것이었고 노동자에게는 조국이 없었던 19세기에 사회주의는 국제적이었다. 그러다 1914년의 위기가 닥치자, 후진적 러시아를 제외하고 이런 태도는 순식간에 모든 곳에서 낡은 것이 되어버렸다. 많은 노동자들은 본능적으로 자기가 쥔 빵의 어느 쪽에 버터가 발라져 있는지 알아차렸다. …… 국제주의적 사회주의는 불명예스럽게도 무너져버렸다(Carr, 1945 : 20~21).

중심부 노동운동이 또다시 그들이 쥔 '빵'의 민족적 보호주의 쪽에 '버터'가 발라져 있다고 판단하는 한, 다시 말해서 자신들의 국가권력 뒤에 서서 전지구적 불평등을 지탱하고 세계노동자를 분할하는 한, 우리가 또다시 기나긴 체계의 카오스와 '부족중심주의'에 빠져들 위험성은 심각하게 커질 것이다.

민족적 보호주의(그리고 이에 동반된 모든 인종주의)를 추동하는 동기는 노동자들이 실제 겪고 있는 불안정에 뿌리를 두고 있지만, 우리는 19세기 말~20세기 초의 사회주의자들이 노동계급의 인종주의를 방조했던 실수를 반복해서는 안 된다. 그도 그럴 것이 색튼의 지적처럼, 19세기 말의 노동운동가들 중 반(反)중국 십자군을 조금이라도 비판했던 사람들이라고는 사회주의자들뿐이었지만, 그들조차 "노동계급을 단결시키고 교육하기

위한 수단"으로 '반(反)쿨리'〔중국·인도 등의 하층노동자〕의 '깃발 아래 전
진하라' 는 전술적 결정을 내렸던 것이다. 그러나 "전술은 …… 습성이 되
어버리는 것이기도 한지라" 사회주의자들이 "전술의 깃발을 다시 끌어내
리고, 노동계급의 단결이라는 전략적 깃발"을 다시 들어올리고자 했을 때,
이미 그들은 사건의 진행과정에 더 이상 영향력을 행사할 수 없었다. 더욱
이 그들은 중국인을 비난하는 수사를 그대로 용인함으로써 중국인과 여타
이주자들을 배척하는 길을 닦았을 뿐만 아니라, 노동운동정책이 전반적으
로 흑인에 대해 노골적인 인종주의를 드러내게 되는 길까지도 마련했다
(Saxton, 1971 : 266~267).

우리는 인종주의를 확고히 반대하면서 새로운 노동친화적 국제체제
를 만들려고 노려해야 한다. 클료슨이 말처럼 지역공동체가 계획을 수립
하고, 노동자들의 삶이 고삐 풀린 시장에서 보호받으며, 인간의 필요가 비
용–이득 분석보다 우위에 놓이는 여건을 제공할 수 있도록 말이다. 우리
가 주장한 것처럼, 금융적 팽창은 기업들의 의식적인 이윤전략의 결과이
자 중심부 국가들, 특히 미국의 의식적인 권력전략의 결과이다. 그래서
"대안은 있다". 노동운동가들은 일국적·국제적 수준에서 투기 거품을 '부
추기는' 정책에 맞서 투쟁해야 하며 투기거품을 '터뜨리는' 정책을 옹호
해야 한다. 이런 관점에서, 최근 요하네스버그의 대중집회에서 남아프리
카노동조합총연맹(COSATU)의 의장이 행한 연설은 갈채 받을 만하다. 그
는 사적 부문의 '투자파업' 을 그만두라고 요구하며, 자본이 주식시장보다
는 일자리에 투자되어야 한다고 주장했다(Jayiya, 2000).

그러나 궁극적 해결책에는 반드시 국제수준의 변혁이 포함되어야 한
다. 국내의 갈등과 국제적 갈등의 악순환이 20세기 중반 종식된 것은 미국
헤게모니 아래에서 노동친화적이고 발전친화적인 국제체제가 확립되어,

적어도 부분적으로는 아래로부터의 운동들이 명시적이고 암묵적으로 제기했던 요구들을 수용했기 때문이었다. 그렇지만 그런 체제의 주된 요소들로 단순히 복귀하는 것이 해결책이 될 수는 없다. 미국의 후원을 받는 체제는 대중운동의 열망을 충족시켜 주겠다고 약속하면서도, 몇 가지 쟁점을 은폐시켰기 때문이다. 특히 무한성장 이데올로기는 만인이 '고도 대중소비 시대'에 진입할 수 있고 진입하게 될 것이라고 약속하면서 자본주의의 한계와 환경의 한계를 깡그리 무시해버렸다.

이런 약속과 달리, 미국의 세기는 소득과 자원의 사용·남용에 있어세계의 불평등을 공고화하는 결과를 낳았다. 더욱이 세계적 규모에서 인종적 분리와 부의 분할선이 갈수록 공고하게 중첩되고 있으며, 환경파괴는 인류 역사상 유례 없는 속도와 규모로 계속 진행되고 있다. 실제로 '생산자본의 파업'이 끝나면 보편적인 고속성장 때문에 나타나는 환경의 한계가 전면에 드러날 것이고, 전세계 인구의 상당 부분이 자원을 향유하지 못하도록 배제하려는 새로운 충동이 나타날 것이다. 궁극적으로 바로 여기서 21세기의 남반부와 북반부 노동자들은 거대한 도전에 직면할 것이다. 착취와 배제에 맞서기 위해, 모든 이들이 소비규준과 안정적 생계기준을 보편적으로 누릴 수 있도록 하기 위해, 이런 보편적 혜택을 실제로 증진시킬 수 있는 정책들을 시행하기 위해 투쟁해야 하는 도전 말이다.

에필로그
— 미국 헤게모니와 이라크 파병, 그리고 전쟁

백승욱

한국군의 이라크 파병이 한 해를 넘겼다. 파병에 이어 발생한 김선일 씨 살해 사건도 점차 기억 속에 묻혔고, 우리는 또 다시 일상으로 돌아왔다. 지난 해 한국군 추가파병 철회를 요구하는 이라크 무장집단에 납치된 김선일 씨는 파병 철회는 절대 없다고 천명한 한국 정부의 강경한 대응 직후 목이 잘린 싸늘한 시체로 도로변에서 발견됐다. "나는 죽고 싶지 않다" "당신들의 삶이 소중하면, 내 삶도 소중하다"는 절규는 하늘 멀리 사라지고, 실체를 알 수 없는 '국익'이라는 공문구 속에서 한 젊은이의 삶이 수많은 이라크 민중들의 삶에 덧붙여져 또 다시 고통의 역사 속으로 사라져갔다. 그러나 그의 죽음 뒤에도 지금의 사태에 이르게 된 정황을 객관적으로 되돌아보고 파병을 반대하자는 목소리 못지 않게 인종적 증오를 확산하고 보복을 외치는 마초적 대응이 수그러들지 않았다. 우리 사회는 수렁에 담근 한 발을 빼고 남들도 수렁에서 구하기보다는, 나머지 발까지도 수렁 깊이 담그고 아직 수렁에 빠지지 않은 사람들까지 붙잡고 들어가려는 태도에서 크게 벗어나 있지 못하다.

이라크에 진주한 미군이 해방군이 아니고 이라크 민중들의 분노를 일으키는 점령군이었음은 미국의 이라크 포로학대와 이라크 민중에 대한 대량학살을 통해 백일하에 계속 드러나고 있다. 미국이 이라크를 침공한 첫 번째 이유인 알카에다에 대한 이라크 지원설이 사실무근임은 미국 자체 보고서를 통해서도 드러났으며, 이라크 침공의 두번째 이유인 대량살상무기 개발의혹도 UN이나 미국의 조사 결과 근거가 없음이 드러났다. 이라크에서 진행되고 있는 전쟁은 최소한의 이유마저도 상실한 채 이제는 전쟁 자체를 위한 전쟁이 되고 있고, 소수의 세력을 제외한 어느 누구에게도 이득이 되지 못하는 비극으로 치닫고 있다.

이라크전쟁은 9·11 사건과 직접적으로 연관되어 촉발됐다. 9·11 직후 열린 백악관 고위 참모회의에서 미국 신보수파를 대표하는 국방부 부장관 울포위츠는 이미 9·11에 대한 직접 대응으로 이라크 공격을 주장하고 나선 것으로 알려져 있다.

특정 국가에 근거한 조직이라기보다는 강력한 반미 이슬람 근본주의의 초국가적 네트워크 조직이라고 할 수 있는 알카에다와 미국의 신경을 거슬리는 행동을 반복해 왔던 이라크 모두 미국 중심의 세계질서 유지를 위협하는 세력이었지만, 9·11 이전까지 양자를 공격할 명분을 하나의 연결선 속에서 찾을 수는 없는 상태였다. 알카에다가 보기에 후세인의 이라크는 이슬람 경전의 근본주의적 태도를 충분히 견지하지 않는 세속화된 정권이었으며, 후세인의 이라크로서는 알카에다가 이라크의 통치전략을 위협할 수 있는 세력이었다. 미국에게는 양자 모두 미국의 세계전략에 위협이 되는 세력이었겠지만, 이 두 세력이 긴밀하게 연계되어 있었다고 볼 수는 없었다. 9·11은 미국을 위협하는 이 대표적인 두 세력에 대해 본격적으로 전쟁을 개시할 수 있는 계기가 됐으며, 더욱이 미국인들 사이에서 더 이상 안전지대는 없다는 위기감을 극대화시켜 미국 세계전략의 대대적 전환을 추동하는 계기가 되기도 했다.

이런 세계적 변화가 발생한 맥락을 이해하려면 탈냉전 시기 세계질서의 변화와 신자유주의적 금융세계화에 따른 지구적 변화라는 두 축을 잘 살펴볼 필요가 있다. 이 두 가지 변동은 서로 상승작용을 일으키면서 전례 없는 혼돈 속으로 세계를 몰아가고 있으며, 우리가 빠져들고 있는 수렁도 이런 전지구적 변화와 뗄 수 없는 관계에 있다. 우선 탈냉전 시기 세계질서의 변화에 대해 살펴보자. 사회주의 진영과 자본주의 진영의 대치로 특징지어진 냉전 시기는 '발전주의' 시대라고도 불린다. 이 시기는 과거의 식민지에서 독립한 신생 민족국가들이 각 국가별로 발전주의 기획을 추진함으로써 모든 주민의 부가 전반적으로 상승하리라는 환상이 공유되던 시기이기도 하다. 그럴 수 있었던 주된 이유는 사회주의운동과 민족해방운동의 거대한 위협에 직면한 세계경제의 주요 기득권세력들이 이런 위협을 포섭하기 위해 제한적으로나마 위협세력들에게 양보를 할 수밖에 없었기 때문이었다. 사회주의 국가들은 이런 양보를 강요한 핵심 조건이 됐다. 자본주의 세계에서 상대적으로 이탈해 독립적인 폐쇄적 경제건설과정을 추진하긴 했지만, 사회주의 국가들도 발전과 '따라잡기'라는 동일한 목표를 추구한 바 있다. 자본주의 진영 속에 남아서 독립한 국가들 역시 미국의 전지구적 발전지원 프로젝트를 통해 제한적으로나마 발전의 환상을 지탱하는 근거를 유지할 수 있었다.

물론 그 혜택은 지배층 내의 소수에게만 돌아갔지만, 선진국 생산의 일부 연결고리를 분배받아 급속히 경제를 성장시켜 가는 발전도상 국가들이 곳곳에서 등장한 탓에, 뒤처진 국가들은 경제성장을 자신들의 미래로 기약하면서 '따라잡기' 전략을 통해 현재의 고통과 대중의 불만을 달래고 그 불만의 폭발을 지연시킬 수 있었다. 이런 냉전 시기에 세계적 수준의 갈등은 주로 체제간의 갈등형태로 표출됐으며 그 틀 속에서 관리됐다. 예컨대 중동 지역의 경우에는 1970년대 미국의 지원을 받는 이란과 소련의 지원을 받는 이라크의 대립이 그 대표적인 형태였다.

냉전 시기에 개별 국가는 발전의 거점이자 억압의 중심점이었다. 이렇듯 강력한 국가는 사회적 욕구가 국가의 틀 속에서 제기될 수 있게 관리하는 도구로 남아 있을 수 있었다. 억압적 국가, 생활 전체를 지배하는 정보기관, 그리고 발전주의 기획이라는 당근으로 무장한 냉전체제는 1970년대 들어서 무너지기 시작했다. 그것은 베트남전쟁으로 촉발된 미국식 자유주의의 정당성에 대한 위기이자, 소련 중심의 사회주의 진영이 서구적 발전 모델의 대안이 되기보다는 그것과 너무나도 유사한 억압적 성격을 탈피하지 못한데서 발생한 위기이기도 했다.

이 위기는 1980년대부터 본격화된 신자유주의적 금융세계화에 의해 가속화됐다. 신자유주의적 금융세계화는 본디 미국의 경제적 지위 하락에서 촉발됐다. 제조업의 우위 상실과 베트남전쟁에 따른 재정적자 증가로 미국이 세계경제에서 차지하던 지위가 하락하자 미국은 1970년대 말부터 금융우위의 확보를 통해 이 추세를 역전시키기 시작했다. 이것은 한 세기전 '해가 지지 않는 제국'인 영국이 세계경제상의 우위 상실을 금융화를 통해 만회하려고 했던 것과 유사한 방식이다. 레이건 정권 아래에서 미국은 달러 안정화를 위한 긴축정책과 더불어 고이자율정책을 펼쳐 세계의 자본을 미국에 집중시킬 수 있었고, 결국 대대적인 금융화의 기반을 마련했다. 또한 금융자본의 원활한 활동을 위해 각종 규제를 철폐하고 동일한 조치를 전세계에 강요하기 시작했다. 그에 따라 '발전주의 시대'의 특징이던 금융자본 이동에 대한 통제와 상대적으로 자율적이었던 국가별 경제정책이 불가능해졌고, 세계경제는 소수 초국적 금융자본의 이해에 따라 재편되기 시작했다. 주식시장의 부양이 모든 사회적 우선성을 압도하기 시작했고, 기업은 주식시장의 가치를 높여 더 높은 가격에 인수합병이 이뤄질 수 있도록 대대적인 인원감축 위주의 구조조정에 돌입했다. 소규모 경제들은 초국적 금융자본의 요구에 완전히 무장해제됐으며, 신속하게 이동하는 투기적 자본의 충격을 피해갈 수 없게 됐고, 사회적 불평등에 대한 최소한의 완화장치마저 점점 더 사라질 수밖에 없게 됐다.

냉전체제의 해체는 이런 신자유주의적 금융세계화의 결과이자 출발점이기도 했다. 1970년대의 세계금융시장에서는 자본이 거의 무상재에 가까운 수준이어서, 모든 제3세계 국가들이 저리의 자본을 장기로 차입해 각종 기간시설 건설에 대대적으로 투자했다. 라틴아메리카나 아프리카 국가들 이외에도 동유럽의 사회주의 국가들도 여기에 포함된다. 그러나 레이건 정권 아래에서 세계자본이 대거 미국에 집중되고 미국의 이자율이 상승하자, 제3세계가 차입한 자금에 대한 이자율이 급속히 증가한 동시에 세계의 주요 금융기관들이 제3세계에 대한 추가 대출을 중단했다. 결국 라틴아메리카, 아프리카, 동유럽에 걸쳐 전세계적으로 대대적인 외채위기가 발생해 마침내 '발전주의 시대'가 끝나게 됐다. 동유럽의 사회주의 국가들이 IMF식 구조조정을 받아들여 대대적으로 자본주의적 수술에 돌입한 것도 바로 이 시기부터였다. 더욱이 미국에 집중된 세계의 자본은 '별들의 전쟁'이라고 부르는 레이건의 '제2차 냉전'을 지탱하는 자금원이 됐고, 또 다시 촉발된 군비경쟁을 감당할 수 없던 소련이 와해되면서 냉전의 골간을 지탱해 왔던 체제마저 무너지게 됐다.

냉전의 부담이 걷히자 자본활동에 대한 굴레는 사라졌다. 정치적 고려가 우선시되지 않자 자본축적의 논리에 따라 더 많은 부가 소수의 수중에 집중되고, 세계적으로 배제되는 지역이 점점 더 늘어났다. 선별적으로 포섭된 지역들이 일시적으로 자본투자의 혜택을 받긴 했지만, 사회경제의 불안정성은 전례 없이 커졌고, 아프리카처럼 자본투자에서 배제된 지역은 생존의 갈림길에 놓일 만큼 피폐해져갔다.

그러나 이와 같은 냉전의 해체와 자본의 자유 확대는 세계질서를 안정시키지 못했다. 발전주의의 신화가 무너지고 배제된 지역이 늘어나자 그동안 세계를 냉전적 구도 속에서 통치해 왔던 틀도 무너졌고, 이전과는 다른 동일성(정체성)을 내건 다양한 집단들이 등장해 위기에 빠진 민중들을 끌어 모으기 시작했다. 붕괴한 옛 사회주의권에서는 인종이 새로운 동일성의 중심으로 등장함으로써 끊임없는 분할과 그에 따른 증오가 폭발해 이른바 '인종청소'까지 등장시키게 됐다. 이에 덧붙여 냉전 시기에 이뤄진 과잉군사화의 유산이 남아 있는 아프리카 지역 같은 곳에서는 군벌을 중심으로 한 인종적 적대가 증폭되고 있다. 게다가 냉전 시기에 과잉군사화된 정권의 유산이 남아 있는 동시에 주요 자원을 확보한 지역에서는 새로운 지역적 맹주로 떠오르려는 국가들도 등장하게 됐다.

이라크는 바로 이런 맥락에서 문제로 부각됐다. 1970년대에 이라크는 미국의 지역거점이던 팔레비 왕조의 이란에 맞서는 과정에서 소련의 후원을 받다가, 1979년의 이란혁명 이후에는 이란 정권의 전복을 위한 미국의 전략적 지원 아래 군사적으로 크게 약진했다. 1991년 이라크의 쿠웨이트 침공은 탈냉전 시기 지역구도가 변화하는 상징이었는데, 범아랍주의의 부활을 내건 이라크가 옛 영토의 회복을 명분으로 지역적 영향력을 확대하려고 했던 이 시도는 냉전의 틀을 통해 개별 국가들을 통제하는 것이 더 이상 불가능한 새로운 세계질서의 시대가 도래했음을 알리는 것이었다. 그러나 이에 맞설 수 있는 전지구적 틀이 아직 체계적으로 형성되지 못한 탓에, 제1차 이라크전쟁은 이라크가 쿠웨이트에서 철수하고 미국이 이라크 경제봉쇄를 시행하는 현상유지 수준에서 일단 봉합됐다.

그러나 1990년대 신자유주의적 세계화와 더불어 피폐화된 지역이 증가하자 제3세계에서 국가의 붕괴는 점점 더 확산됐고, 개별 국가의 틀을 통해 통제되지 못하는 각종 저항세력들이 증가했다. 9·11은 이런 변화의 결과였고, 미국의 세계전략은 근본적으로 전환하게 된다. 이 전략적 전환에는 부시 정권의 배후에 있던 신보수파라는 세력이 중요한 역할을 했다. 이들은 1990년대의 미국이 변화하는 세계구도에 적절히 적응하지 못했고, 미국의 적대세력들이 힘을 얻어가도록 방관했으며, 세계에 대한 미국의 영향력을 갈수록 약화시켰다고 본다. 이들은 안정적인 신자유주의적 세계화를 유지하기 위해서라도 미국이 세계의 정치적·군사적 절대 우위를 확보하는 새로운 세계질서를 구축해야 한다고 생각하고 있다. 이들은 잠재적인 적대세력들이 실질적인 힘을 갖기 전에 선제공격(더 나아가 예방전쟁)으로 위협요소를 뿌리뽑아야 한다고 주장하며, 미국은 다른 나라의 주권에 제약받지 않고 자국의 필요에 따라 군사적 행동을 수행할 수 있도록 강력하게 재건되어야 한다고 요구하고 있다. 이런 신보수파는 미국이 미국의 요구를 인정하는 국가들과 협조는 유지하되, 의제는 미국이 설정하는 '다자적 일방주의'의 틀을 확대할 것을 주장한다. 9·11은 미국의 저류에 깔린 이 신보수파의 논리가 정치적 전면에 드러나는 계기였으며, 이들이 '테러와의 전쟁'을 내걸고 알카에다를 넘어서 이라크까지 공격한 것은 이 새로운 세계질서 수립에 도전하는 위협세력을 제거한다는 목적을 담고 있었던 것이다. 그러므로 이라크전쟁에서 알카에다와의 연계나 대량살상무기라는 구실은 부차적일 수밖에 없었던 것이다.

이런 개입은 냉전 시기의 군사동맹을 기반으로 한 현지 주둔군 배치라는 미국의 전략에도 일정한 변화를 가져오고 있다. 미국 중심의 세계질서에 대한 위협은 개별 국가들에서도 발생할 수 있지만, 국가를 넘어서는 단위나 국가 이하의 단위에서도 발생할 수 있다. 이런 점에서 현재의 미군 배치는 미국의 위협세력들에 대처할 수 있는 적절한 방식이 아니라는 문제가 제기됐다. 즉, 변화한 구도에 대응하기에는 기동성이 떨어진다는 것이다. 해외에 배치된 미국의 지상군은 독일·일본·한반도 세 곳에 집중적으로 배치되어 있는데, 이들은 지역적 분쟁이 발생했을 때 개입하기에는 애매한 규모이며, 주둔 지역 이외의 곳에서 발생한 위협에 대응하는 데에도 난점이 있는 형태이다. 이에 따라 미국은 지역 주둔군 체제를 지역거점을 중심으로 하는 이동성 높은 체제로 전환하고, 사안에 따라 동맹의 틀을 신축적으로 조정하면서 전지구적 군사개입을 확대할 것으로 보인다. 이 경우 군사전략의 주된 목적은 미국 중심의 세계질서를 안정적으로 유지하는 데 있지, 지역적 갈등구조를 해소하는 데 있다고는 할 수 없다. 미국이 배제된 유럽 중심의 안보협력체제에 대해 미국이 반대한 이유도 이런 맥락에서 이해될 수 있다. 이런 이유에서 미군의 단계적 한반도 철수와 동아시아 지역 미군의 재편 역시 동아시아의 평화정착으로 이어지기보다는 이 지역 국가들을 미국 주도의 새로운 전지구적 갈등구조 속으로 강력히 끌어들이는 결과로 이어질 가능성이 높다.

동시대 세계구도의 변화를 이해하기 위해서는 이것을 한 세기 전의 상황과 비교할 필요도 있다. 한 세기 전의 세계는 '제국주의 시대'로 특징지을 수 있다. 우리는 헤게모니 국가인 영국의 뒤를 이으려는 잠재적 헤게모니 국가들간의 치열한 경합이 식민지화 경쟁과 제국주의적 전쟁으로 이어졌고, 금융세계화를 통해 가속화됐음을 알고 있다. 여기에 전지구화 또는 세계화의 전사(前史)가 놓여 있다. 현재의 세계화나 미국 중심의 세계구도 변화 역시 이와 유사하게 금융세계화로 시작됐고, 헤게모니 국가인 미국의 약화에 뒤따른 것이라고 할 수 있다.

그러나 한 세기 전과 비교할 때, 오늘날에는 세 가지 이례성이 눈에 띤다. 첫째, 군사력이 이례적으로 헤게모니 국가인 미국에 집중되고 있다. 이 추세는 오히려 강화되고 있어 미국에 전면적인 군사적 도전을 할 세력이 등장할 가능성은 낮다. 둘째, 자본도 새로운 중심지로 집중되기보다는 미국에 집중되고 있다. 이것이 미국의 '신경제'를 지탱했으며, 이 때문에 미국을 전면적으로 대체할 새로운 경제대국이 등장할 가능성도 당분간은 낮다. 셋째, 한 세기 전의 민족해방운동이나 사회주의운동처럼 조직된 형태로 기존 세계권력에 도전하는 사회운동이 현재는 관찰되지 않고, 분산된 저항들만 나타나고 있다. 이처럼 한 세기 전과 비교할 때, 약화된 헤게모니 국가인 미국으로서는 변화의 추세를 역전시키기에 매력적인 조건이 많이 있다. 실제로 미국이 세계적 상황을 자국에 유리한 방향으로 반전시키려는 노력을 가속화할 가능성이 커지고 있다. 미국은 엄청난 무역수지 적자와 새롭게 늘어날 재정수지 적자에도 불구하고, 세계의 부와 권력을 자국에 집중시키는 형태로 세계질서를 재편할 수 있는 자원과 의도를 당분간 유지할 만한 조건을 갖추고 있기 때문이다. 더욱이 9·11이라는 상황은 이것을 추동할 수 있는 이데올로기적 조건도 제공했다. 이런 조건 아래에서 당분간 세계질서의 구도는 한 세기 전과 달리 북-북의 갈등(즉, 한 세기 전의 제국주의적 전쟁)이 최소화되는 대신, 북-남의 갈등이 강화될 것인데, 이것은 '문명의 충돌'이나 인종주의적 적대의 외양을 띠고서 더욱 증폭될 것으로 보인다. 그러나 이런 질서를 유지하기 위해서는 극단적인 군사화, 세계적 부의 소수로의 집중, 자유주의의 최소한의 외피마저도 상실한 노골적인 힘의 논리를 대가로 치를 수밖에 없을 것이다.

따라서 제국주의적 전쟁의 시대로 돌아가지 않는다고 해서 상황이 더 나아진 것은 아니다. 우리는 거대한 군사력을 독점한 국가의 조직화된 폭력과 국가의 통제를 받지 않는 분산된 형태의 또 다른 극단적 폭력이 대립하는 광경을 점점 더 많이 목격하게 될 것이다. 이라크 파병문제는 우리가 이런 세계적 갈등의 변화된 구도 속에 빠른 속도로 빨려 들어가고 있다는 것을 뜻한다.

우리는 이런 상황에서 적어도 두 가지 문제를 깊이 성찰할 필요가 있다. 신보수파가 구상하는 새로운 세계질서가 과연 평화적 미래를 약속하는가? 이 새로운 세계질서를 지탱하고 있는 신자유주의적 경제질서가 안정적 미래를 약속하는 대안이 될 수 있는가?

단기적으로 볼 때에도 상황이 전혀 낙관적이지 않고 더 많은 불평등과 증오를 촉발할 것으로 보인다면, 현실 논리를 들이대며 현재 상황을 수용하자고 주장하는 것은 우리를 더 깊은 수렁 속으로 몰고 가는 것일 뿐이다. 게다가 우리는 우리와 남들, 좀더 철학적으로 말하자면 우리와 '타자'에 대해 깊이 성찰할 필요가 있다. 이라크 파병론은 늘 '국익'의 논리를 내세웠다. 여기서 우리는 '국가'와 동일시되고, 그 밖은 타자이다. 우리가 살고 있는 국가의 밖을 타자로 정의하고, 타자에 대해서는 그 어떤 정의나 평등도 시행될 수 없다는 것은 자기가 속한 집단 외부를 배제해 왔던 억압자가 피억압자에게 강요하는 논리일 뿐이다. 그것은 억압자의 억압을 수용하면 '우리' 속에 들어올 수 있다는 논리이지만, 억압자의 억압을 수용하자마자 우리는 억압자의 '타자'가 되어 또 다시 배제될 뿐이다. 그리고 더 심각한 것은 이 '타자'의 논리가 우리 속의 '타자'를 영원히 배제하는 논리의 연장선에 놓여 있다는 점이다. '국익'이라고 말하는 것의 '이익'은 도대체 누구의 이익인가? 그 구분선은 우리라고 생각되는 우리 속에서 소수의 우리와 다수의 '타자'를 또 다시 어떻게 구분하고 배제하는가? 우리 사회에 존재하는 이주노동자는 '우리'인가? 여성들은 '우리'인가? 전쟁에 반대하고 파병에 반대하는 사람들은 '우리'인가? 좀더 평등하고 자유로운 세상을 지향하는 사람들은 '우리'인가? 비정규직노동자들은 '우리'인가? '국익'의 논리는 다시 좀더 작은 집단의 자기이익을 옹호하는 논리로 계속 좁혀지면서 우리와 '타자'를 영원히 구분할 뿐만 아니라 타자를 존재하지 않는 것으로 만들거나 이해하려고 하는 노력을 배제해 타자를 증오의 대상으로 만들어버릴 뿐이다. 김선일 씨의 죽음에 분노하고 그를 살해한 자들에게 분노한다면, 이 시간에도 세계 도처에서 억압당하고 부당하게 죽어가는 사람들의 상태에도 분노해야 하고, 그런 죽음을 불러오는 세계적 구조에 대해서도 분노해야 하며, 이 '버려진 모든 이들'을 '우리'로 품어야 한다. 그리고 파병도 전쟁도 중단되어야 한다.

더 읽어 볼 만한 책

1. 『거대한 변환 : 우리 시대의 정치적·경제적 기원』(칼 폴라니, 박현수 옮김, 민음사, 1991)

19세기 영국 헤게모니의 쇠퇴에서 20세기 미국 헤게모니의 등장으로 이어지는 격변의 시기를 '자기조절적 시장경제'에 대한 '사회의 자기방어' 동학이라는 독특한 관점에서 분석하고 있는 책. 자율적 시장경제 이데올로기에 대한 비판이 중심 논지인 이 책은 19세기 영국 헤게모니의 제도적 기반에 대한 내밀한 분석이 돋보이는 책이다. 번역이 매끄럽지 못하고 지금은 절판되어 구하기 어렵긴 하지만, 영문을 대조해 가면서 읽으면 많은 통찰력을 얻을 수 있을 것이다.

2. 『근대세계체제』(이매뉴얼 월러스틴, 나종일 외 옮김, 까치, 1999)

세계체계 분석의 접근법을 제시한 월러스틴의 대표작(전 3권). 3권의 분석 내용이 1840년대에서 중단되어 있지만 세계경제로서의 근대 자본주의체계, 역사적 자본주의라는 관점, 그리고 헤게모니 교체라는 월러스틴의 기본적 논지를 살펴볼 수 있는 책이다. 역사서술의 방식이라기보다는 기존 역사서술에 대한 논쟁적 문제제기 형태로 서술되어 기존의 논쟁구도를 엿볼 수 있다는 이점도 있다.

3. 『노동의 힘 : 1870년 이후의 노동자운동과 세계화』(비버리 J. 실버, 백승욱·안정옥·윤상우 옮김, 그린비, 2005)

세계체계 분석의 취약점 중 하나인 사회운동 영역에 대한 본격적인 분석을 시도한 책. 19세기 이후 노동운동의 역사에서 나타나는 추세의 특징을 찾아내기 위해 전지구적 자본이동, 제품주기, 세계정치라는 측면에서 노동운동의 전지구적 추이와 근대세계체계의 변화가 맞물리는 지점을 찾아내고, 노동운동의 현주소를 재검토하고 있다.

4. 『물질문명과 자본주의』(페르낭 브로델, 주경철 옮김, 까치, 1995~97)

물질문명·시장경제·자본주의라는 삼층도식을 제시하고서 자본주의를 시장경제에 반(反)하는, 그리고 시장경제의 상부구조인 독점으로 규정하는 논리를 제시한 책. "자본주의는 출발부터 세계경제였다"라고 규정하는 브로델은 이 책을 통해 자본주의에서 경제와 정치는 분리될 수 없으며, 각 시기 자본주의의 핵심 부문은 고정적이지 않고, 금융의 만개는 자본주의의 '가을의 지표'라고 주장한다. 이 책의 폭넓은 역사적 시야는 현재의 미국 헤게모니에 대해서도 적지 않은 시사점을 던져준다.

5. 『미국 패권의 몰락』(이매뉴얼 월러스틴, 한기욱 옮김, 창비, 2004)

미국 헤게모니의 쇠퇴라는 관점에서 미국 헤게모니의 한계, 그에 따라 나타나는 여러 사회 영역에서의 문제, 그리고 그에 대처하는 좌파운동의 역사적 한계를 지적하고 있다. 세계체계 분석의 시야에서 9·11을 전후한 시기의 전지구적 변화를 읽는 데 도움이 된다.

6. 『이행의 시대 : 세계체제의 궤적 1945~2025』(이매뉴얼 월러스틴 외, 백승욱·김영아 옮김, 창비, 1999)

국가간체계, 세계생산, 세계노동력, 인간복지, 국가의 사회적 응집력, 지식의 구조라는 여섯 가지 벡터의 변화를 통해 미국 헤게모니의 상승기인 1945년 이후 세계의 변화를 살펴보는 책. 각 벡터의 합력이 향후 시기에 끼칠 영향까지 간단히 덧붙이고 있는 이 책은 세계체계 분석을 주도하는 브로델센터의 집단 연구작업이 낳은 산물이다.

7. 『장기 20세기 : 화폐, 권력, 그리고 우리 시대의 기원』(지오반니 아리기, 백승욱 옮김, 그린비, 근간)

헤게모니 교체로서 역사적 자본주의의 궤적을 가장 체계적으로 설명하고 있는 책. 축적체제와 국가간체계의 모순적 결합으로서 헤게모니의 형성을 설명하고, 헤게모니의 상승국면과 하강국면을 물질적 팽창과 금융적 팽창으로 나눠 왜 상이한 국면적 특징이 나타나는지 설명한다. 세계체계의 헤게모니 순환이 제노바 헤게모니, 네덜란드 헤게모니, 영국 헤게모니, 미국 헤게모니 순서로 변천해 왔다고 보는 이 책은 이 순환에 공통된 동학과 아울러 각 헤게모니 시기의 차별성에 주목한다.

8. 『자본의 세계화』(프랑수와 세네, 서익진 옮김, 한울, 2003)

금융과 금융시장이 체계의 정상에서 세계경제를 재편하는 과정이 곧 세계화라는 관점에서 세계화를 본격적으로 분석하고 있는 책. 특히 1980년대 이후 금융화에서 나타나는 공공채무의 증권화나 산업지배적 금융 그룹의 형성 같은 특징에 초점을 맞춰 현재 시기의 금융화가 한 세기 전의 금융화와 어떤 차별점이 있는지 잘 보여준다. 세네는 세계체계 분석의 시각에서 출발하지는 않지만, 오늘날의 금융화에 관해 여러모로 세계체계 분석과 수렴되는 견해를 보여준다.

참고문헌

국내 문헌

백승욱(2003a). 「미국 헤게모니의 쇠퇴와 '제국'으로 가는 험로 : 세계체계 분석을
  통한 『제국』 읽기」(제1회 맑스코뮤날레 발표문), 2003년 5월 23일.

______(2003b). 「고삐 풀린 미국과 세계질서의 반동적 재편」, 『월간 사회진보연대』
  (통권35호/5월), 사회진보연대.

백창재(2003). 「미국 외교정책의 일방주의의 기반」, 『국가전략』(제9권/1호), 세종연
  구소.

안병진(2003). 「9·11 테러와 미국 국내의 정치 패러다임의 변화 : '예방' 개념을 중
  심으로」, 『지구화시대 맑스의 현재성 2』, 문화과학사.

월러스틴, 이매뉴얼(1999). 「21세기의 시련과 역사의 선택 : 백낙청과의 대담」, 『유
  토피스틱스』, 백영경 옮김, 창작과비평사.

이병천(2001). 「세계 자본주의 패권모델로서의 미국 경제」, 『미국식 자본주의와 사
  회민주적 대안』, 전창환·조영철 엮음, 당대.

이승선(2003). 「영국, 최초로 이라크전 지지도 하락 : 미국의 낙관론도 급냉, 42%는
  "핵무기 사용 찬성"」, 『프레시안』(www.pressian.com), 3월 31일.

이장훈(2003). 『네오콘 : 팍스아메리카나의 전사들』, 미래M&B.

전창환(2001). 「신자유주의적 금융화와 미국 자본주의의 구조변화」, 『미국 자본주
  의 해부』, 김진방·성낙선 외, 풀빛.

______(2002). 「미국 '신경제'의 종언과 한국경제의 향방」, 『창작과 비평』(통권118
  호/겨울), 창작과비평사.

카치아피카스, 조지(2002). 「9·11과 미국인의 양심」, 『창작과 비평』(통권115호/봄),
백승욱 옮김, 창작과비평사.

외국 문헌

Abu-Lughod, Janet(1989). *Before European Hegemony : The World System
A.D. 1250~1350*, New York : Oxford University Press.

______(1990). "Restructuring the Premodern World-System", *Review*, XIII, 2,
Spring, pp.273~286.

Aglietta, Michel(1976). *Régulation et crises du capitalisme : L'expérience des
États-Unis*, Paris : Calmann-Lévy. 〔성낙선 외 옮김, 『자본주의 조절이론』,
한길사, 1994.〕

Aguirre Rojas, Carlos Antonio(1992). "Between Marx and Braudel : Making
History, Knowing History", *Review*, XV, 2, Spring, pp.175~219.

Althusser, Louis(1965). *Pour Marx*, Paris : Maspéro. 〔이종영 옮김, 『맑스를 위
해』, 백의, 1997.〕

______(1978). "Il marxismo oggi", *Enciclopedia Europea*, VII, Milano :
Garzanti. 〔서관모 옮김, 「오늘의 맑스주의」, 『역사적 맑스주의』, 새길, 1993.〕

Andrews, Edmund(2003). "Recovery without Jobs Threatens Bush in 2004",
International Herald Tribune, September 15.

Aron, Raymond(1959). "From France", *As Others See Us : The United States
through Foreign Eyes*, Franz Joseph, ed., Princeton, N. J. : Princeton
University Press.

Aronowitz, Stanley(2000). "The New World Order(They Mean It)", *The
Nation*, July 17.

Arrighi, Giovanni(1990a). "The Developmentalist Illusion : A Reconceptuali-
zation of the Semiperiphery", *Semiperipheral States in the World-
Economy*, William Martin, ed., Westport, C. T. : Greenwood Press.

______(1990b). "Marxist Century, American Century : The Making and Remaking of the World Labour Movement", *New Left Review*, No. 179, January/February, pp.29~64. 〔김영희 옮김, 「맑스주의의 20세기, 미국의 20세기」, 『몰락 이후』, 창작과비평사, 1994.〕

______(1990c). "The Three Hegemonies of Historical Capitalism", *Review*, XIII, 3, Summer, pp.365~408.

______(1991). "World Income Inequality and the Future of Socialism", *New Left Review*, No. 189, September/October, pp.39~65.

______(1994). *The Long Twentieth Century : Money, Power, and the Origins of Our Times*, London : Verso. 〔中文版序 譯, 『漫長的20世紀 : 金錢, 權力與我們社會的根源』, 南京 : 江蘇人民出版社, 2001.〕

______(1996a). "Capitalism and the Modern World System : Rethinking the Non-Debates of the 1970s", 91st Annual Meeting of the American Sociological Association, New York, August 16~20.

______(1996b). "Workers of the World at Century's End", *Review*, XIX, 3, Summer, pp.335~351.

______(1997). "Globalization, State Sovereignty, and the 'Endless' Accumulation of Capital", Revised vision of a paper presented at the conference on "States and Sovereignty in the World Economy", University of California Irvine, February 21~23.

______(1999). "The Global Market", *Journal of World-Systems Research*, Vol. 5, No. 2, Summer, pp.217~251.

______(2000). "Globalization and Historical Macrosociology", *Sociology for the Twenty-Frist Century : Continuities and Cutting Edges*, Abu-Lughod, Janet, ed., Chicago : Chicago University Press.

______(2002), "Lineages of Empire", *Historical Materialism*, Vol. 10, No. 3, pp.3~16.

______(2003a). "The Social and Political Economy of Global Turbulence", *New Left Review*, No. 20, March/April, pp.5~71.

______(2003b). "Rough Road to 'Empire'", presentation at the 2003 PEWS XXVII conference "The Triad as Rivals? US, Europe, and Japan", held at Georgetown University, April 25~26.

Arrighi, Giovanni, and Jessica Drangel(1986). "The Stratification of the World-Economy : An Exploration of the Semiperipheral Zone", *Review*, X, 1, Summer, pp.9~74.

Arrighi, Giovanni, Terence K. Hopkins and Immanuel Wallerstein(1989). *Antisystemic Movements*, London : Verso. 〔송철순·천지현 옮김, 『반체제운동』, 창작과비평사, 1994.〕

Arrighi, Giovanni, and Beverly Silver(1984). "Labor Movements and Capital Migration : The United States and Western Europe in World-Historical Perspective", *Labor in the Capitalist World-Economy*, Charles Bergquist, ed., London : Sage.

______, eds.(1999). *Chaos and Governance in the Modern World System*, Minneapolis : University of Minnesota Press.

______(2000). "Global Inequalities and 'Actually Existing Capitalism'", Paper presented at the conference on "Ethics and Globalization", Yale University, New Haven, C. T., March 31~April 2.

______(2001), "Capitalism and World (Dis)order", *Review of International Studies*, vol. 27, pp.257~279.

Aymard, Maurice(1982). "From Feudalism to Capitalism in Italy : The Case that Doesn't Fit", *Review*, VI, 2, Fall, pp.131~208.

Baker, Gerard(2003). "The Neo-cons Did Not Hijack US Policy", *The Financial Times*, June 19.

Balakrishnan, Gopal(2000). "Virgilian Visions", *New Left Review*, No. 5, September/October, pp.142~148.

Balibar, Étienne(1990a). "The Nation Form : History and Ideology", *Review*, XIII, 3, Summer, pp.329~361.

______(1990b). "'Droits de l'homme' et 'droits du citoyen' : La dialectique moderne de l'égalité et de la liberté", *Actuel Marx*, Vol. 8, No. 2, pp.13~33. 〔윤소영 옮김, 「'인간의 권리' 와 '시민의 권리' : 평등과 자유의 근대적 변증법」, 『맑스주의의 역사』, 민맥, 1992.〕

______(1992a). "Le citoyen, aujourd'hui?" *Raison Présente*, n°103, "Le citoyen, l'Europe, le monde", 3ème trimestre, pp.27~44. 〔윤소영 옮김, 「민족형태에 관하여 : ① 시민성과 민족성」, 『알튀세르와 맑스주의의 전화』, 이론, 1993.〕

______(1992b). "Les identités ambiguës", contribution au Colloque de Pontevedra, Galicia sur "Nation et nationalsime", Avril. 〔윤소영 옮김, 「민족형태에 관하여 : ② 민족적 동일성의 모호성」, 『알튀세르와 맑스주의의 전화』, 이론, 1993.〕

______(2002). *Politics and the Other Scene*, London : Verso.

Barker, Kathleen, and Kathleen Christensen, eds.(1998). *Contingent Work : American Employment Relations in Transition*, Ithaca, N. Y. : ILR Press.

Barraclough, Geoffrey(1967). *An Introduction to Contemporary History*, Harmondsworth : Penguin.

Barzini, Luigi(1959). "From Italy", *As Others See Us : The United States through Foreign Eyes*, F. Joseph, ed., Princeton, N. J. : Princeton University Press.

Batchelor, Ray(1994). *Henry Ford : Mass Production, Modernism and Design*, Manchester : Manchester University Press.

Baum, Gregory(1996). *Karl Polanyi on Ethics and Economics*, London : McGill-Queen's University Press.

Belous, Richard(1989). *The Contingent Economy : The Growth of the Temporary, Part-time and Subcontracted Workforce*, Washington, D. C. : National Planning Association.

Biden, Joseph(2003). "Is US policy Working?" Event summary by the Brookings Institution Office of Communications, July 31. 〔www.brook. edu/com/op-ed/biden20030731.htm〕

Bond, Patrick, Darlene Miller and Greg Ruiters(2000). "The Southern African Working Class : Production, Reproduction and Politics", *Working*

Classes, *Global Realities : Socialist Register 2001*, Leo Panitch and Colin Leys, eds., London : Merlin Press, pp.119~142.

Borrego, John(1995). "Models of Integration, Models of Development in the Pacific", *Journal of World-Systems Research*, Vol. 1, No. 11, Fall, pp. 1~138.

Braudel, Fernand(1969). *Écrits sur l'histoire*, Paris : Flammarion. 〔이정옥 옮김, 『역사학 논고』, 민음사, 1990.〕

______(1972). "History and the Social Science", *Economy and Society in Early Modern Europe*, Peter Burke, ed., New York : Harper & Row.

______(1979a). *Civilisation matérielle, économie et capitalisme, XVe-XVIIIe siècle, tome 1. Les structures du quotidien : le possible et l'impossible*, Paris : Armand Colin. 〔주경철 옮김, 『물질문명과 자본주의 I : 일상생활의 구조』, 까치, 1995.〕

______(1979b). *Civilisation matérielle, économie et capitalisme, XVe-XVIIIe siècle, tome 2. Les jeux de l'change*, Paris : Armand Colin. 〔주경철 옮김, 『물질문명과 자본주의 II : 교환의 세계』, 까치, 1996.〕

______(1979c). *Civilisation matérielle, économie et capitalisme, XVe-XVIIIe siècle, tome 3. Le temps du monde*, Paris : Armand Colin. 〔주경철 옮김, 『물질문명과 자본주의 III : 세계의 시간』, 까치, 1997.〕

______(1982). *The Wheels of Commerce*, New York : Harper and Collins.

______(1986). *Une Leçon d'histoire de Fernand Braudel* : Châteauvallon, Journées Fernand Braudel, 18, 19 et 20 octobre 1985, Paris : Arthaud-Flammarion. 〔福井憲彦・松本雅弘, 譯, 『ブローデル 歴史お語る : 地中海, 資本主義, フランス』, 東京 : 新曜社, 1987.〕

Brenner, Robert(1998). "The Economics of Global Turbulence : A Special Report on the World Economy, 1950~1998", *New Left Review*, No. 229, May/June, pp.1~264.

______(2000). "The Boom and the Bubble", *New Left Review*, No. 6, November/December, pp.5~44.

______(2002). *The Boom and the Bubble : The US in the World Economy*, London : Verso. 〔정성진 옮김, 『붐 앤 버블: 호황 그 이후, 세계 경제의 그 그늘과 미래』, 아침이슬, 2002.〕

Brogan, Denis(1959). "From England", *As Others See Us : The United States through Foreign Eyes*, Franz Joseph, ed., Princeton, N. J. : Princeton University Press.

Brooks, David(2000). *Bobos In Paradise : The New Upper Class and How They Got There*, New York : Simon & Schuster. 〔형선호 옮김, 『보보스 : 디지털시대의 엘리트』, 동방미디어, 2001.〕

Broughton, Morris(1959). "From South Africa", *As Others See Us : The United States through Foreign Eyes*, Franz Joseph, ed., Princeton, N. J. : Princeton University Press.

Brunhoff, Suzanne De(1976). *Etat et capital · Rocherches sur la politique économique*, Paris : Maspéro. 〔신현준 옮김, 『국가와 자본』, 새길, 1992.〕

Bureau of Labor Statistics(2000). "Productivity Data", *Monthly Labor Review*, Vol. 123, No. 12, December.

Callinicos, Alex(2002). "The Actuality of Imperialism", *Millennium : Journal of International Studies*, Vol. 31, No. 2, pp.319~326.

Cameron, Rondo(1982). "The Industrial Revolution : A Misnomer", *The History Teacher*, XV, 3, May, pp.377~384.

Carr, Edward(1945). *Nationalism and After*, London : Macmillan.

Castells, Manuel(1998). *End of Millenium*, Cambridge : Blackwell Publishers.

Castrence, Pura Santillan(1959). "From Philippines", *As Others See Us : The United States through Foreign Eyes*, Franz Joseph, ed., Princeton, N. J. : Princeton University Press.

Chandler, Alfred(1964). *Giant Enterprise : Ford, General Motors, and the Automobile Industry*, New York : Harcourt Brace & World.

______(1990). *Scale and Scope : The Dynamics of Industrial Capitalism*, Cambridge, Mass. : Harvard University Press.

Chesnais, François(1997a). *La mondialisation du capital*, Paris : Syros. 〔서익 진 옮김, 『자본의 세계화』, 한울, 2003.〕

______(1997b). "L'émergence d'un régime d'accumulation mondial à dominante financire", *La Pensée*, n°309, Janvier-Mars, pp.61~85. 〔백영 현 옮김, 「금융 지배적인 세계적 축적 체계의 출현」, 『한국 사회에 주는 충고』, 삼인, 1998.〕

Chomsky, Noam(2003). "Iraq : Invasion that Will Live in Infamy", *Le Monde Diplomatique*, (English Edition) August. 〔www.mondediplo.com/2003/ 08/02chomsky〕

Chossudovsky, Michel(1997). *The Globalization of Poverty : Impact of IMF and World Bank Reforms*, London : Zed Books. 〔이대훈 옮김, 『빈곤의 세 계화 : IMF 경제신탁통치의 실상』, 당대, 1998.〕

Clawson, Dan(1998). "Contradictions of Labor Solidarity", *Journal of World-Systems Research*, Vol. 4, No. 1, Winter, pp.7~8. 〔www.jwsr.ucr.edu/ archive/vol4/v4n1a1.php#Clawson〕

Clinton, Angela(1997). "Flexible Labor : Restructuring the American Work Force", *Monthly Labor Review*, Vol. 120, No. 8, August, pp.3~13.

Cockburn, Alexander(2000). "Short History of the Twentieth Century", *The Nation*, January 3.

Cohen, Mitchell(2002). "An Empire of Cant : Hardt, Negri, and Postmodern Political Theory", *Dissent*, Vol. 49, No. 3, Summer, pp.17~28.

Collier, Ruth(1999). *Paths Toward Democracy : The Working Class and Elites in Western Europe and South America*, Cambridge : Cambridge University Press.

Coman, Julian(2003). "United States : U. S. Warns World It Sets the Agenda", *The Gazette*, April 13.

Coontz, Stephanie(1997). *The Way We Really Are : Coming to Terms With America's Changing Families*, New York : Basic Books.

Cooper, Frederick(1996). *Decolonization and African Society : The Labor*

Question in French and British Africa, Cambridge : Cambridge University Press.

Cowie, Jefferson(1999). *Capital Moves : RCA's Seventy-Year Search for Cheap Labor*, Ithaca, N. Y. : Cornell University Press.

Cox, Michael(2002). "September 11th and U. S. Hegemony—Or Will the 21st Century Be American Too?" *International Studies Perspectives*, Vol. 3. Issue 1, February, pp.53~70.

Cross, Gary(2000). *An All-Consuming Century : Why Commercialism Won in Modern America*, New York : Columbia University Press.

Cutler, Jonathan, and Stanley Aronowitz(1998). "Quitting Time : An Introduction", *Post-Work : The Wages of Cybernation*, Cutler, J and S. Aronowitz, eds., New York : Routledge.

Davis, Mike(1986). *Prisoners of the American Dream : Politics and Economy in the History of the US Working Class*, London : Verso. 〔김영희·한기욱 옮김, 『미국의 꿈에 갇힌 사람들』, 창작과비평사, 1994.〕

Derluguian, Georgi(1996). "The Social Cohesion of Societies", *The Age of Transition : Trajectory of the World-System 1945~2025*, Terence K. Hopkins and Immanuel Wallerstein, eds., London : Zed Press. 〔백승욱· 김영아 옮김, 「국가의 응집력」, 『이행의 시대 : 세계체계의 궤적, 1945~2025』, 창작과비평사, 1999.〕

Dobbs, Michael(2003). "For Wolfowitz, a Vision May Be Realized", *The Washington Post*, April 7.

Doremus, Paul, et al.(1998). *The Myth of the Global Corporation*, Princeton, N. J. : Princeton University Press.

Duignan, Peter, and L. H. Gann(1992). *The Rebirth of the West : The Americanization of the Democratic World 1945~1958*, Oxford : Blackwell.

Duménil, Gérard and Dominique Lévy(1995). "The Great Depression : A Paradoxical Event?" Couverture Orange CEPREMAP, n°9510, Septembre. 〔www.cepremap.cnrs.fr/~levy〕

______(2001a). "Periodizing Capitalism : Technology, Institutions, and Relations of Production", *Phases of Capitalist Development : Booms, Crises, and Globalization*, Robert Albritton, ed., New York : Palgrave. [www.cepremap.cnrs.fr/~levy]

______(2001b). "Cost and Benefits of Neoliberalism:A Class Analysis", *The Review of International Political Economy*, Vol. 8, No. 4, December, pp.578~607. [www.cepremap.cnrs.fr/~levy]

______(2001c). "The Nature and Contradictions of Neoliberalism", *A World of Contradictions : Socialist Register 2002*, Leo Panitch and Colin Leys, eds., London : Merlin Press, pp.165~195. [www.cepremap.cns.fr/~levy]

______(2004a). *Capital Resurgent : Roots of the Neoliberal Revolution*, Derek Jeffers, trans., Cambridge, Mass. : Harvard University Press.

______(2004b). "Neo-liberal Dynamics : Towards A New Phase?" *Global Regulation. Managing Crises after the Imperial Turn*, Libby Assassi, et al., eds., New York : Palgrave Macmillan.

Easterly, William, Michael Kremer, Lant Pritchett, and Lawrence H. Summers(1993). "Good Policy or Good Luck? Country Growth Performance and Temporary Shocks", *Journal of Monetary Economics*, Vol. 32, September, pp.459~483.

Economic Policy Institute(2001). "Introduction and Executive Summary", *State of Working America 2000-2001*, Lawrence R. Mishel, et al., Ithaca, N. Y. : ILR Press. [www.epinet.org]

Economist, The(1992). "World Economic Survey", *The Economist*, Sept. 19.

Egan, Timothy(1999). "New World Disorder : Free Trade Takes On Free Speech", *The New York Times*, December 5.

Ellwood, David(1992). *Rebuilding Europe : Western Europe, America and Post-war Reconstruction*, Harlow : Longman.

Escobar, Arturo(1995). *Encountering Development : The Making and Unmaking of the Third World*, Princeton, N. J. : Princeton University Press.

Evans, Peter, and John Stephens(1988). "Development and the World Economy", *Handbook of Sociology*, Neil Smelser, ed., Newbury Park, Calif.: Sage Publications.

Ewen, Stuart(1976). *Captains of Consciousness : Advertising and the Social Roots of the Consumer Culture*, New York : McGraw-Hill. 〔최현철 옮김, 『광고와 대중소비문화』, 나남, 1998.〕

Finnegan, William(2000). "After Seattle : Anarchists Get Organized", *The New Yorker*, April 17.

FitzGibbon, Constantine(1969). *Denazification*, London : Michael Joseph.

Frank, Andre Gunder(1998). *ReOrient : Global Economy in the Asian Age*, Berkeley : University of California Press. 〔이희재 옮김, 『리오리엔트』, 이산, 2003.〕

______(1990). "A Theoretical Introduction to 5,000 Years of World System Theory", *Review*, XIII, 2, Spring, pp.155~248.

Frank, Andre Gunder, and Barry K. Gills, eds.(1993). *The World System : Five Hundred Years or Five Thousand?*, London : Routledge.

Fraser, Steve(1989). "The 'Labor Question'", *The Rise and Fall of the New Deal Order, 1930~1980*, S. Fraser and Gary Gerstle, eds., Princeton, N. J.: Princeton University Press.

Freymond, Jacques(1959). "From Switzerland", *As Others See Us : The United States through Foreign Eyes*, Franz Joseph, ed., Princeton, N. J.: Princeton University Press.

Fukuyama, Francis(1992). *The End of History and the Last Man*, New York : Avon Books. 〔이상훈 옮김, 『역사의 종말 : 역사의 종점에 선 최후의 인간』, 한마음사, 1997.〕

Gordon, David, et al., eds.(1998). *Segmented Work, Divided Workers : The Historical Transformation of Labor in the United States*, Cambridge : Cambridge University Press. 〔고병웅 옮김, 『분절된 노동, 분할된 노동자 : 미국노동의 역사적 변형』, 신서원, 1998.〕

Gowan, Peter(1999). *The Global Gamble : Washington's Faustian Bid for World Dominance*, London : Verso.

Gramsci, Antonio(1971). *Selections from the Prison Notebooks*, Quintin Hoare and Geoffrey Nowell-Smith trans., London : Lawrence and Wishart. [이상훈 옮김, 『그람시의 옥중수고』(전2권), 거름, 1993.]

Greider, William(1999). "The Battle Beyond Seattle", *The Nation*, Dec. 27.

Gresh, Alain(2003). "Waves of Chaos", *Le Monde Diplomatique*, (English Edition) September. [www.mondediplo.com/2003/09/01gresh]

Grosfoguel, Ramón, and Ana Margarita Cervantes-Rodrigúez, eds.(2002). *The Modern/Colonial/Capitalist World-System in the Twentieth Century : Global Processes, Antisystemic Movements, and the Geopolitics of Knowledge*, Westport, C. T. : Greenwood Press.

Hadar, Leon(2003). "Empire Building Is Hard to Do", *The Business Times*, (Singapore) May 16.

Halle, David(1984). *America's Working Man : Work, Home and Politics among Blue-Collar Property Owners*, Chicago : Chicago University Press.

Hardt, Michael(2002). "Folly of Our Masters of the Universe", *The Guardian*, December 18. [長原豊 譯, 「帝國とイラク攻擊」, 『現代思想』(2月號), Vol. 31/32, 東京 : 靑土社, 2003.]

Hardt, Michael and Antonio Negri(2002). "The Global Coliseum : On Empire" (Interviewed by Nicholas Brown and Imre Szeman), *Cultural Studies*, Vol. 16, No. 2, March, pp.177~192.

Harris, Nigel(1987). *The End of the Third World. Newly Industrializing Countries and the Decline of an Ideology*, Harmondsworth, Middlesex : Penguin Books.

Harrison, Bennett, and Barry Bluestone(1988). *The Great U-Turn : Corporate Restructuring and the Polarizing of America*, New York : Basic Books.

Harrod, Roy(1958). "The Possibility of Economic Satiety : Use of Economic Growth for Improving the Quality of Education and Leisure", *Problems* of *United States Economic Development : Vol. 1*, New York : Committee for Economic Development.

Hatch, Julie, and Angela Clinton(1999). "Job Growth in the 1990s : A Retrospect", *Monthly Labor Review*, Vol. 123, No. 12, December, pp.3~18.

Hayden, Dolores(1981). *The Grand Domestic Revolution : A History of Feminist Designs for American Homes, Neighborhoods, and Cities*, Cambridge, Mass.: MIT Press.

Held, David, Anthony McGrew, David Goldblatt and Jonathan Perraton (1999). *Global Transformations. Politics, Economics and Culture*, Stanford, C. A.: Stanford University Press.

Helleiner, Eric(1994). *States and the Reemergence of Global Finance*, Ithaca, N. Y.: Cornell University Press.

Hipple, Steven, and Jay Stewart(1996). "Earnings and Benefits of Workers in Alternative Work Arrangements", *Monthly Labor Review*, Vol. 118, No. 10, October, pp.46~54.

Hirsch, Fred(1976). *Social Limits to Growth*, Cambridge, Mass.: Harvard University Press.

Hirschman, Albert(1989). "How the Keynesian Revolution Was Exported from the United States, and Other Comments", *The Political Power of Economic Ideas : Keynesianism across Nations*, Peter A. Hall, ed., Princeton, N. J.: Princeton University Press.

Hirst, Paul and Grahame Thompson(1999). *Globalization in Question : The International Economy and the Possibilities of Governance*, Malden, M. A.: Polity Press.

Hobsbawm. Eric(1969). *Industry and Empire*, Harmondsworth, England : Penguin. 〔전철환·장수산 옮김, 『산업과 제국 : 산업시대 영국 경제와 사회』, 한벗, 1984.〕

______(2003). "United States : Wider Still and Wider", *Le Monde Diplomatique*, (English Edition) June. 〔www.mondediplo.com/2003.06/02hobsbawm〕

Hochschild, Arlie Russell(1997). *The Time Bind : When Work Becomes Home and Home Becomes Work*, New York : Henry Holt & Company.

Hogan, Michael(1987). *The Marshall Plan : America, Britain and the Reconstruction of Western Europe 1947~1952*, Cambridge : Cambridge University Press.

Hoogvelt, Ankie(1997). *Globalization and the Postcolonial World : The New Political Economy of Development*, Baltimore, M. D : Johns Hopkins University Press.

Hopkins, Terence K.(1990). "Note on the Concept of Hegemony", *Review* XIII, 3, Summer, pp.409~411.

Hutton, Will(2003). "Comment Extra : The Tragedy of This Unequal Partner- ship", *The Observer*, March 30.

Ikenberry, G. John(2002). "America's Imperial Ambition", *Foreign Affairs*, Vol. 81, No. 5, September/October, pp.44~60.

Jackson, Kenneth(1985). *Crabgrass Frontier : The Suburbanization of the United States*, New York : Oxford University Press.

Jayiya, Eddie(2000). "Mass Action Brings Jo'Burg to Standstill", *The Indepen- dent*, April 13.

Johnson, Chalmers(2003). "Korea, South and North at Risk", *Tom Paine Dis- patch*, April 17. [www.tomdispatch.com/index.mhtml?pid=586]

Jones, Eric(1988). *Growth Recurring : Economic Change in World History*, New York : Clarendon Press.

Joseph, Franz, ed.(1959). *As Others See Us : The United States through Foreign Eyes*, Princeton, N. J. : Princeton University Press.

Kagan, Robert(2002). "Multilateralism, American Style", *The Washington Post*, September 13.

______(2003). "Power and Weakness", *Policy Review*, No. 113, June/July, pp. 3~28.

Kalecki, Michael(1990). "Political Aspects of Full Employment"(1943), Jerzy

Osiatyn'ski, ed., *Collected Works of Michael Kalecki, Volume 1 : Capitalism : Business Cycles and Employment*, Oxford : Clarenddon Press.

Kelly, Robert(1999). *How to Be a Star at Work*, New York : Times Business. 〔윤길순 옮김, 『골드칼라로 가는 길』, 리치북스, 1999.〕

Khor, Martin(1999). "Take Care, the WTO Majority Is Tired of Being Manipulated", *International Herald Tribune*, December 21.

Kleinknecht, Alfred, et al., eds.(1992). *New Findings in Long-Wave Research*, New York, N. Y. : St. Martin's Press.

Korzeniewicz, Roberto P., and William Martin(1994). "The Global Distribution of Commodity Chains", *Commodity Chains and Global Capitalism*, Gary Gereffi and Miguel Korzeniewicz, eds., Westport, C. T. : Praeger.

Krishnan, Raghu(1996). "December 1995 : The First Revolt Against Globalization", *Monthly Review*, Vol. 48, No. 1, May, pp.1~22.

Kristol, Irving(2003). "The Neoconservative Persuasion", *The Weekly Standard*, Vol. 8, Issue 47, August 25.

Kristol, William(2003). "Testimony Before The Senate Foreign Relations Committee", April 8. 〔www.newamericancentury.org/nato-20030408.htm〕

______, and Robert Kagan, "America's Responsibility", *The Weekly Standard*, Vol. 9, Issue 1, September 15.

Kuisel, Richard(1993). *Seducing the French : The Dilemma of Americanisation*, Berkeley : University of California Press.

Kynge, James(2000). "Riots in Chinese Mining Towns", *Financial Times*, April 3.

Labarca, Amanda(1959). "From Chile", *As Others See Us : The United States through Foreign Eyes*, Franz Joseph, ed., Princeton, N. J. : Princeton University Press.

Lane, Frederic(1979). *Profits from Power*, Albany : State University of New York Press.

Laplanche, Jean, and Jean-Bertrand Pontalis(1967). *Vocabulaire de la Psychanalyse*, Paris : PUF. [임진수 옮김, 『정신분석 사전』, 열린책들, 2005.]

Lenin, Vladimir Ilyich(1916). *Imperialism. The Highest Stage of Capitalism*, Peking : Foreign Language Press, 1973.

Leo XIII(1899). "Testem Benevolentiae Nostrae : Concerning New Opinions, Virtue, Nature And Grace, With Regard to Americanism", Encyclical of Pope promulgated on January 22.

Lichtenstein, Nelson(1995). *The Most Dangerous Man in Detroit : Walter Reuther and the Fate of American Labor*, New York N. Y. : Basic Books.

Livingston, James(1994). *Pragmatism and the Political Economy of Cultural Revolution, 1850~1940*, Chapel Hill : The University of North Carolina Press.

Loeb, Lori(1994). *Consuming Angels : Advertising and Victorian Women*, New York : Oxford University Press.

Lubis, Mochtar(1959). "From Indonesia", *As Others See Us : The United States through Foreign Eyes*, Franz Joseph ed., Princeton, N. J. : Princeton University Press.

Luce, Henry(1941). *The American Century*, New York : Farrar & Rinehart.

Lukacs, John(1993). *The End of the Twentieth Century and the End of the Modern Age*, New York : Ticknor & Fields.

Maddison, Angus(1989). *Phases of Capitalist Development*, New York : Oxford University Press.

______(1995). *Monitoring the World Economy*, Paris : OECD.

Maki, Dean, and Michael Palumbo.(2001). *Disentangling the Wealth Effect : A Cohort Analysis of the Household Saving in the 1990s*, Washington : Federal Reserve.

Mañach, Jorge(1959). "From Cuba", *As Others See Us : The United States through Foreign Eyes*, Franz Joseph ed., Princeton, N. J. : Princeton University Press.

Marchand, Roland(1985). *Advertising the American Dream, Making Way for Modernity, 1920~1940*, Berkeley : University of California Press.

Marias, Julian(1959). "From Spain", *As Others See Us : The United States through Foreign Eyes*, Franz Joseph, ed., Princeton, N. J. : Princeton University Press.

Markoff, John(1996). *Waves of Democracy : Social Movements and Political Change*, Thousand Oaks, C. A. : Pine Forge Press.

Marling, Susan(1993). *American Affair : The Americanisation of Britain*, London : Tiger Books.

Martin, William(1990). "Introduction : The Challenge of the Semiperiphery", *Semiperipheral States in the World-Economy*, William Martin, ed., Westport, C. T. : Greenwood Press. 〔권현정 옮김, 「토론 : 반주변의 도전」, 『발전주의 비판에서 신자유주의 비판으로』, 공감, 1998.〕

______(1994). "The World-Systems Perspective in Perspective : Assessing the Attempt to Move Beyond Nineteenth-Century Eurocentric Concepts", *Review*, XVII, 2, Spring, pp.145~185. 〔권현정 옮김, 「세계체계론에 대한 전망 : 19세기 유럽중심적 개념틀을 넘어서려는 시도에 대한 평가」, 『발전주의 비판에서 신자유주의 비판으로』, 공감, 1998.〕

Mataloni, Raymond(2000). "An Examination of the Low Rates of Return of Foreign-Owned U. S. Companies", *Survey of Current Business*, March, pp.55~73.

May, Elaine Tyler(1988). *Homeward Bound : American Families in the Cold War Era*, New York : Basic Books.

Mazur, Jay(2000). "Labor's New Internationalism", *Foreign Affairs*, Vol. 79, No. 1, January/Feburary, pp.79~93.

McCormick, Thomas(1989). *America's Half-Century : United States Foreign Policy in the Cold War*, Baltimore : Johns Hopkins University Press.

McDermott, John(1991). *Corporate Society : Class, Property, and Contemporary Capitalism*, Boulder, Colo. : Westview Press.

McGovern, Charles(1998). "Consumption and Citizenship in the United States, 1900~1940", *Getting and Spending : European and American Consumer Societies in the Twentieth Century*, Susan Strasser, et al., eds., Cambridge : Cambridge University Press.

McMichael, Philip(2002). *Development and Social Change : A Global Perspective*, Thousand Oaks, Calif. : Pine Forge Press.

Meyer, Stephen(1989). "The Persistence of Fordism : Workers and Technology in American Automobile Industry, 1900~1960," *On the Line : Essays in the History of Auto Work*, Nelson Lichtenstein and Stephen Meyer, eds., Urbana : University of Illinois Press.

Michel, Lawrence, and Jared Bernstein(1993). *The State of Working America*, Armonk, N. Y. : M. E. Sharpe.

Milkman, Ruth(1997). *Farewell to the Factory : Auto Workers in the Late Twentieth Century*, Berkeley : University of California Press. 〔이종인 옮김, 『공장이여 잘 있거라』, 황금가지, 1998.〕

Mintz, Steven, and Susan Kellog(1988). *Domestic Revolutions : A Social History of American Family Life*, New York : Free Press.

Mitton, Roger(2003). "New Hawks Rising : Pre-emptive, Strike-first Credo Is in Sync with Bush's Thingking", *The Strait Times*, (Singapore) April 26.

Montgomery, David(1988). *The Fall of the House of Labor : The Workplace, the State, and American Labor Activism, 1865~1925*, Cambridge : Cambridge University Press.

Moody, Kim(1999). "On the Eve of Seattle Trade Protests, Sweeney Endorses Clinton's Trade Agenda", *Labor Notes*, #249, December, pp.1~14.

Nation, The(1999). "Democracy Bites the WTO"(Editorial), *The Nation*, December 27.

Negri, Antonio(1984). *Marx beyond Marx : Lessons on the Grundrisse*, South Hadley, Mass. : Bergin & Garvey. 〔윤수종 옮김, 『맑스를 넘어선 맑스』, 새길, 1994.〕

______(1988). "Archaeology and Project: The Mass Worker and the Social Worker", *Revolution Retrieved: Selected writings on Marx, Keynes, Capitalist Crisis and New Social Subjects*, London: Red Notes.

______(1997). *La costituzione del tempo*, Roma: Manifestolibri. [Matteo Mandarini trans., "The Constitution of Time", *Time For Revolution*, New York: Continuum, 2003.]

______(2001). "Ruptures within Empire, the Power of Exodus: Interview with Giuseppe Cocco and Maurizion Lazzarato", *Theory, Culture and Society*, Vol. 19, Issue 4, August, pp.187~194.

______(2002). *Il ritorno: Quasi un'autobiografia*, Milano: Rizzoli. [杉村昌昭 譯,『ネグリ生政治的自傳: 歸還』, 作品社, 2003.]

______(2003). "EUA fogem da lógica do império: Entrevista Roberto Dias", *Folha de S.Paulo*, 30 de março. [양창렬 옮김, 「미국은 제국의 논리로부터 벗어나고 있다」, 『자율평론』(5호), 2003년 6월 30일.](www.jayul.net/view_article.php?a_no=317&p_no=1)

Negri, Antonio, and Michael Hardt(2000). *Empire*, Cambridge, Mass.: Harvard University Press. [윤수종 옮김, 『제국』, 이학사, 2001.]

Ney, John(1970). *The European Surrender: A Descriptive Study of the American Social and Economic Conquest*, Boston: Little Brown.

Nye, David(1998). *Consuming Power: A Social History of American Energies*, Cambridge, Mass.: MIT Press.

Nye, Joseph S. Jr.(2003). "U.S. Power and Strategy After Iraq", *Foreign Affairs*, Vol. 82, No. 4, July/August.

O'Sullivan, Noël(1988). "The Political Theory of Neo-corporatism", *The Corporate State: Corporatism and the State Tradition in Western Europe*, Andrew Cox and Noël O'Sullivan, eds., Aldershot: Edward Elgar.

Panić, Mica(1995). "The Bretton Woods System: Concept and Practice", *Managing the Global Economy*, Jonathan Michie and John Grieve Smith, eds., Oxford: Oxford University Press.

Piketty, Thomas, and Emmanuel Saez(2003). "Income Inequality in the United States, 1913~1998", *The Quarterly Journal of Economics*, CXVIII, 1, February, pp.1~39.

Plate, Tom(1999). "Coming Next, in Bangkok, a Chance to Put Seattle Behind Us", *International Herald Tribune*, December 20.

Polanyi, Karl(1944). *The Great Transformation : The Political and Economic Origins of Our Time*, Boston, M. A. : Beacon Press. 〔박현수 옮김, 『거대한 변환 : 우리시대의 정치적, 경제적 기원』, 민음사, 1991.〕

Polivka, Anne(1996). "Contingent and Alternative Work Arrangement, Defined", *Monthly Labor Review*, Vol. 119, No. 10, October, pp.3~9.

Pollin, Robert(2000). "Globalization, Inequality and Financial Instability : Confronting the Marx, Keynes and Polanyi Problems in the Advanced Capitalist Economies", *Paper presented at the conference on "Ethics and Globalization"*, Yale University, New Haven, C. T., March 31~April 2.

Porter, Henry(2003). "The Right Has the Might, but It's Not Invincible", *The Observer*, April 27.

Prestowitz, Clyde(2003). "Republicans, Stepping off the Platform", *Los Angeles Times*, August 10.

Price, Harry(1955). *The Marshall Plan and Its Meaning*, Ithaca, N. Y. : Cornell University Press.

Reifer, Thomas and Jamie Sadler(1996). "The Nation-State System", *The Age of Transition : Trajectory of the World-System 1945~2025*, Terence K. Hopkins and Immanuel Wallerstein, eds., London : Zed Press. 〔백승욱·김영아 옮김, 「국가간체제」, 『이행의 시대 : 세계체계의 궤적, 1945~2025』, 창작과비평사, 1999.〕

Robelin, Jean(1993). "Les nouvelles figures mondiales de la politique", *Le nouveau système de monde*, Jacques Bidet et Jacques Texier, dir., Paris : PUF. 〔윤소영 옮김, 「세계시장의 변모와 정치의 전화」, 『이론』(통권9호/여름), 이론, 1994.〕

Rostow, Walt Whitman(1960). *The Stages of Economic Growth : A Non-Communist Manifesto*, Cambridge : Cambridge University Press.

Rupert, Mark(1995). *Producing Hegemony : The Politics of Mass Production and American Global Power*, Cambridge : Cambridge University Press.

Rybczynski, Witold(1986). *Home : A Short History of an Idea*, London : Viking.

Sanger, David(1999). "The Shipwreck in Seattle", *The New York Times*, December 5.

Sarc, Ömer(1959). "From Turkey", *As Others See Us : The United States through Foreign Eyes*, Franz Joseph, ed., Princeton, N. J. : Princeton University Press.

Sassen, Saskia(1996). *Losing Control? : Sovereignty in an Age of Globalization*, New York : Columbia University Press.

Saxton, Alexander(1971). *The Indispensable Enemy : Labor and the Anti-Chinese Movement in California*, Berkeley : University of California Press.

Schlesinger, Arthur(1968). "Forward" to Jean-Jacques Servan-Schreiber, *The American Challenge*, New York : Atheneum.

Schmitt, Gary(2003). "Power and Duty : U. S. Action Is Crucial to Maintaining World Order", *Los Angeles Times*, March 23.

Schor, Juliet(1991). *The Overworked American : The Unexpected Decline of Leisure*, New York : Basic Books.

Scott, Joan(1996). *Only Paradoxes to Offer : French Feminists and The Rights of Man*, Cambridge, Mass. : Harvard University Press.

Seidman, Gay(1995). *Manufacturing Militance : Workers' Movements in Brazil and South Africa, 1970~1985*, Berkeley : University of California Press.

Selden, Mark(1995a). "Labor Unrest in China, 1831~1990", *Review*, XVIII, 1, Winter, pp.69~86.

______(1995b). "Yan'an Communism Reconsidered", *Modern China*, Vol. 21, No. 1, January, pp.8~44.

Serfati, Claude(2003). "La guerre sans limites à l'ère de la mondialisation du capital", *Association pour la Taxation des Transactions pour l'Aide aux Citoyens*, www.france.attac.org/a1423, January 15. 〔윤소영 옮김, 「금융세계화와 무한전쟁」, 『마르크스의 '경제학 비판' 과 대안세계화 운동』, 공감, 2003.〕

Servan-Schreiber, Jean-Jacques(1968). *The American Challenge*, New York : Atheneum.

Silver, Beverly(1990). "The Contradictions of Semiperipheral Success : The Case of Israel", *Semiperipheral States in the World-Economy*, William Martin, ed., Westport, C. T. : Greenwood Press.

______(1992). *Labor Unrest and Capital Accumulation on a World Scale*, Ph. D. Dissertation, Binghamton, N. Y. : SUNY(Ann Arbor : University Microfilms International).

______(1995a). "Labor Unrest and World-Systems Analysis : Premises, Concepts, and Measurement," *Review*, XVIII, 1, Winter, pp.7~34.

______(1995b). "World-Scale Patterns of Labor-Capital Conflict : Labor Unrest, Long Waves, and Cycles of World Hegemony", *Review*, XVIII, 1, Winter, pp.155~192.

______(1997). "'Turning Points of Workers' Militancy in the World Automobile Industry, 1930s~1990s", *Research in the Sociology of Work, Vol. 6 : The Globalization of Work*, Randy Hodson, ed., London : JAI P., pp.43~71.

______(2003). *Forces of Labor : Workers's Movements and Globalization Since 1870*, Cambridge : Cambridge University Press.

Silver, Beverly, and Giovanni Arrighi(2000). "Workers North and South", *Working Classes, Global Realities : Socialist Register 2001*, Leo Panitch and Colin Leys, eds., London : Merlin Press, pp.51~74.

______(2003). "Polany's 'Double Movement' : The Belle Époques of British and U. S. Hegemony Compared", *Politics and Society*, Vol. 31 No. 2, June, pp.325~355.

Silver, Beverly, Giovanni Arrighi, and Melvyn Dubofsky, eds.(1995). *Labor Unrest in the World Economy, 1870~1990*, special issue of Review, XVIII, 1, Winter.

Silver, Beverly, and Eric Slater(1999). "The Social Origins of World Hegemonies", *Chaos and Governance in the Modern World System*, Beverly Silver and Giovanni Arrighi, eds., Minneapolis : University of Minnesota Press.

Skocpol, Theda(1977). "Wallerstein' World Capitalist System : A Theoretical and Historical Critique", *American Journal of Sociology*, Vol. 82, No. 5, March, pp.1075~1090. 〔정진영 옮김, 「월러스타인의 자본주의 세계체계 : 이론적, 역사적 비판」, 『세계체계론 : 신종속이론』, 나남, 1985.〕

______(1985). "Bringing the State Back In : Strategies of Analysis in Current Research", *Bringing the State Back In*, Evans, P. Rueschemeyer and T. Skocpol, eds., Cambridge : Cambridge University Press.

Solinger, Dorothy(1999). *Contesting Citizenship in Urban China*, Berkeley : University of California Press.

Sullivan, Andrew(2003). "Bush Torn As Republicans Split in Aftermath of Victory", *The Sunday Times*, April 28.

Taylor, Lance(1997). "The Revival of the Liberal Creed? : The IMF and the World Bank in a Globalized Economy", *World Development*, Vol. 25, No. 2, February, pp.145~152.

Taylor, Peter(1990). *Britain and the Cold War : 1945 as Geopolitical Transition*, London : Pinter Publishers.

______(1996a). *The Way the Modern World Works : World Hegemony to World Impasse*, Chichester : John Wiley and Sons.

______(1996b). "What's Modern about the Modern World-system? : Introducing Ordinary Modernity through World Hegemony", *Review of International Political Economy*, Vol. 3, No. 2, Autumn, pp.260~286.

______(1996c). "Hegemonic Transitions as Shifts in Modernities", *paper pre-*

sented at the Social Science History annual conference, New Orleans, Louisiana, USA, October 10~13.

______(1999). *Modernities : A Geohistorical Interpretation*, Minneapolis : University of Minnesota Press.

Todd, Emmanuel(2002). *Après l'empire : Essai sur la décomposition du système américain*, Paris : Gallimard. 〔주경철 옮김, 『제국의 몰락 : 미국체제의 해체와 세계의 재편』, 까치, 2003.〕

Turner, Bryan(1990). "The Two Faces of Sociology : Global or National", *Global Culture : Nationalism, Globalization and Modernity*, Mike Featherstone, ed., London : Sage Publications.

Uchitelle, Louis(1999). "As Class Struggle Subsides, Less Pie for the Workers", *The New York Times*, December 5.

UNCTAD(2001). *World Investment Report 2001 : Promoting Linkages*, Geneva : United Nations.

UNDP(1992). *Human Development Report 1992*. New York : Oxford University Press.

Vaille, Roland(1937). *Research Memorandum on Social Aspects of Consumption in the Depression*, New York : Social Research Council.

Vann Woodward, Comer(1991). *The Old World's New World*, Oxford : Oxford University Press.

Vilfan, Marija(1959). "From Yugoslavia", *As Others See Us : The United States through Foreign Eyes*, Franz Joseph, ed., Princeton, N. J. : Princeton University Press.

Villegas, Daniel(1959). "From Mexico", *As Others See Us : The United States through Foreign Eyes*, Franz Joseph, ed., Princeton, N. J. : Princeton University Press.

von Zahn, Peter(1959). "From Germany", *As Others See Us : The United States through Foreign Eyes*, Franz Joseph, ed., Princeton, N. J. : Princeton University Press.

Vulliamy, Ed(2003). "Focus : Battle for Iraq", *The Observer*, April 13.

Wallerstein, Immanuel(1972). "Three Paths of National Development in the Sixteenth Century", *Studies in Comparative International Development*, VII, 2, Summer, pp.95~101. 〔정진영 옮김, 「국가발전의 세 가지 길 : 16세기 유럽의 경우」, 『세계체제론 : 신종속이론』, 나남, 1985.〕

______(1974a). *The Modern World-System, I : Capitalist Agriculture and the Origins of the European World-Economy in the Sixteenth Century*, New York : Academic Press. 〔나종일 옮김, 『근대세계체제 I : 자본주의적 농업과 16세기 유럽 세계경제의 기원』, 까치, 1999.〕

______(1974b). "The Rise and Future Demise of the World Capitalist System : Concepts for Comparative Analysis", *Comparative Studies in Society and History*, XVI, 4, September, pp.387~415. 〔정진영 옮김, 「세계 자본주의체계의 대두와 미래의 붕괴」, 『세계체제론 : 신종속이론』, 나남, 1985.〕

______(1976). "A World-System Perspective on the Social Sciences", *British Journal of Sociology*, XXVII, 3, September, pp.348~352. 〔정진영 옮김, 「사회과학에 있어서 세계체계의 시각」, 『세계체제론 : 신종속이론』, 나남, 1985.〕

______(1978). "World-Systems Analysis : Theoretical and Interpretative Issues", *Social Change in the Capitalist World Economy*, Barbara Hockey Kaplan, ed., Beverly Hills, Calif. : Sage Publications. 〔김광식 · 여현덕 옮김, 「세계체제론 분석」, 『세계체제론 : 자본주의 사회변동의 이해』, 학민사, 1985.〕

______(1979). *The Capitalist World-Economy*, Cambridge : Cambridge University Press.

______(1980). *The Modern World-System, II : Mercantilism and the Consolidation of the European World-Economy, 1600~1750*, New York : Academic Press. 〔유재건 외 옮김, 『근대세계체제 II : 중상주의와 유럽 세계경제의 공고화, 1600~1750』, 까치, 1999.〕

______(1983a). *Historical Capitalism*. London : Verso. 〔나종일·백영경 옮김, 『역사적 자본주의/자본주의 문명』, 창작과비평사, 1993.〕

______(1983b). "The Three Instances of the Hegemony in the History of the Capitalist World-Economy", *International Journal of Comparative Sociology*, XXIV, 1/2, January-April, pp.100~108.

______(1984a). *The Politics of the World-Economy : The States, the Movements and the Civilizations*, Cambridge : Cambridge University Press.

______(1984b). "Long Waves as Capitalist Process", *Review*, VII, 4, Spring, pp.559~575.

______(1987). "World-Systems Analysis", *Social Theory Today*, Anthony Giddens and Jonathan Turner, eds., Cambridge : Polity Press.

______(1988). "The Bourgeois(ie) as Concept and Reality", *New Left Review*, No. 167, January/February, pp.91~106.

______(1989). *The Modern World-System, III : The Second Great Expansion of the Capitalist World-Economy, 1730~1840's*, San Diego : Academic Press. 〔김인중·이동기 옮김, 『근대세계체제 III : 자본주의 세계경제의 거대한 팽창의 두번째 시대 1730~1840년대』, 까치, 1999.〕

______(1991a). *Geopolitics and Geoculture : Essays on the Changing World-System*, Cambridge : Cambridge University Press. 〔김시완 옮김, 『탈아메리카와 문화이동 : 변화하는 세계체계』, 백의, 1995.〕

______(1991b). *Unthinking Social Science : The Limits of Nineteenth Century Paradigms*, Cambridge : Polity Press. 〔성백용 옮김, 『사회과학으로부터의 탈피 : 19세기 패러다임의 한계』, 창작과비평사, 1994.〕

______(1992a). "The Challenge of Maturity : Whither Social Science?" *Review*, XV, 1, December, pp.1~7.

______(1992b). "The West, Capitalism, and the Modern World-System," *Review*, XV, 4, Fall, pp.561~619.

______(1994). "The Agonies of Liberalism : What Hope Progress?" *New Left Review*, No. 204, March/April, pp.3~17.

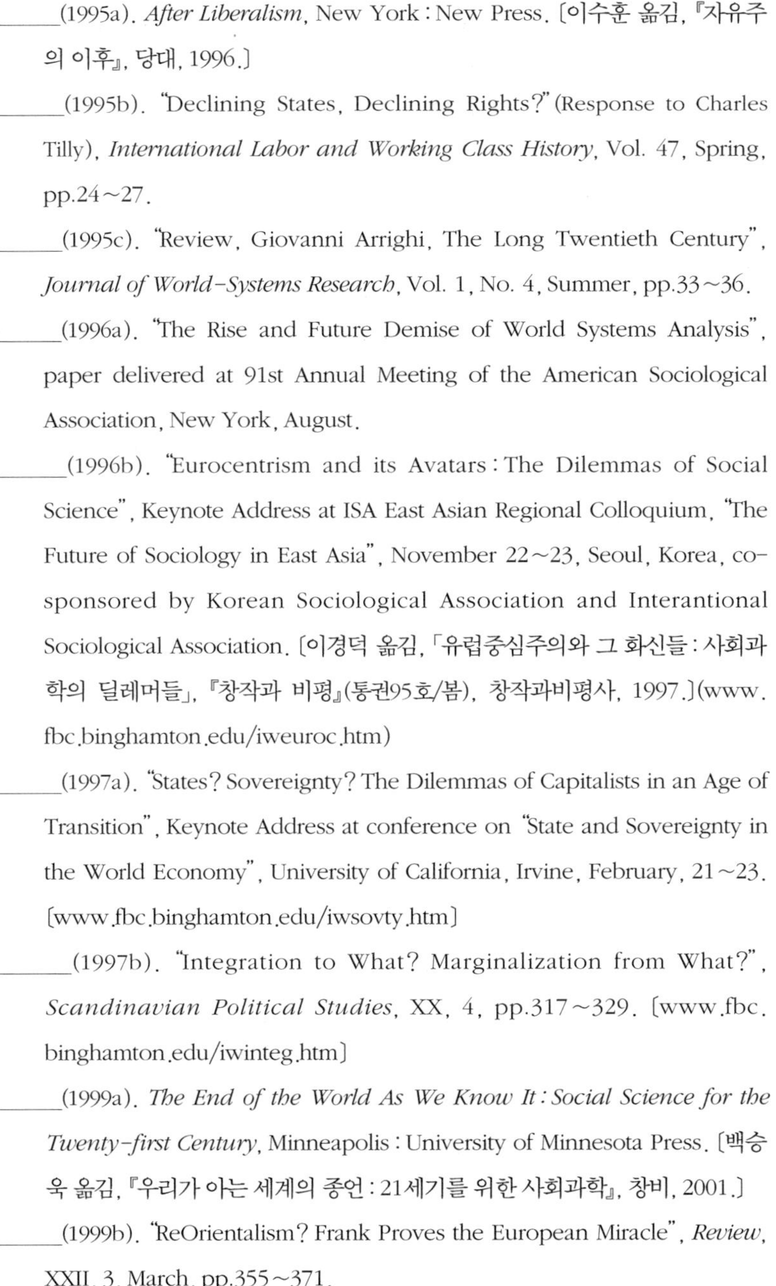

______(1995a). *After Liberalism*, New York : New Press. 〔이수훈 옮김, 『자유주의 이후』, 당대, 1996.〕

______(1995b). "Declining States, Declining Rights?"(Response to Charles Tilly), *International Labor and Working Class History*, Vol. 47, Spring, pp.24~27.

______(1995c). "Review, Giovanni Arrighi, The Long Twentieth Century", *Journal of World-Systems Research*, Vol. 1, No. 4, Summer, pp.33~36.

______(1996a). "The Rise and Future Demise of World Systems Analysis", paper delivered at 91st Annual Meeting of the American Sociological Association, New York, August.

______(1996b). "Eurocentrism and its Avatars : The Dilemmas of Social Science", Keynote Address at ISA East Asian Regional Colloquium, "The Future of Sociology in East Asia", November 22~23, Seoul, Korea, co-sponsored by Korean Sociological Association and Interantional Sociological Association. 〔이경덕 옮김, 「유럽중심주의와 그 화신들 : 사회과학의 딜레머들」, 『창작과 비평』(통권95호/봄), 창작과비평사, 1997.〕(www. fbc.binghamton.edu/iweuroc.htm)

______(1997a). "States? Sovereignty? The Dilemmas of Capitalists in an Age of Transition", Keynote Address at conference on "State and Sovereignty in the World Economy", University of California, Irvine, February, 21~23. 〔www.fbc.binghamton.edu/iwsovty.htm〕

______(1997b). "Integration to What? Marginalization from What?", *Scandinavian Political Studies*, XX, 4, pp.317~329. 〔www.fbc. binghamton.edu/iwinteg.htm〕

______(1999a). *The End of the World As We Know It : Social Science for the Twenty-first Century*, Minneapolis : University of Minnesota Press. 〔백승욱 옮김, 『우리가 아는 세계의 종언 : 21세기를 위한 사회과학』, 창비, 2001.〕

______(1999b). "ReOrientalism? Frank Proves the European Miracle", *Review*, XXII, 3, March, pp.355~371.

______(2002). "New Revolts against the System", *New Left Review*, No. 18, November/December, pp.29~39.

______(2003a). "Shock and Awe", *Commentary : Fernand Braudel Center*, No. 111, April 15. [www.fbc.binghamton.edu/111en.htm]

______(2003b). "Empire and the Capitalists", *Commentary : Fernand Braudel Center*, No. 113, May 15. [www.fbc.binghamton.edu/113en.htm]

Wallerstein, Immanuel, and Terence K. Hopkins, eds.(1996a). *The Age of Transition : Trajectory of the World-System, 1945~2025*, London : Zed Press. [백승욱·김영아 옮김, 『이행의 시대 : 세계체계의 궤적, 1945~2025』, 창작과비평사, 1999.]

Wallerstein, Immanuel, and Ilya Prigogine, et al.(1996b). *Open the Social Sciences : Report of the Gulbenkian Commission on the Restructuring of the Social Sciences*, Stanford : Stanford University Press. [이수훈 옮김, 『사회과학의 개방』, 당대, 1996.]

Walton, John, and Charles Ragin(1990). "Global and National Sources of Political Protest : Third World Responses to the Debt Crisis", *American Sociological Review*, Vol. 55, No. 6, December, pp.876~890.

Weber, Max(1934). *Die protestantische Ethik und der 'Geist' des Kapitalismus*, Tubingen : Verlag von J.C.B. Mohr. [박성수 옮김, 『프로테스탄티즘의 윤리와 자본주의 정신』, 문예출판사, 1990.]

Wexler, Imanuel(1983). *The Marshall Plan Revisited : The European Recovery Program in Economic Perspective*, Westport, C. T. : Greenwood Press.

Willett, Ralph(1989). *The Americanization of Germany, 1945~1949*, London : Routledge.

Williamson, John(2003). "The Poor Need a Stake in Developing Countries", *The Financial Times*, April 7.

Witcover, Jules(2003). "Doctrine defenders", *The Baltimore Sun*, August 15.

Wolfe, Alan(2001). "The Snake : Globalization, America, and the Wretched of the Earth", *The New Republic*, October 1.

Wolff, Edward(1996). *Top Heavy : The Increasing Inequality of Wealth in America and What Can Be Done About It*, New York : The New Press.

Žižek, Slavoj(2001). "Have Michael Hardt and Antonio Negri Rewritten the Communist Manifesto for the Twenty-First Century?" *Rethinking Marxism*, Vol. 13, No. 3/4, Fall/Winter, pp.190~198.

Zolberg, Aristide(1995). "Response : Working-Class Dissolution", *International Labor and Working Class History*, Vol. 47, Spring, pp.28~38.

'미국의 세기'는 끝났는가?
세계체계 분석으로 본 미국 헤게모니의 역사

초판 1쇄 인쇄 _ 2005년 4월 18일
초판 1쇄 발행 _ 2005년 4월 25일

편저자 _ 백승욱

펴낸이 _ 유재건
주   간 _ 김현경
편집장 _ 이재원
편   집 _ 박순기, 주승일
마케팅 _ 노수준, 김은경
제   작 _ 유재영

펴낸곳 _ 도서출판 그린비 · 등록번호 제10-425호
주   소 _ 서울시 마포구 신수동 115-10
전   화 _ (대표) 702-2717 (편집) 702-4791
팩   스 _ 703-0272
E-mail _ editor@greenbee.co.kr